国家文化产业资金支持媒体融合重大项目

21世纪高职高专精品教材·旅游类

U0648348

模拟导游

Moni Daoyou （第五版）

赵利民 主 编

崔志英 副主编

东北财经大学出版社 大连
Dongbei University of Finance & Economics Press

图书在版编目（CIP）数据

模拟导游/赵利民主编. —5版. —大连：东北财经大学出版社，
2019.10（2021.6重印）

（21世纪高职高专精品教材·旅游类）

ISBN 978-7-5654-3696-3

Ⅰ．模…　Ⅱ．赵…　Ⅲ．导游-高等职业教育-教材　Ⅳ．F590.633

中国版本图书馆CIP数据核字（2019）第228208号

东北财经大学出版社出版

（大连市黑石礁尖山街217号　邮政编码　116025）

网　址：http：//www.dufep.cn

读者信箱：dufep@dufe.edu.cn

大连日升彩色印刷有限公司印刷　　　东北财经大学出版社发行

幅面尺寸：185mm×260mm　字数：358千字　印张：16.25　插页：1

2019年10月第5版　　　　　2021年6月第2次印刷

责任编辑：魏　巍　　　　　　　　　责任校对：宋雪凌

封面设计：原　皓　　　　　　　　　版式设计：原　皓

定价：36.00元

富媒体智能型教材出版说明

"**财经高等职业教育富媒体智能型教材开发系统工程**"入选国家新闻出版广电总局新闻出版改革发展项目库，并获得文化产业专项资金支持，是"国家文化产业资金支持媒体融合重大项目"。项目以"融通""融合""共建""共享"为特色，是东北财经大学出版社积极落实国家推动传统媒体与新媒体融合发展的重要举措之一。

"**财济书院**"**智能教学互动平台**是该工程项目建设成果之一。该平台通过系统、合理的架构设计，将教学资源与教学应用集成于一体，具有教学内容多元呈现、课堂教学实时交互、测试考评个性设置、用户学情高效分析等核心功能，是高校开展信息化教学的有力支撑和应用保障。

富媒体智能型教材是该工程项目建设成果之二。该类教材是我社供给侧改革探索性策划的创新型产品，是一种新形态立体化教材。富媒体智能型教材秉持严谨的教学设计思想和先进的教材设计理念，为财经职业教育教与学、课程与教材的融通奠定了基础，较好地避免了传统教学模式和单一纸质教材容易出现的"两张皮"现象，有助于教学质量的提高和教学效果的提升。

从教材资源的呈现形式来说，富媒体智能型教材实现了传统纸质教材与数字技术的融合，通过二维码建立链接，将VR、微课、视频、动画、音频、图文和试题库等富媒体资源丰富地呈现给用户；从教材内容的选取整合来说，其实现了职业教育与产业发展的融合，不仅注重专业教学内容与职业能力培养的有效对接，而且很好地解决了部分专业课程学与训、训与评的难题；从教材的教学使用过程来说，其实现了线下自主与线上互动的融合，学生可以在有网络支持的任何地方自主完成预习、巩固、复习等，教师可以在教学中灵活使用随堂点名、作业布置及批改、自测及组卷考试、成绩统计分析等平台辅助教学工具。

富媒体智能型教材设计新颖，一书一码，使用便捷。使用富媒体智能型教材的师生首先下载"财济书院"App或者进入"财济书院"（www.idufep.com）平台完成注册，然后登录"财济书院"，输入教材封四学习卡中的激活码，建立或找到班级和课程对应教材，就可以开启个性化教与学之旅。

"**重塑教学空间，回归教学本源！**""财济书院"平台不仅仅是出版社提供教学资源和服务的平台，更是出版社为作者和广大院校创设的一个教学空间，作者和院校师生既是这个空间的使用者和消费者，也是这个空间的创造者和建设者，在这里，出版社、作者、院校共建资源，共享回报，共创未来。

最后，感谢各位作者为支持项目建设所付出的辛劳和智慧，也欢迎广大院校在教学中积极使用富媒体智能型教材和"财济书院"平台，东北财经大学出版社愿意也必将陪伴广大职业教育工作者走向更加光明而美好的职教发展新阶段。

东北财经大学出版社

第五版前言

导游，是为旅游者提供向导、讲解及相关旅游服务的人员。在旅游接待服务中，导游服务处于核心地位，是连接旅行社和旅游者的纽带。同时，导游服务是一种高智能、高技能的服务工作，要做好这一工作并非易事，需要经过长期的、艰苦的努力。

"模拟导游"是高等职业院校旅游管理专业的主干课之一，在培养合格导游和其他旅游从业人员方面发挥着重要的作用。本书于2007年9月首次出版，分别于2010年、2013年和2016年进行了修订再版。现在，距第四版教材出版已有3年了，为了进一步完善本书的内容，我们依据教学实践的要求，对本书再次进行了修订，增加了一些新的资料和案例，改正了一些不足和过时的内容，使本书更能满足导游的实际工作需要。

本书具有如下特点：

（1）融入思政元素，落实立德树人。习近平总书记在全国高校思想政治工作会议上强调，要用好课堂教学这个主渠道，各类课程都要与思想政治理论课同向同行，形成协同效应。本教材针对高职高专旅游专业人才培养的特色及要求编写，坚持以习近平新时代中国特色社会主义思想为指导，弘扬中华优秀传统文化，弘扬劳动光荣、技能宝贵，通过知识讲解和"素养提升"栏目融入思政元素，不断提高学生的思想道德素养，提高学生服务国家、服务人民的社会责任感，努力实现职业技能和职业精神培养高度融合。

（2）校企结合，注重实用性和可操作性。本书在参考导游服务方面最新理论成果的基础上，结合旅行社的岗位需求及导游服务工作实际选取教材内容，注重讲述导游服务的必备程序和工作技能，突出实用性和可操作性。

（3）体例创新。本书在体例方面大胆创新，根据导游人员学习业务的规律，将全书分成四个部分，即导游技能准备、导游业务程序、自然景观模拟导游和人文景观模拟导游。这四个部分既相互联系又各自独立，较全面地反映了导游服务的全貌。

（4）可读性强。在语言阐述方面，我们尽量做到通俗易懂。为方便读者理解教材内容，增强教材的生动性和可读性，提高学习效果，本书使用了大量案例，设置了适量的"导游小常识""课堂互动""模拟训练"栏目。同时，每一章都设有"学习目标""本章小结""主要概念""基础训练""案例应用""技能实训"等栏目。

（5）配套信息化资源。为了适应"互联网+职业教育"的发展需求，充分运用现代信息技术改进教学方法，在"课堂互动"和部分"模拟训练"栏目，学生可通过手机扫码查看答案提示和知识拓展内容；在"基础训练"栏目，学生可通过手机扫码对所学内容进行测验，实现了即测即评。

　　本书由深圳信息职业技术学院赵利民教授担任主编，淄博职业学院崔志英担任副主编。编写分工如下：项目一至项目九由赵利民编写，项目十至项目十五由崔志英和赵利民共同编写。全书由赵利民总纂定稿。

　　深圳中国国际旅行社有限公司导游部经理、TOP平台运营总监何涛，以及深圳市宝旅导游服务有限公司总经理楚媛媛、东莞市技师学院钟娟芳老师为本书的撰写提供了建议，并提供了部分素材，在此深表谢意。

　　本书在编写过程中，得到了东北财经大学出版社的支持和指导，并参考和借鉴了旅游界诸多同行和专家的研究成果，在此一并表示衷心的感谢。

　　受时间和编者水平限制，本书不足之处在所难免，敬请专家和读者指正。

编　者

2019年5月

目 录

二维码资源目录

模块一　导游技能准备

导游，是指取得导游证，接受旅行社委派，为旅游者提供向导、讲解及相关旅游服务的人员。导游服务贯穿于旅游活动的全过程，内容涉及旅游者的食、住、行、游、购、娱等多个方面。因此，做好导游服务工作具有重要的意义。

但导游服务具有独立性强、脑体高度结合、知识性强、复杂多变等特点，是一项高智能、高技能的服务工作，是旅游服务中最具代表性的服务。一个导游要做好导游服务工作并非易事，需要经过长期的艰苦努力。其中，导游从业前的技能准备是非常必要的。我们将从导游形象塑造、旅途才艺、应变能力等方面对导游的必备技能做一些介绍。

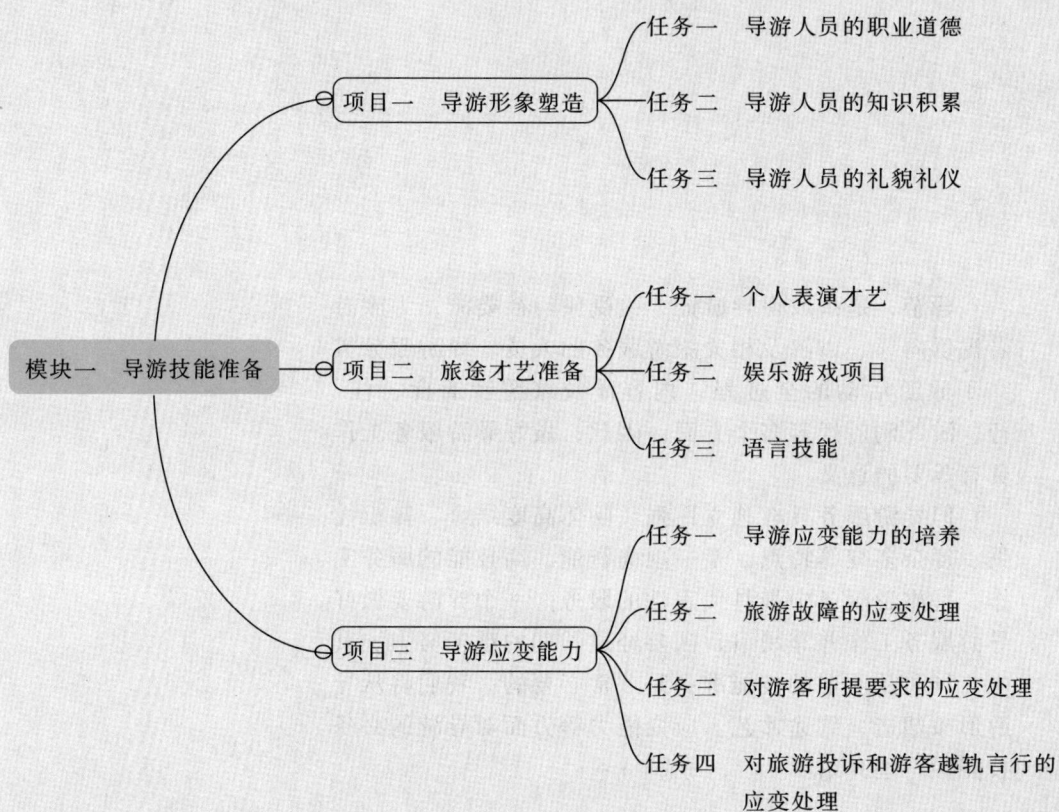

项目一　导游形象塑造
- 任务一　导游人员的职业道德
- 任务二　导游人员的知识积累
- 任务三　导游人员的礼貌礼仪

模块一　导游技能准备

项目二　旅途才艺准备
- 任务一　个人表演才艺
- 任务二　娱乐游戏项目
- 任务三　语言技能

项目三　导游应变能力
- 任务一　导游应变能力的培养
- 任务二　旅游故障的应变处理
- 任务三　对游客所提要求的应变处理
- 任务四　对旅游投诉和游客越轨言行的应变处理

项目一

导游形象塑造

■ **学习目标**

掌握导游人员应具备的职业道德；

了解导游人员应具备的知识结构；

掌握导游人员积累知识的方法；

掌握导游人员应具备的礼仪；

提升学生对本专业的认知度、理解度和职业热爱。

在带团过程中，导游人员应善于在旅游者心中为自己塑造一个良好的形象，这对导游人员、旅行社乃至广大游客来说都非常重要。良好的形象能够帮助导游人员赢得游客的好感，提高游客对导游人员的信任程度，缩短游客与导游人员之间的心理距离，进而使导游人员顺利完成自己的导游任务。导游人员形象的塑造是多方面的，下面我们从导游人员的职业道德、知识积累、礼貌礼仪等方面介绍导游人员如何更好地塑造自身形象。

任务一　导游人员的职业道德

一、道德和职业道德

道德是调整人与人、人与自然环境以及个人与社会之间相互关系的原则和行为规范的总和。道德的作用在于通过各种形式的教育和社会舆论等途径，使人们逐渐形成一定的信念、习惯和传统，以规范人们的行为。道德的功能主要包括认识、教育和调节。其中，认识功能、教育功能是基础，调节功能是归宿。

职业道德是道德的重要组成部分。职业是指个人在社会中从事的作为主要生活来源的工作。职业道德是指所有从业人员在职业活动中应该遵循的道德规范和行为准则。职业道德是道德在社会职业中的特殊体现，它与一般的道德相比，具有具体、明确、针对性强的特点。公民的职业道德状况是一个社会精神文明发展程度的重要标志。

适合导游行业工作特点的职业道德即导游人员职业道德。我们说导游人员要树立良好的形象，其首要一点就是要培养良好的职业道德。一个没有职业道德的导游人员，无论怎样处心积虑塑造自身形象，都将是白费力气。

二、导游职业道德规范

道德规范是对道德基本原则的补充和具体化，是衡量人们道德行为的具体标准。

导游职业道德规范既是导游人员在职业活动中应遵循的行为准则，也是人们评价和判断导游人员职业道德行为的标准。

概括来说，导游职业道德规范主要有以下几条：

（一）爱国爱企、自尊自强

爱国爱企、自尊自强是社会主义各行各业人员一项共同的道德规范和基本要求。导游人员在工作中应坚持祖国利益高于一切，时时以国家、人民的利益为重，为国家、为企业多做贡献。导游人员在沿途讲解过程中，应有意提高讲解的思想性，增强文化内涵，体现爱祖国、爱人民、爱家乡的美好情感，维护国家和民族的尊严。导游人员也应该具有自强不息的精神，勇于开拓、不断进取，树立崇高的职业理想，把自己的工作作为向国内外旅游者展示我国大好河山、介绍我国悠久历史文化、宣传我国良好形象的重要窗口。

课堂互动1-1

有一个德国旅游团来西安游览参观，西安一家旅行社负责这个旅游团在西安的接待工作，并委派导游小张为地陪。小张在讲解中对德国大加赞赏，而对西安多有贬损，他以为这样做德国游客一定会满意。一天的游览结束后，旅游团领队找到小张，对小张的讲解十分不满。他说："我之所以带团来西安，是因为西安是一个美丽的地方，近年来发展也很快，你当着游客的面贬损西安，是对我的不尊重，是对我的工作不支持，你的讲解也并不符合西安的实际情况。"随后，该团领队要求小张向旅游团道歉，并强烈要求旅行社更换地陪。

问题：地陪小张的行为是否合适？

课堂互动1-1

答案提示

（二）立足本职、敬业爱岗

导游服务工作既是一项艰苦复杂的脑力劳动，又是一项繁重的体力劳动。尤其是在旅游旺季，导游人员往往连轴转，无法保证正常休息。这就要求导游人员热爱本职工作，乐于为广大旅游者服务，将做好本职工作视为人生的乐趣之一，有一种职业幸福感和荣誉感。只有这样，导游人员才能适应导游工作的复杂性、繁重性、重复性和严格性。

🚩 **素养提升1-1　　　　　导游如何克服"重复性"服务带来的职业倦怠**

导游工作的特点之一是"重复性"。一个景点，对游客来说是全新的，但对导游来说，他可能已经讲解无数遍了，这很容易产生职业倦怠，出现诸如讲解缺乏激情、言语乏味、对游客的提问缺乏耐心等问题。导游若想有效克服职业倦怠，最重要的一点就是应做到敬业爱岗。一个不热爱自己工作的导游，面对"重复性"服务，的确很容易心生倦意，因而也很难成为一位受人欢迎的优秀导游。当然，对导游职业的热爱也是可以培养的，关键是导游要善于发现这一职业的美感，同时要善于学习，努力提高服务技能，从而获得成就感。成就感多了，对职业的热爱也就多了。此外，导游还可从以下几个方面努力，克服职业倦怠：

（1）热爱自己的家乡。一位对家乡充满热爱的导游在介绍自己的家乡时肯定会充满激情，语言自然也会变得精彩。

（2）换位思考。导游可设想自己就是游客，从游客的角度来考虑问题，以一种负责任的态度来完成每次讲解。

（3）加强学习，不断提高。导游不能满足于现有的对景点的那点儿了解，而应不断学习，不断获取有关景点的新知识。同时，导游不能简单地重复每一次讲解，而应不断创新，让导游词越讲越精彩，越讲越吸引人。

（4）总结经验，争取做一名学者型导游。从事导游职业久了，积累的经验多了，导游可以考虑对这些经验进行适当的总结，最好能结集出版。这样做既有利于自身业务水平的提高，也有利于新导游的进步。导游如果带着这样的目标工作，就会经常思考工作中的得失成败，职业倦怠自然就不易产生。

针对上述内容，请谈一谈你的感想。

（三）热情友好、宾客至上

对旅游服务行业来说，热情友好、宾客至上是一项基本道德规范。热情好客是我国的传统美德，而在国际上，许多学者都把"好客"视为旅游业的重要资源。顾客是服务行业存在和发展的基本保证，导游服务行业也不例外。没有游客，导游人员的服务价值就无从体现，导游服务也就失去了存在的必要。导游人员在接待游客的过程中，应发扬我国作为"礼仪之邦"的好客传统，做到微笑服务、热情服务、周到服务，把游客放在首位，一切为游客着想，努力满足游客合理的、正当的要求，克服冷淡、粗暴、懒散等违反导游职业道德的不良行为。

导游小常识①1-1　　　　导游的微笑服务

微笑是热情友好的外在表现之一，导游应学会微笑面对游客。微笑既能表达导游对远方客人的欢迎和关爱，也能反映导游对自身职业的热爱、对工作的责任感和对做好导游工作的充分自信。微笑对导游来说不是单纯的礼貌问题，还涉及导游的职业道德和服务技能。换句话说，导游的服务应是一种微笑服务。

微笑服务既是导游服务的常态，也是导游追求的目标。因为在旅途中，一些意外事件的发生会使导游根本笑不起来，如游客生病、受到意外事件的伤害、没有订到返程车票、酒店提供不了足够的房间、天气变化使行程受阻等。当然，导游不希望意外事件发生，并且会有意避免意外事件发生，以使自己在行程中能够始终笑得起来并笑得甜美。即使发生了意外事件，导游也应善于克制自己的情绪，积极应对，绝不能遇事惶惶然不知所措，乱了分寸。此外，为了鼓舞游客情绪，即使身处困境，导游该笑的时候还得笑。

（四）遵纪守法、克勤克俭

由于旅游活动涉及面广、游客流动性大、消费水平高，再加上导游人员工作的独立性强，经常要经手大量的钱和物，因此在实际工作中，导游人员面临着各种各样的诱惑。正如瑞士导游专家汉斯·乔治·戈根海姆所说："并不是导游人员比别人要坏些或意志更薄弱些，而是摆在导游人员面前的诱饵更芳香一些，机会更多一些。"

在这样的环境下，导游人员更应该培养遵纪守法的意识及克勤克俭的生活作风，这不仅是塑造导游人员形象的重要内容，也是衡量一个导游人员是否合格的重要标

---

① 本书中第1篇和第2篇中的"导游小常识"均为作者根据相关资料整理所得，主要书目已经列在书后的主要参考文献中，故不再做具体说明。

准。导游人员应树立高度的法纪观念，自觉遵守国家的法律、法令，遵守旅游行业的规章制度，自觉抵制拿回扣、索要小费、套汇逃汇、索取礼品等不正之风。

导游小常识1-2　　　　导游执业过程中的禁止行为

自2018年1月1日起开始施行的《导游管理办法》对导游执业行为做出了规定，其中第23条规定，导游在执业过程中不得有下列行为：

（1）安排旅游者参观或者参与涉及色情、赌博、毒品等违反我国法律法规和社会公德的项目或者活动；

（2）擅自变更旅游行程或者拒绝履行旅游合同；

（3）擅自安排购物活动或者另行付费旅游项目；

（4）以隐瞒事实、提供虚假情况等方式，诱骗旅游者违背自己的真实意愿，参加购物活动或者另行付费旅游项目；

（5）以殴打、弃置、限制活动自由、恐吓、侮辱、咒骂等方式，强迫或者变相强迫旅游者参加购物活动、另行付费等消费项目；

（6）获取购物场所、另行付费旅游项目等相关经营者以回扣、佣金、人头费或者奖励费等名义给予的不正当利益；

（7）推荐或者安排不合格的经营场所；

（8）向旅游者兜售物品；

（9）向旅游者索取小费；

（10）未经旅行社同意委托他人代为提供导游服务；

（11）法律法规规定的其他行为。

法律讲堂1-1

《导游管理办法》

（五）公平守信、真诚善良

公平守信、真诚善良是一个公民的基本道德准则。导游人员也应该遵守这一准则。

首先，导游应做到公平。导游会面对各种游客，有的游客很友好，有的游客爱挑刺儿，有的游客和导游谈得来，有的游客和导游谈不来，但无论面对什么样的游客，导游都应当做到一视同仁，绝对不能让游客有厚此薄彼的感觉。例如，导游只记住了重要游客的姓名、只对部分游客微笑、只和部分游客说话等，这些都是不公平的做法。此外，游客提出的任何要求，无论合理还是不合理，导游都应当给予充分重视。对游客的一切合理、合法的要求，导游应尽量满足；对无法满足或不能满足的不合理、不合法的要求，导游也应细致地说明或提出好的建议，绝对不能简单回绝甚至冷语相向。

课堂互动1-2

某天，一位导游接待了一个旅游团，这个旅游团中有几位大学教授，而这个大学就是该导游曾就读过的大学。在接下来的行程中，导游与这几位教授无话不谈。行程结束前，导游征求大家对他工作的意见，大家都从不同的角度称赞了一番。在车站送别时，一位游客小声对导游说："其实我早就想给您提点意见，但我没有说。现在我要说，您的缺点是太喜欢教授了！"

问题：这位游客提的意见对吗？如果你是该团的导游，你会怎么做？

课堂互动1-2

答案提示

其次，导游要做到守信。游客千里迢迢赶来参观、游览，主要是为了观赏当地的名胜古迹，了解当地的风土人情，所以导游应该严格遵守合同约定，认真履行合同，将当地最真实、最有价值、最美的一面展示给游客，不能欺骗、刁难游客，也不能降低服务水平和食宿标准。在旅途中，导游还应做到言而有信，说到做到，不讲空话。

最后，导游应该是一个真诚善良的人。真诚善良是人与人交往的基本准则，导游与游客打交道，必须做到真诚善良。导游的服务是否真诚，导游为人是否善良，游客很容易就能感觉到。一位真诚善良的导游，很容易打动游客、吸引游客，即使工作中有些失误，也容易得到游客的谅解。

（六）团结友爱、相互协作

旅游业是一个综合性的行业，涉及与食、住、行、游、购、娱相关的多个行业，每个行业又涉及许多企业。旅行社或导游人员要想完成好自己的工作，必须与各行业和企业密切协作，否则寸步难行。同时，在整个旅游接待过程中，导游人员处于核心地位，发挥着主导作用。因此，导游人员更应当发挥团结友爱的精神，正确处理同事之间、部门之间、企业之间、行业之间的关系，尊重他人的劳动，既不盛气凌人，也不动辄训人，坚决杜绝本位主义、以邻为壑的不良倾向。

上述六条是导游人员主要的职业道德规范。导游人员必须加强上述职业道德规范的培养，经常进行自查、自检、自省、自律，把职业道德规范转变为自身的道德行为，积极解决导游服务工作中出现的各种问题，这样才能成为一名合格的、深受游客喜爱的导游。

课堂互动1-3

答案提示

课堂互动1-3

有人说，在旅游过程中，只有不合格的导游，没有不合格的游客。

问题：你认为这句话对吗？

三、加强导游职业道德修养的方法

（一）理论与实践相结合

人们的道德意识是社会实践的产物，社会实践也是检验一个人的道德意识是否正确、道德品质是否高尚的唯一标准。此外，道德水平的提高和完善也离不开实践。因此，加强导游职业道德修养必须坚持理论与实践相结合，做到知行合一。导游人员既要认真学习，树立高尚的道德意识，又要在实践中努力培养高尚的道德品质，磨炼坚强的道德意志，树立坚定的道德信念，养成良好的道德习惯，这样才能成为一个职业道德水平高、业务技能强的合格导游。

（二）进行自我道德评价，严于解剖自己

金无足赤，人无完人。导游人员只有经常进行自我道德评价，剖析自己的优点和缺点，才能更清醒地认识自己、发扬长处、改正不足，不断提高职业道德水平。

（三）向先进人物学习

先进人物的高尚道德品质是道德原则和规范的结晶，导游人员应以先进人物为榜样，联系自己的思想言行，对照找差距，改正自身的缺点，努力培养自己高尚的道德人格。

（四）提高精神境界，努力做到"慎独"

"慎独"指的是一个人在独立工作、无人监督时，能自觉地严格要求自己，自觉地遵守道德原则和规范。"慎独"既是个人道德修养应达到的一种境界，也是一种重要的道德修养方法，这种道德修养方法常常是在无人看见、无人知晓的情况下进行的，是一种自我学习、自我对照、自我锻炼和自我改造的过程。"慎独"不容易做到，却非常重要，一个不能做到"慎独"的人，很难说是一个具有良好职业道德的人。因此，"慎独"也是检验导游人员职业道德的一块"试金石"。

（五）提高自我控制能力

自我控制能力是指一个人对自己的情绪和行为的调节、掌控能力。实践证明，一个人自我控制能力的高低会直接影响其职业道德规范的遵守程度。良好的自我控制能力对导游人员来说非常重要。很难想象，一个自我控制能力差、情绪容易激动、动辄发怒的导游能认真遵守导游职业道德规范。因此，导游人员应有意加强自我控制能力的培养，自我控制能力提高了，导游职业道德规范也就容易遵守了。

任务二　导游人员的知识积累

导游服务不是一般的简单操作，而是导游人员借助自己的知识和技能为旅游者提供旅游便利的一种高智能的复杂工作。因此，导游人员必须具有丰富的知识。同时，知识的丰富程度也在很大程度上影响着导游人员在游客心中的形象。

一、导游为什么要具有丰富的知识

（一）旅游产品本身具有复杂性

在旅行社推出的旅游产品中，除了单项服务外，基本上都是复杂的综合性产品。从时间上看，有几天的也有十几天的；从距离上看，一般都较远；从产品组成上看，一般都包括食、住、行、游、购、娱等内容。全面了解每一项旅游产品是导游做好服务工作的前提，因此，导游必须是一位博学多才的杂家。

（二）导游的工作内容具有繁杂性

导游的工作内容非常繁杂，有人曾把导游服务的内容归纳为八项，即语言翻译、参观导游、生活服务、政策宣传、对外调查、安全保卫、座谈报告和财务统计。这些内容每一项都不简单，而且导游在提供服务的过程中还可能会遇到各种难以预料的突发事件，需要导游妥善处理，这些都要求导游具有丰富的知识。没有丰富的知识储备，导游将难以胜任工作。

（三）导游的服务对象具有差异性

导游的服务对象是游客，游客的生活环境、年龄、职业、文化程度、欣赏水平、兴趣爱好、风俗习惯等均存在较大差异，对导游服务的要求也不相同。导游如果没有丰富的知识，将很难满足游客的差异性需求。

（四）游客对导游寄予厚望

游客来到一个陌生的地方旅游，对什么都感到新鲜和好奇。当游客心中有疑问的时候，首先想到的是找导游来解决，因为游客理所当然地认为导游就应该是一本"活字典"。

二、导游应具备的知识

一般来说，导游人员应具备的知识包括以下几个方面：

（一）语言知识

语言是人们交流的工具，导游人员的工作性质决定了其必须是掌握了语言并且能够恰当使用语言的人。旅行社并不会硬性要求导游人员掌握多少种语言或多少种方言，但导游人员必须精通接待对象使用的语言，并能很好地运用该种语言，如有意增强语言的生动性、形象性、幽默感等。

（二）中国历史文化知识

中国历史文化知识包括中国历史知识、古代思想文化知识，以及古代建筑、科技、戏剧、书法、绘画、饮食等方面的知识。

（三）地理知识

地理知识包括中国的疆域和行政区划、中国的地形特点及气候特点、中国的物产、中国旅游资源的分布及特点、地理环境对旅游业的影响、地理因素对客源的影响、旅游交通和旅游路线等方面的知识。

（四）旅游专业知识

导游人员属于旅游从业人员，因此其必须了解旅游专业的一些基本知识，如旅游的性质、特点、种类，旅游者的类型、特点，旅游业的构成及发展状况，旅游资源的开发、利用，旅游路线的设计等。

（五）法律法规知识

掌握必要的法律法规知识能够帮助导游人员自觉运用法律武器维护旅游者和旅行社的合法权益，避免因不懂法而造成的侵权行为的发生。这些法律知识包括宪法知识、民事法律知识、消费者权益保护方面的知识、出入境方面的知识以及与旅游接待业务直接相关的专业法律法规知识，如旅行社、导游、旅游饭店、旅游交通、旅游安全、旅游保险、旅游资源及旅游投诉等方面的法律法规。

法律讲堂1-2
《导游人员管理条例》

（六）旅游客源地和旅游目的地知识

旅游客源地和旅游目的地知识既包括客源地居民的文化传统、风俗习惯、思维方式、价值观念等，也包括旅游目的地的经济发展状况、旅游设施情况、景区景点情况以及当地有关旅游业的一些政策规定等。

法律讲堂1-3
《旅行社条例》

（七）生活常识

旅游是人们生活的一部分，掌握必要的生活常识能给导游工作带来很大的便利，这些生活常识既包括交通、通信、卫生保健、海关、货币、保险、急救、护理等方面的知识，也包括待人接物、礼貌礼仪、选购商品等方面的知识。

导游小常识1-3　　　　国际度量衡换算常识

1千米=2里=0.62137英里=0.53996海里

1米=100厘米=1 000毫米=3尺=1.0936码=3.2808英尺=39.37英寸

1平方千米=0.3861平方英里=100公顷=10 000公亩=1 500亩=247.105英亩

1平方米=10 000平方厘米=1.19599平方码=10.7639平方英尺=1 550.0031平方英寸

1升=1 000毫升=1 000立方厘米=0.21997英制加仑=0.2642美制加仑

1立方米=1.30795立方码=35.3147立方英尺=61 023.8445立方英寸

1吨=0.9842长吨=1.1023短吨=1 000千克

1千克=2斤=20两=1 000克=2.20462磅=35.27396盎司

摄氏温度=5/9×（华氏温度−32）

（八）心理学知识

导游人员时刻要与人打交道，这些人包括旅游者、参与接待的同行、不同旅游服务供应部门的有关人员等。掌握一些心理学知识，有助于导游人员及时了解对方的心理活动，从而有的放矢地开展工作。表1-1列举了不同类型旅游者的特征和导游的接待方法。

表1-1　　　　　　　　不同类型旅游者的特征和导游的接待方法

旅游者的类型	旅游者的特征	导游的接待方法
稳重型旅游者	追求旅游的意境，喜欢思考，举止沉稳，话语不多但有分量	讲解时把握科学性、知识性，适当增加历史知识和文学知识的分量；态度诚恳，语言优美，不矫揉造作
活泼型旅游者	性格乐观、开朗，喜欢集体活动和参与性强的项目，偏爱风光优美的旅游景点	增强讲解的趣味性、生动性，多讲故事和传说，少说理论和观点；态度亲切自然、平易近人
忧郁型旅游者	注重个人感受，不太依赖导游讲解。喜欢静静欣赏景点，不喜欢评价议论，重视细节	讲解时突出细节，但不可过于烦琐；注重与旅游者的感情交流，但不要过多干扰旅游者的活动
急躁型旅游者	喜欢快节奏的游览，好动不好静，好观赏不好思索，好独自活动不好集体游览	讲解时抓住旅游者的兴趣点，加快游览节奏；密切注意旅游者的动向，及时消除旅游者的急躁情绪

导游小常识1-4　　　不同年龄段的游客有什么特点？

青年游客精力充沛，活泼好动，好奇心强，爱玩爱学，对新鲜、时尚、浪漫、冒险的游览项目有浓厚的兴趣；对食宿条件不太看重，喜欢拍照、购物，只要手中有钱，一般花钱大方，不在价格上斤斤计较。

中年游客不愿太累，喜欢悠闲、轻松的游览项目；对食宿条件比较在意；对导游人员的服务水平要求较高。

老年游客阅历丰富、沉着老练，喜欢悠闲、轻松的游览项目，不喜欢快节奏的安排；对交通、食宿的要求都较高；对故地重游、观览名胜古迹、鉴赏古董文物有特殊的兴趣；对旅游目的地老年人的生活方式和社会地位尤为关注；喜欢购买补养身体的名贵药材。

（九）美学知识

旅游活动从本质上说是一种寻找美和欣赏美的活动。掌握一定的美学知识，有助于导游人员用生动形象的语言向旅游者介绍美的事物，从而帮助旅游者获得美的享受。

三、导游如何成为一个博学的人

要成为一个博学的人，只有一条途径：加强学习。

（一）从书本中学习

书本上的知识系统而集中，在较短的时间内，导游可以从书本中获得大量有益的知识。现在很多导游都毕业于旅游院校，较系统地学习了导游专业知识，这对导游服务工作是非常有利的。

（二）善于从实践中学习

导游工作是一项非常依赖实践经验的工作，实践经验越丰富，导游工作就越有可能做得好。导游应善于从实践中学习，从而使自己不断获得知识积累。但是实践经验很零散，因此导游应经常进行总结，及时发现自身的不足。

导游小常识1-5　　　　　老导游的经验

一位老导游这样介绍他的经验：工作中遇到不懂的事，一定要下决心搞清楚，千万不能模棱两可、不了了之。他给自己定了一条纪律：同样一个问题，不允许自己两次都不会回答。

（三）虚心向同行请教

在导游工作中，每个导游都积累了丰富的知识，都有不同的心得。如果导游之间能够多交流、多沟通，那么这对每个导游提高知识素养、获得实用的工作经验都是非常有益的。平时，导游应主动向同行请教，旅行社也应经常安排导游之间交流经验、取长补短。

（四）学会从点点滴滴中积累知识

导游走南闯北，居无定所，很难进行系统性、集中性的学习。但导游有很多零散时间（如车上的时间、等待的时间等），这些时间累积起来非常惊人，如果浪费了实在可惜。导游可利用这些零散时间给自己补补课。智能手机是值得导游充分利用的一个学习工具，导游可随时随地用它来收集资料，也可用它来查找资料。导游还可以随身携带一个笔记本，这样做有以下几点好处：

（1）可随时将旅途中的心得和获得的有价值的信息记录下来。

（2）讲解中一些数据性、概念性、程序性的知识很难一下记全、记准，又不能随身携带大量参考书，这时导游可把这些记不住、记不全、记住后又容易忘记的东西事先记在本子上，有空拿出来翻阅。

（3）经过长时间的积累，这些笔记本既可视为对导游工作经历的纪念，又可作为导游宝贵的资料库。

课堂互动1-4

当遇到一些非常专业的团队（如考察团、调研团、律师团、医生团）时，旅行社在导游的选派上往往左右为难：有经验的导游往往不具备该专业的知识，也很难在短时间内大量积累该专业的知识；若请该领域的专家当导游，专家又不具备导游的业务知识。国外有的旅行社采用专家陪团旅游的办法解决了这一难题，即一个旅游团既有导游（领队），又有专家讲解。当然，专家的费用由游客承担。

问题：你觉得这种方法可行吗？

课堂互动1-4

答案提示

任务三　导游人员的礼貌礼仪

礼貌是向他人表示敬意的统称，是人与人之间在交往的过程中相互表示敬重和友好的行为规范。礼仪是人们在社会活动中共同遵守的礼节、仪式，即必须严格遵守的一种礼貌行为规范和法则。

我国是一个文明古国，有"礼仪之邦"的美誉，向来重视人与人之间的礼貌礼仪。

一、导游人员讲求礼貌礼仪的重要性

礼貌礼仪是个人乃至一个民族素质的重要组成部分。讲礼仪可以使人变得更有道德，可以塑造更为理想的个人形象，可以帮助个人事业取得成功。讲礼仪还可以使社会变得更加美好，并且可以提升国家的形象。

导游从事的是服务接待工作，面对的是来自世界各地、全国各地的游客，日常的礼貌礼仪非常重要。这一点可以从以下几个方面来理解：

（一）导游人员的礼貌礼仪影响游客对行程的满意度

旅游活动是一种具有广泛文化性的以审美为特征的活动。在旅途中，游客不仅在观察自然的美和文化的美，而且在审视导游人员的礼貌和礼仪，导游人员表现出来的不礼貌、不文明行为会引起游客的反感，进而影响游客对行程的满意度。

（二）导游人员的礼貌礼仪影响导游的形象

在一定程度上说，导游是一个发现美、创造美、引导游客欣赏美的职业。从事这样一种崇高职业的人若缺乏基本的礼貌礼仪，那么其在游客心中的形象会大打折扣。

（三）导游人员的礼貌礼仪影响旅行社的形象

游客参加的虽然是旅行社组织的旅游活动，但游客真正接触到的其实是导游。游客会很自然地将导游的形象与旅行社的形象联系在一起。同时，导游的行为代表的是旅行社，导游的不文明行为必然会对旅行社的形象产生不良影响。

（四）导游人员的礼貌礼仪影响国家的形象

由于语言、风俗习惯等的不同，以及时间的限制，外国游客到中国旅游主要是与导游接触。因此，导游也被称为"民间大使"。外国游客会从接触到的导游的形象中理解中国的形象。一位待人热情、举止端庄、衣着整洁、仪表文雅、谈吐文明的导游不仅会使游客心情愉快，还会加深外国游客对我国这个"礼仪之邦"的美好印象。

二、礼貌礼仪的培养

（一）掌握礼貌礼仪的精髓

有关礼貌礼仪的规范非常多，将它们一条条地孤立起来记忆不仅没必要，效果也不好。但是如果我们掌握了礼貌礼仪的精髓，则不仅有助于记忆，还可举一反三、融会贯通，从而起到事半功倍的效果。礼貌礼仪规范基本上都遵循下面一些原则：

（1）自律原则，即礼貌礼仪规范基本上都是对自我的约束。

（2）从俗原则，即礼貌礼仪应考虑游客的需要，并适当运用游客的礼仪，以示对游客的尊重。

（3）适度原则，即礼貌礼仪应把握分寸、适度得体，既不能过于礼貌，以免让人感觉虚伪做作，也不能生搬硬套。

（4）平等原则，即给予所有游客以同等待遇，不厚此薄彼，不以貌取人或以财取人。

（5）宽容原则，即对游客不同于己、不同于众的行为要多体谅，不可求全责备、过于苛求。

（二）长期努力，循序渐进

学好礼貌礼仪并能在生活中应用并非一朝一夕之功，必须经过长期的努力。导游人员不仅要从书本中学习礼貌礼仪，而且应在日常生活中学习礼貌礼仪，做到勤于观察、细心领会、认真总结。学好礼貌礼仪还应注意循序渐进，从与自己生活最密切的环节开始，从自己的岗位做起，然后推而广之，这样做更容易出成效。

（三）注重自我检查

导游人员在学习礼貌礼仪时，要经常反躬自省，以便及时发现自身的缺点和不足，有针对性地进行学习，从而抑制和纠正不良习惯，保持和发扬好的习惯。

三、导游实用礼貌礼仪举例

（一）导游的仪表

1.头发

头发应勤洗勤理、干净整齐，没有异味和头屑；长短适当，尽量留短发；发型简单大方、朴素典雅，不能太怪异，不能有太多装饰。

2.面容

面容应做到干净卫生。鼻毛、耳毛等应进行修剪和遮掩，男导游的胡须要刮干净；勤刷牙、漱口，及时去除口腔中的食物残渣；带团前不吃有异味的食物，如葱、蒜、韭菜等。

3.手

手被称为商务人员的"第二张名片"，对导游人员来说也是如此。在接待服务过程中，导游人员的手部动作有很多，如握手寒暄、挥动手臂、手握话筒等，手经常处于醒目之处。因此，一双干净、卫生的手对导游人员树立良好的形象非常重要。导游人员平时应注意勤洗双手，以保持手部干净；注意手的保养，避免红肿、长疮、生癣等；不留长指甲；工作时不涂有色指甲油。

4.化妆

导游人员宜化淡妆，但不能当着游客的面化妆，需要补妆时可到房间或卫生间去；不借用游客的化妆品，不议论游客的妆容。

5.服饰

服饰应大方、得体、整洁。导游人员在带团时可穿各式便服，也可穿单位的工作服。男导游不可穿圆领汗衫、短裤，不宜赤脚穿凉鞋；女导游不能穿超短裙。在重要场合，男导游应穿深色皮鞋，皮鞋鞋面要擦干净；女导游的鞋跟不宜太细太高。

导游小常识1-6　　　服装选择与搭配技巧

（1）身材因素。身体偏胖的人，不宜选择面料质地太厚的服装，以免造成视觉上的笨重感；不宜选择太薄的面料，以免暴露身体的缺点；不宜穿横条纹、大方格图案的服装，以免使身体显得更宽；在服装色彩方面应尽量回避暖色系，应选择颜色较深的冷色系；避免选择较烦琐的服装式样，应力求简洁、明快。高而瘦的人不宜选择质地太薄的面料，这样会使人看上去更加瘦弱，应选择挺括一些的面料；避免选择竖条纹的面料；在服装色彩方面应尽量选择暖色系。

（2）脸型因素。圆形脸的人不宜选择小圆领的衣服，那样会使脸显得更圆；长形脸的人不宜选择长形领的衣服，那样会使脸显得更长；方形脸的人应选择小圆角领或双翻领的衣服，以淡化脸的棱角感。

（3）肤色因素。肤色较黑的人不宜选择粉红、淡绿两种颜色的衣服；肤色偏黄的人可选择蓝色或浅蓝色的上衣；肤色红润的人宜穿茶绿色或黑绿色的衣服。

（4）年龄因素。年轻人选择服装的范围较广，但年轻女性应突出自身清纯的气质，年轻男性应突出自身的朝气；中老年女性的服饰应突出高雅、雍容，颜色不应太艳，款式不宜太复杂，也不宜有太多点缀。

（5）环境因素。无论是谁，对服装的选择都要注意环境因素，包括时间（time）、地点（place）、目的（object）等（这也称为TPO原则）。例如，旅游时的服装应该宽松；参加重要活动时的服装应该庄重；喜庆场合的服装应尽量色彩鲜艳；肃穆场合的服装应以素色为主。

6.举止

导游在站立时应端庄、自然，不能懒散随便，不能抖动腿脚，不要摇摆身体，不要蹬踏他人座椅。男导游在站立时，双脚可微微张开，但不得超过肩宽；女导游在站立时，双脚应呈V形，双膝和脚后跟均应紧靠，如久站疲倦，可用一腿支撑，另一腿稍弯。入座时要轻而缓，穿着裙子的女性在入座时要用双手把裙子向前拢一下。坐在椅子上时，男性两膝之间的距离以一拳为宜，女性则应双膝并拢。

（二）见面礼节

1.自我介绍

初次与游客见面时，导游人员应表示欢迎并进行自我介绍（包括姓名、身份、工作单位等）。

2.握手

导游人员可主动与游客握手致意。如果对方是长者、女性、领导、重要人物，则导游人员点头示意即可，不应主动握手（除非对方主动握手）。握手时应握得紧而不能有气无力，但也不能过分用力；不能用左手握手。多人同时握手时，注意不要交叉握手。男性与女性握手时，不可用力过大，一般只轻握女性的手指部分即可。握手时，双目应注视对方，并微笑致意。男性握手前应先脱下手套。

3.称呼

导游人员对游客可称"先生""夫人""小姐""女士"等。"先生"是对男性的泛称，对已婚女性称"夫人"，对未婚女性称"小姐"，对女性的婚姻状况不了解时可称"女士"。导游人员也可用游客的职务（如局长、校长、厂长、经理等）或从事的职业（如教师、医生、律师等）来称呼。如果游客的职称较高，也可用职称来称呼，如教授等。

4.交换名片

递送名片时应用双手，同时双眼注视对方，并讲一些客气话，如"认识您很高兴"之类；接受名片时也应用双手，认真看一下再放入上衣口袋或名片夹中。

（三）交谈礼节

1.说话者的礼貌

（1）语速适中，不快不慢，应给对方留有思考的时间。语调应柔和、悦耳，做到轻重适宜、高低有度、快慢有节。与老年人说话应放慢语速，提高音量；与年幼者说话应语调柔和。

（2）不光谈自己，不自吹自擂，不抱怨不断，不喋喋不休。

（3）注意对方的反应。当发现对方可能没有理解自己的话时，应采取补救措施；当发现对方对自己的话不理不睬或避而不答时，应该马上转移话题。

（4）与对方平等相待，尊重对方，不打官腔，不以言辞压人。

（5）不冷落在场的每一个人。要不时地与在场的其他人交谈，或通过目光进行交流；在人多的场合不与少数人窃窃私语；当有第三人希望加入谈话时，应表示欢迎；发现有人长期沉默不语时，应想办法使他融入谈话中。

2.听话者的礼貌

（1）专注有礼。听话者要目视对方，或者赞许性点头，表示自己在认真倾听，不可左顾右盼、看书看报、看手机、伸懒腰、打哈欠，切忌看表。

（2）不能轻易打断他人说话。非打断不可时，应事先礼貌地说明。

（3）时有回应。听人说话时可通过表情、手势、声音等表示自己听清了或赞同对方的话，不能毫无反应。

3.交谈内容

（1）不谈个人隐私。不问对方的简历、工资收入、家庭财产和个人生活方面的事情，尤其不能打听女性的年龄、婚姻状况。在国际交往中，下列问题均可能被视为个人隐私：收入、年龄、婚姻状况、健康状况、家庭住址、个人经历、所忙何事、信仰政见等。

（2）不议论对方的伤心事或缺陷，应找一些积极、轻松、愉快的话题，但应注意"莫对失意人说得意事"。

（3）不宜讨论第三人。

4.交谈距离

双方关系越密切，交谈距离越近。一般来说，导游人员应与游客保持50厘米以上的距离。

导游小常识1-7　　　　　　交谈距离

在沟通和交往过程中，出于个人安全的考虑，每个人都需要有一个私人空间，如果他人有意或无意侵入这个空间，人们就会紧张不安，甚至会感觉受到侵犯，就会采用不同的方式表示不满。因此，双方在交谈时应保持适当的距离。交谈距离的大小往往随着双方关系密切程度的不同而不同，双方关系越密切，所需的空间距离就越小。一般来说，15～45厘米为亲密距离，即关系亲密的人之间的交谈距离；45～120厘米为个人距离，即熟人之间的交谈距离；120～360厘米为社交距离，即商务洽谈、同事之间的交谈距离；超过360厘米为公共距离，亦称"大众距离"，即一人与多人交谈的距离。

资料来源　孙乐中.导游实用礼仪［M］.北京：中国旅游出版社，2005：177-178.

（四）饮食礼节

1.落座礼节

落座时不要慌张，挪动椅子时要轻，小心不要碰撞餐桌；落座后注意向邻座或对面客人点头致意；落座后不可仰面抱头、东张西望、摆弄手指；开席前不要乱动桌上事先摆好的餐具，取用餐巾不要先于主人。

2.进餐礼节

进餐时身体不可贴靠桌边，身体一般距桌边一个拳头；每道菜上桌后，待长辈动筷后再取食，且动作宜快，注意不要碰到杯盘，溅及他人；夹菜时，不能用筷子在盘内翻来翻去，只能在靠近自己这一端取菜；一次夹菜不宜太多，也不要频频取用，别人夹菜时要主动避让；嘴里的食物不要塞得太多，应闭口咀嚼，细嚼慢咽，不要发出响声；嘴里正咀嚼食物时不同他人说话，讲话时不挥舞手中的餐具；喝汤时不能拿起碗喝，应借助汤匙，也不能发出声音。

席间不要频频起立、离座、伸懒腰、揉眼睛、搔头皮；不要光顾自己，还要注意对邻座的礼让和对老人及孩子的照料；席间应尽量避免打喷嚏、咳嗽，若实在无法避免，应转头向后，用自己的毛巾或手绢掩住口鼻，避免口沫四溅或发出过大的声音，并向左右致歉；若不慎打破餐具、碰翻杯子等，不要慌张，应叫服务生尽快清理；餐后不要当众剔牙，必要时应用餐巾或手挡住嘴巴。

尊重外宾的习惯，既不反复劝菜，也不夹菜给对方。

3.自助餐礼节

自助餐是一种不固定座位，由客人自取食物的一种用餐形式，这种用餐形式在旅游团中被普遍采用。不浪费、不将食物带出餐厅是自助餐的基本礼仪。用自助餐时，应排队按序取餐，取餐的顺序通常为冷菜、汤、热菜、水果、饮料。一次取餐不宜拿太多，可多次取餐。取餐时应用餐具，不要用手抓，应避免在取食区咳嗽和打喷嚏，也不应正对着取食区的食物与他人交谈，以免唾沫飞溅到食物上。

（五）乘机（车、船）礼节

1.乘飞机

导游人员应协助游客托运行李，协助、组织游客通过机场安检。在飞行途中交谈要小声，不谈论不愉快的话题，尤其是空难、劫机等话题。上下飞机时，导游人员应对乘务人员的问候做出回应。

课堂互动1-5

答案提示

课堂互动1-5

导游小李在机场安检区向游客告别，其中最后一句话是"祝大家一路顺风"。这时，小李发现个别游客听到这句话时皱起了眉头，小李不得其解。

问题：请你为小李分析一下游客皱眉的原因。

2.乘火车

列车上空间小、乘客多，应互相礼让。携带的行李应放置在公共区域，不要影响他人。不要大声喧哗，不能乱扔垃圾，不能随意脱鞋子，不能长时间占用卫生间。

导游人员应帮助游客找座位、安放行李；应特别关注老、幼、病、残、孕等特殊游客，随时为他们提供帮助；夜间进入包厢，如果游客正宽衣入睡，应在门外稍等片刻。

如今，越来越多的人选择乘坐高铁、动车出行。高铁、动车上的任何区域都禁止吸烟，包括卫生间和餐厅，这是因为在高铁、动车上吸烟不仅危害他人的身心健康、有损社会公德，更有可能会影响行车安全，影响整条线路的列车运行秩序，甚至可能危及列车和旅客的生命财产安全。因此，导游人员应对吸烟的游客进行劝阻，告诉他们可在列车停靠站点时，利用短暂的停靠时间在列车车厢外吸烟。

3.乘轮船

导游人员应提醒游客在上下船和上下楼梯时注意安全，照顾好晕船的游客；提醒游客不要将手帕或衣服对着水面舞动，不要用手电筒乱照（因为这些动作可能会被视为求救"信号"）；不要躺在床上吸烟，不要在船舱内大声说话。

4.乘汽车

游客上车时，导游人员应站在车门一侧，协助游客上车；注意检查车内行李架上的物品是否放好。到达目的地后，导游人员应第一个下车，并在车下照顾游客下车。

若导游人员陪少数游客乘坐出租车，应注意座次顺序。一般来说，最好的座位是后排右座，然后依次是后排左座、后排中座、前排副驾驶座（若乘坐私家车，且车主开车，则最好的座位是前排副驾驶座）。导游人员应先照顾游客上车，自己最后上车，并坐在司机旁的座位上。到达目的地后，导游人员应先下车，为游客开门，以手挡住车门上框，帮助游客下车。

课堂互动1-6

导游和三位游客共乘一辆小汽车，按平时所学，导游安排三位游客坐后排，自己则坐在前排副驾驶座位。一位女游客说坐后排容易晕车，提出与导游换座。导游以前排副驾驶座位是"导游专座"为由拒绝。

问题：导游的做法合适吗？

课堂互动1-6

答案提示

（六）电话礼节

1.打电话

（1）选择合适的时间。打单位电话应避开刚上班和准备下班这段时间，打住宅电话应避开吃饭、午休、早晨7点以前和晚上10点以后的时间。

（2）通话前要做好准备。想好通话的内容，调整好个人情绪。

（3）通话要有礼貌。先问候对方（如"您好""早上好"等），然后自报家门，最后告诉对方要找的人。若接听电话的是熟人，还可寒暄几句，再进入正题。

（4）通话内容应简明扼要，一般以不超过3分钟为宜。

（5）拨错号码应致歉。

（6）用"谢谢""再见"等词语结束通话，挂电话时不能太匆忙，也不能太用力。如果对方是长辈或上级，应等对方挂断电话后，自己再挂断电话。

2.接电话

（1）及时接听。一般应在铃响三声之内接听，不能及时接听时应向对方致歉。

（2）先说问候语（若在单位还应自报家门）。切忌拿起听筒就问"你是谁？"或"你找谁？"等。

（3）礼貌倾听，不时用"是"或"嗯"等词语予以回应。

3.礼貌使用移动电话

在开会、参加仪式、看演出等场合，最好将手机关闭或设置成振动状态，不要在这些场合玩手机、打电话，实在要打电话则应暂时告退，找一个无人的僻静场所，不应干扰他人；在禁用手机的场合（如加油站等）不使用手机。

（七）日常礼节

导游人员在讲解时应做到不吸烟、不吃东西；导游人员正患传染病、皮肤病时，不应接待旅游团。

导游人员应举止大方、表情自然，走路时脚步要轻，不勾肩搭背；不在楼梯口、电梯前等人流量大的地方与人聊天。

导游人员应尊重老人和妇女，爱护儿童；进出电梯、上下车时，要让老人、妇女先行，并主动予以照顾。

游客在相互交谈时，导游人员不应凑近旁听。需要与其中一人谈话时，应等对方谈完；实在等不及时，应礼貌地打断并致歉意。

导游人员不应在游客面前挖耳朵、挖鼻孔、剔牙齿、打哈欠、搓泥垢、脱鞋等；不能随地吐痰，不能乱扔东西。

导游小常识1-9   常用手势的含义

手势能简便快捷地表达一个人的想法，是非常富有表现力的一种体态语言。不同的手势具有不同的含义，同一个手势在不同的国家和地区表达的意思也可能大相径庭。导游人员应正确使用和辨别手势，避免因失礼而被游客误解。下面列举了一些常用手势的含义：

（1）竖大拇指：一般表示称赞、表扬、了不起或准备好了的意思；在欧美国家，还有请求搭顺风车、叫出租车的意思。

（2）大拇指向下：一般表示反对或不予接受的意思。

（3）OK手势：食指与大拇指搭成圆圈，掌心向外，其余三指向上。在美国表示同意、很好、一切正常、可以的意思；在法国表示零或毫无价值的意思；在日本表示钱的意思；在泰国表示没问题的意思；在巴西表示粗俗、下流的意思。

（4）V手势（掌心向外）：V是英语victory（胜利）和法语victoire（胜利）的首字母。这个手势在第二次世界大战期间开始流行，用于鼓舞军队士气，表示必胜的信心和勇气。

（5）竖小指：一般表示轻蔑和贬低的意思。

（6）竖食指：一般表示数字"1"；在美国也表示让人稍等或招呼服务员。竖起食指对人不停地摇晃表示不赞成、不满意或警告的意思。

（7）竖中指：一般表示鄙视的意思，这是一种常见的侮辱别人的方式，是一种很不礼貌的表现。

（8）摊手耸肩：一般表示无可奈何的意思。

（9）两臂交叉放在胸前：一般表示旁观、漠视、不参与、与我无关的意思，也有自我掩藏和自我保护的意思。

（10）叩指礼：一般是将食指、中指和无名指并在一起，用指头轻轻在桌上叩几下。叩指礼一般是对斟茶者表示谢意，在某些地区还有叩指尖、叩中指关节的区别。

课堂互动1-7

答案提示

课堂互动1-7

俗话说："礼多人不怪。"

问题：你觉得这句话能否完全应用于导游服务中？

■ 项目小结

在带团过程中，导游人员应善于在游客中为自己塑造一个良好的形象。本章从导游人员的职业道德、知识积累、礼貌礼仪等几个方面介绍了导游人员如何更好地塑造自身形象。

■ 主要概念

导游 道德 职业道德 礼貌 礼仪

■ 基础训练

□ 选择题

随堂测验1-1

选择题

1.下列各项中，（ ）可能被视为个人隐私。

A.工资 　　　B.年龄 　　　C.财产 　　　D.婚姻状况

2.下列各项中，（ ）因素可能影响导游的形象。

A.职业道德 　　B.衣服档次 　　C.礼貌礼仪 　　D.知识水平

3.导游应该是一位（ ）。

A.博学的人 　　B.科学家 　　　C.知识丰富的人 　　D.大学毕业生

□ 判断题

随堂测验1-2

判断题

1.具有丰富的知识是导游应具备的最基本的条件之一。　　　　　　（ 　）

2.生活常识与旅游的关系不大，导游有没有生活常识无所谓。　　　（ 　）

3.导游讲解时不能吸烟，但可嚼口香糖。　　　　　　　　　　　　（ 　）

□ 简答题

1.导游的职业道德主要有哪些？

2.导游如何做到公平守信？

3.导游为什么要具有丰富的知识？

4.导游如何成为一个博学的人？

5.导游为什么要讲求礼貌礼仪？

6.如何恰当把握礼仪的"度"？

7.导游在与游客交谈时应注重哪些礼节？

□ 讨论题

1.有人说，导游留给游客的第一印象很重要，第一印象不好，导游事后再怎么努力都白费。

请问：你对这个问题怎么看？

2.一位导游带着游客于傍晚6点入住一家三星级酒店。大约晚上10点，一位游客找到导游说，他的房间旁边就是歌舞厅，声音很大，影响休息，要求导游为他更换房间。导游认为已入住4个小时，更换房间很麻烦，也不好意思向酒店提，于是反复做这位游客的工作，说出门在外，讲究不了太多，劝游客将就一晚算了。游客最终同意不换房间。导游暗自庆幸自己的口才好，才避免了一件麻烦事。

请问：导游的做法对吗？如果不对，应该怎样做才更妥当？

3.有人说："笑脸增友谊，微笑出效益"。还有人说："微笑是服务人员通过任何关卡的安全护照。"

请问：你觉得他们说得对吗？为什么？

■ 案例应用

1.一位地陪带着一个外国旅游团来到酒店住宿。当地正值旅游旺季，客房相当紧张，酒店安排地陪住在一个条件较差的房间。地陪很不高兴，要求酒店立即为他调换房间，酒店方面解释说，房间已全部预订出去，这个房间还是特意为地陪留下的，否则也没有了。地陪见酒店就是不给换房间，威胁道："不给我换房间，我马上把这个团的中餐、晚餐全拉到外面的餐馆去！以后我不会再安排任何一个团到你们酒店来！"

请问：地陪的处理方式对吗？如果你是这位地陪，你会怎么做？

2.导游小李在接待一个境外团时，为了表示自己对客人的友好，在初次见面时，热情地与每一位游客握手，还习惯性地边握手边摇晃。这个团里有不少女性游客，旅游结束后，其中一位女性游客向旅行社投诉小李，事由就是小李的这次"热情握手"。

请问：小李的握手哪里不妥当？

■ 技能实训

1.准备或制作一个笔记本，将你认为在今后的导游服务中可能用上的知识记在上面，并经常进行补充。

2.认真思考自身在礼貌礼仪方面有哪些不足之处。

3.同样一个意思，可以用多种方式来表达，但其效果可能会有很大差别。对比下面的说法，看看哪一种更适合导游？

谁？　　　　　　　　哪一位？

走快点！　　　　　　请大家抓紧时间，不然赶不上吃午饭了！

不干！　　　　　　　对不起，我不能这样做。

行！　　　　　　　　可以，好的。

我问你……　　　　　我想问您一下……

替我拿一下。　　　　我想请您帮忙拿一下，行吗？

什么事？　　　　　　请问您找我有事吗？

我想问个问题。　　　我想请教您一个问题。

我不知道。　　　　　我没听说过。

4.准备一面镜子，每个同学都对照镜子审视自己，并指出自己仪容仪表方面的优点和缺点，老师和其他同学补充点评。通过这个训练，每个同学都能了解自己仪容仪表方面的优点和缺点。

　　5.模拟一次导游带团前的化妆。女导游应化淡妆，化妆过程要计时（最好在15分钟内完成）。男导游上团前没有必要做过多修饰，但应做到：不留长发，发式简单大方；脸部干净；牙齿上无食物残渣；胡须已刮干净；鼻毛、耳毛没有露出；衣服干净整洁；手部干净，指甲已剪。天气干燥的话，应随身携带适当的护肤品，从而在旅途中保持面部的洁净与润泽。

　　化妆完成后，请师生互相检查，提出不足和改进方法。

项目二

旅途才艺准备

■ 学习目标

了解导游人员掌握旅途才艺和技能的必要性和重要性；

掌握必要的旅途才艺；

提升学生对本专业的认知度、理解度和职业热爱。

导游工作是一项综合性很强的工作，涉及游客在食、住、行、游、购、娱等多个方面的需要，远不是许多人所认为的背一背导游词那么简单。一位好导游不仅应使旅途充满知识性，还应使旅途充满乐趣。因此，导游必须掌握一些基本的才艺，从而调动游客的游兴，活跃旅途的气氛。实践证明，掌握一定的才艺并能恰当表现出来的导游很容易与游客沟通，并且很容易获得游客的支持，工作起来也更得心应手。

导游需要准备的旅途才艺可以分为三个部分：个人表演才艺、娱乐游戏项目和语言技能。

任务一 个人表演才艺

导游在旅途中用得上的个人表演才艺有讲故事、说笑话、朗诵、唱歌、舞蹈、口技、魔术、简易乐器演奏等。

一、讲故事

导游在讲解中适当地增加一些故事，不仅可以丰富讲解内容，而且有利于调节气氛，缓解游客的旅途疲劳。

（一）基本要求

导游所讲的故事，既可以是类似于笑话的幽默故事，也可以是充满哲理的寓言故事。导游如果能够将这些故事与景点介绍有机结合起来，一定会使讲解更精彩。

讲故事时应注意以下几点：

（1）所讲内容必须是健康的、积极的、广为流传的，必须有一定的依据，为大家所熟知，不得散布荒诞、迷信、不健康的内容。

（2）篇幅短小，结构严谨，语言生动，引人入胜。

（3）吐字要清楚，语速要适中。

（二）基本训练

（1）拟定一条旅游路线或者确定一个旅游景区，然后根据此路线或景区寻找出恰当的故事。

（2）熟悉故事的内容和情节，使每个细节都能被流利地描述。

（3）对故事内容和情节做适当的编排，如制造一些悬念，穿插一些问答环节等，以吸引游客注意。

模拟训练 2-1

训练要求：某旅游团来到历史文化名城河北邯郸市旅游，这时导游可讲一讲"邯郸学步"的故事。

训练提示：邯郸历史悠久，文化灿烂。在战国时期，邯郸作为赵国都城达 164 年之久，是我国北方的政治、经济、文化中心。人们日常使用的成语，有相当一部分产生于以邯郸为中心的赵国。据不完全统计，与邯郸历史相关的成语典故多达百余条，因此邯郸有"成语之乡"的美称。大家能举出一些这样的成语吗？刚才有游客说到了"黄粱美梦""毛遂自荐"……对，还有"邯郸学步"。

成语"邯郸学步"出自《庄子·秋水》。相传战国时期，燕国寿陵有一位少年，听说赵国都城邯郸的人走路姿势很美，便不顾路途遥远，跑到邯郸学走路去了。

少年到了邯郸后，发现那里的人走路姿势的确很优美，就跟着学了起来，但总觉得学得不像。这是为什么呢？他想来想去，可能是因为自己太习惯原来的步法了。于是他放弃了自己的步法，完全按邯郸人的步法走路。不料，这样更糟糕了，少年不仅没有学会邯郸人走路，连自己原来的步法也不会了，只好爬着回到了燕国。

这个故事告诉我们，不能生硬地模仿别人的长处，否则不仅学不到别人的长处，还会把自己原来的长处丢掉。

模拟训练 2-2

训练要求：一位导游在带团期间正好遇到中秋节，他该如何向游客介绍中秋节的来历呢？

训练提示：今天是中秋节，是我国的传统节日之一。有人知道这个节日的来历吗？没错，这个节日源于古人对月亮的崇拜，但在古代传说中，这个节日与嫦娥奔月有关。而要讲"嫦娥奔月"，就得先讲"羿射九日"。

据说，天帝有十个儿子，就是太阳十兄弟，按照天帝的要求，太阳十兄弟每天派一个兄弟在天上当值。在尧统治的时代，不知为什么，太阳十兄弟一起出现在了天上，大地河流干涸，植物枯死，人类危在旦夕。天帝便派擅长射箭的羿到人间去帮助尧，并且一再吩咐羿不可太为难自己的儿子们，吓吓就行了。

羿的左臂比右臂长，天生就是射箭的好手，他弯弓搭箭，九个太阳应声而落。天气很快变得凉爽起来，剩下的一个太阳从此规规矩矩，按时升落。羿成了射日的大英雄，但是天帝对羿射死了九个太阳儿子非常不满，羿再也不能回到天上了。

羿的妻子是一位绝代佳人，叫嫦娥。她听说羿不能再回到天上了，很不高兴。羿听说西王母那里有长生不老药，于是他长途跋涉，从西王母处要来这种药。西王母叮嘱羿："这药一人吃了，可以重回天界；二人分吃则可长生不老。"羿兴冲冲地将此消息告诉嫦娥，准备找个良辰吉日，两人一起服用这长生不老药。但嫦娥实在太想回到天上了，于是她偷偷将药全吃了，慢慢飞向天空。可能嫦娥自己也觉得自己的行为不够光彩，她来到了离人间最近的月亮上。月亮上面只有一只小兔子，还有一个叫吴刚的人日夜砍着桂花树。嫦娥从此就生活在了月亮之上的广寒宫中。

还有一种说法是：羿得到的药只可供一人升天成仙，羿舍不得嫦娥，一直没有吃药，而是将药暂时交给嫦娥保管。羿的徒弟蓬蒙心术不正，他乘羿出门打猎之机，用剑威逼嫦娥交出仙药，嫦娥情急之下把药全部吞下，然后轻盈地升上了天空。由于牵挂着羿，嫦娥落到离人间最近的月亮上成了仙。得知此消息，羿悲痛欲绝，他在花园中摆上香案，放上嫦娥最喜爱的蜜食鲜果，表达自己的思念之情，百姓也纷纷效仿，这就是中秋拜月习俗的来源。善良的人们当然更愿意接受这种说法。

千百年来，月亮和月亮上美丽的嫦娥仙子给人们提供了无限的想象空间，激发了无数诗人的创作热情。宋代大诗人苏轼的诗句颇具代表性："但愿人长久，千里共婵娟。"婵娟即月亮，也指美好的样子。

"嫦娥奔月"的故事在一定程度上反映了古人对月亮的好奇，也反映了古人对飞天的向往。今天，人类已经真正去过月球，上面没有嫦娥，甚至还没有发现生命迹象，但中国古人的探索精神和想象力已深深刻在世界人民的心中。据说，在华盛顿宇航馆内就有一幅《嫦娥奔月图》，图旁的说明是："在人类历史上，是谁第一个有到月亮上去的想法呢？是中国古代的嫦娥女士……"

二、说笑话

笑话不仅有助于调节旅途气氛、消除疲劳，有时还能化解矛盾，"化干戈为玉帛"。因此，导游应具有幽默感，会讲笑话。

（一）基本要求

（1）内容健康、积极，不涉及迷信、不健康的内容。

（2）篇幅不能太长，能让游客很快明白其中的意思。

（3）吐字清楚，语速适中。

（4）讲笑话要注意场合，要与当时所处的环境、气氛相协调。例如，在车上就讲讲跟乘车有关的笑话，去酒店住宿就讲讲跟住宿有关的笑话等。在严肃、庄重的场合不宜讲笑话。

（二）基本训练

导游掌握的笑话不在多而在精，讲出来的笑话一定要让游客由衷地发笑，这样气氛很快就会轻松下来。下面这些笑话不妨重点记一记，也许用得上。

模拟训练2-3

训练要求：关于导游工作的笑话。

训练提示：

（1）对导游工作的另一种评价。

很多人都觉得导游工作很吸引人，既轻松又好玩，其实他们只知其一，不知其二。行业内有人这样评价导游工作：起得比鸡还早，干得比牛还多，吃得比猪都杂，看着比谁都好！

（2）导游为什么能做到早起？

由于工作需要，导游经常要早起。有一回，一位游客问导游："你为什么总能做到准时起床，而我总是做不到，设闹钟也没有用？"导游回答："过去我也和你一样，闹钟响的时候，常常把它按了继续睡。后来，我在闹钟边放了一个老鼠夹，从此再也不敢按闹钟了，睡懒觉的毛病也改掉了。"

模拟训练2-4

训练要求：关于交通的笑话。

训练提示：

（1）双层巴士。

某人第一次上双层巴士，第一层人多，司机让他上第二层。这个人上去之后马上又下来了，说："你骗人，上面没有司机！"

（2）限速。

在马来西亚某市交通安全周期间，交通部在城市多个路口张贴了如下标语牌："阁下驾驶汽车时，如果车速保持在30千米/小时左右，可以欣赏沿途美丽风景；车速超过50千米/小时，请到法庭做客；车速超过80千米/小时，请到医院留宿；车速超过100千米/小时，请安息吧。"

（3）修建铁路。

一条新的铁路正在修建。某日，一位工程师走进一农户家，对主人说："我不得不告诉你，新铁路将正好通过你家的房子。""我没意见。"农户说，"但你要是以为火车每次从这里通过的时候，我都会为它开门和关门，那你就大错特错了。"

（4）紧急滑梯。

飞机遇险，紧急迫降后，机长通知乘客从应急滑梯滑下来。一位母亲带着孩子顺利地从滑梯滑下，母亲抓起孩子的手让他快跑，哪知孩子死活不挪步，说："再滑一次。"

模拟训练2-5

训练要求：关于购物的笑话。

训练提示：

（1）补差价。

顾客："我刚在你这买了几个鸡蛋，还没到家，一个鸡蛋里就钻出一只小鸡。"

店主："是吗？那你还应补5角钱差价。"

（2）近视眼买饼。

一个近视眼买了一只烤鸭搭在肩上，满街找卖大饼的，他来到一个卖凉席的摊前说："你的饼真大，来一张！"

卖凉席的回答："就你那眼神还玩鹰呢！"

（3）买龙虾。

顾客："服务员，这只龙虾怎么只有一个'钳子'？"

服务员："对不起，先生，这只肯定打过架了。"

顾客："哦，那给我那只打赢的龙虾吧。"

模拟训练2-6

训练要求：关于就餐的笑话。

训练提示：

（1）不要蛋壳。

三个人在餐馆里都点了一份煎蛋。第一个人跟老板讲："老板，我要一份煎蛋，但是不要蛋黄。"老板按他的要求煎了一个蛋。第二个人跟老板讲："老板，我要一份煎蛋，但是不要蛋白。"老板也照做了，但明显有点儿不耐烦了。轮到第三个人，老板有些不客气地问他："你呢？你不要什么？"第三个人有点儿胆怯地说："我……我不要蛋壳。"

（2）中奖。

一位顾客在某餐厅吃饭，他点了一份牛排。快要吃完的时候，他突然发现牛排里有一只苍蝇。他十分气愤地叫来服务员询问是怎么回事。服务员不慌不忙、彬彬有礼地说："先生，祝贺您，您抽中了本餐厅设置的'再来一份'大奖。"

（3）怎么没馅儿？

一位顾客到小吃店吃包子，咬一口，不见包子馅儿，再咬一口，还不见包子馅儿。他奇怪地问："服务员，这包子怎么不见馅儿？"服务员说："皮厚呗。"顾客又咬了几口，直到吃完了包子还未见馅儿，又去问服务员。服务员说："你可能吃的是馒头。"

模拟训练2-7

训练要求：关于小朋友的笑话。

训练提示：

（1）小朋友造句。

第一题：难过。小朋友写：我家门前有条水沟很难过。

第二题：天真。小朋友写：今天真热。

（2）一直在等车。

小明跟着爸爸在楼下的公交站台等车，看见了爸爸的一个熟人也在等车，还跟小明打了招呼："再见，小朋友，希望下次还能见到你。"

过了几天，小明又跟着爸爸去等车，又碰见了爸爸的那个熟人，小明大吃一惊，说："天哪，您一直在这里等车吗？"

（3）母鸡的脚为什么是短的？

两个孩子在讨论母鸡的脚。

甲问："你说，母鸡的脚为什么这么短？"

乙答："傻瓜，母鸡的脚如果很长，生蛋的时候蛋不就摔碎了吗？"

三、朗诵

朗诵是指大声诵读诗或散文。在旅途中，导游选择合适的文字作品，声情并茂地把它朗诵出来，不仅可以增添旅途的情趣，调节、渲染气氛，还可以丰富游客的知识。

（一）基本要求

（1）选择合适的朗诵材料。朗诵材料主要包括诗歌和散文，尤其以诗歌为主。所选的朗诵材料既不宜太长，也不宜太深奥，最好是大家耳熟能详的作品。选择的朗诵内容应符合自己的年龄和身份，还应符合游客的年龄和身份。

（2）把握好朗诵的时机。一般应结合景点、景区来朗诵，使朗诵内容与讲解内容有机结合在一起。

（3）朗诵应使游客获得一种艺术享受，因此，朗诵应是情感的自然流露，不能矫揉造作。

（4）掌握一些必要的朗诵技巧，注意吐字清晰和抑扬顿挫。

（5）对所朗诵材料的写作背景、作者的基本情况应有所了解。

（二）基本训练

（1）广泛阅读历代著名诗词、散文，重点记忆自己喜欢的一些文章、段落，将拟朗诵的文章、段落背下来，了解这些文章的中心思想、写作背景、修辞手法和作者概况，以便随时解答游客有关这些诗词、散文的问题。

（2）掌握一些基本的朗诵技巧，并多加练习。

模拟训练2-8

训练要求：朗诵《望庐山瀑布》。

训练提示：

望庐山瀑布

唐·李白

日照香炉生紫烟，

遥看瀑布挂前川。

飞流直下三千尺，

疑是银河落九天。

模拟训练2-9

训练要求：朗诵《忆江南》。

训练提示：

忆江南

唐·白居易

江南好，

风景旧曾谙。

日出江花红胜火，

春来江水绿如蓝。

能不忆江南？

模拟训练2-10

训练要求：朗诵《水调歌头·明月几时有》。

训练提示：

水调歌头·明月几时有
宋·苏轼

丙辰中秋，欢饮达旦，大醉，作此篇，兼怀子由。

明月几时有？把酒问青天。不知天上宫阙，今夕是何年。我欲乘风归去，又恐琼楼玉宇，高处不胜寒。起舞弄清影，何似在人间？

转朱阁，低绮户，照无眠。不应有恨，何事长向别时圆？人有悲欢离合，月有阴晴圆缺，此事古难全。但愿人长久，千里共婵娟。

模拟训练2-11

训练要求：朗诵《过零丁洋》。

训练提示：

过零丁洋
南宋·文天祥

辛苦遭逢起一经，干戈寥落四周星。
山河破碎风飘絮，身世浮沉雨打萍。
惶恐滩头说惶恐，零丁洋里叹零丁。
人生自古谁无死？留取丹心照汗青。

模拟训练2-12

训练要求：朗诵《再别康桥》。

训练提示：

再别康桥
徐志摩

轻轻的我走了，
正如我轻轻的来；
我轻轻的招手，
作别西天的云彩。

那河畔的金柳，
是夕阳中的新娘；
波光里的艳影，
在我的心头荡漾。

软泥上的青荇，

油油的在水底招摇；

在康河的柔波里，

我甘心做一条水草！

那榆荫下的一潭，

不是清泉，是天上虹；

揉碎在浮藻间，

沉淀着彩虹似的梦。

寻梦？撑一支长篙，

向青草更青处漫溯；

满载一船星辉，

在星辉斑斓里放歌。

但我不能放歌，

悄悄是别离的笙箫；

夏虫也为我沉默，

沉默是今晚的康桥！

悄悄的我走了，

正如我悄悄的来；

我挥一挥衣袖，

不带走一片云彩。

四、唱歌

唱歌是导游经常使用的一种活跃气氛、增进感情的方式。导游在带团时如果能恰到好处地用歌声来表达情感、活跃气氛，往往能收到比单纯的讲解要好得多的效果。一位喜欢唱歌、会唱歌的导游肯定更受游客的欢迎。

（一）基本要求

1.恰当地选择歌曲

唱歌既是一种娱乐活动，也是民俗风情的一种展示。因此，导游在选择歌曲时，应首选与旅游行程有关的歌曲。例如，在内蒙古唱《草原之夜》，在云南唱《蝴蝶泉边》，在西藏唱《珠穆朗玛》，在山西唱《人说山西好风光》，在海南唱《请到天涯海角来》等。导游刚刚接到游客时，可唱《请跟我来》《我一见你就笑》《快乐老家》等；送别游客时，可唱《送别》《祝你平安》《祝你一路顺风》《友谊地久天长》等。

同时，导游应选择游客熟悉的歌曲，如大家都熟知的老歌，或者当前比较流行的电视节目中走红的歌曲，这些歌曲容易引起游客的共鸣，便于游客以合唱的方式参与。歌曲的选择还要符合游客的年龄和职业，如果团队中以时尚的年轻人为主，则导游可选择一些时尚的新歌。此外，为了活跃气氛，导游也可有意选择一些搞笑的歌曲。

2.恰当地选择唱歌的时间

一般来说，在以下几个时间段唱歌效果比较好：一是地陪接团后首次讲解之时；二是旅游结束与游客告别之时；三是游客旅途疲惫之时；四是旅途单调漫长之时。地陪接团后首次讲解之时，如果导游能以一首家乡的歌曲迎接游客，会使游客倍感亲切。游客旅途疲惫之时，如果导游能唱一些欢快的歌曲，则很容易吸引游客的注意力，帮助游客尽快消除疲劳之感。

3.不要太在乎歌唱水平

唱歌当然是水平越高越好，但导游不是专业的歌手，也没有条件进行专门的歌唱训练，因此游客对导游的歌唱水平其实要求不高。同时，导游要展示的也不是自己的歌唱水平，而是服务的诚意。因此，导游没必要过分关注自己歌唱水平的高低，而且唱歌并不能代表导游的全部才艺。如果导游在唱歌方面是天然的弱项，不妨放弃唱歌，去表现自己更为拿手的其他才艺。

（二）基本训练

（1）平时有意学唱一些老歌、民歌和戏曲（如京剧、越剧、豫剧、黄梅戏）等，选几首自己最拿手、最喜欢的歌曲，加强训练。

（2）关注时下较为流行的歌曲，争取学会其中的几首。

（3）以接待中学生修学团、中老年观光团、亲子度假团、商务考察团等为例，分别选出一首合适的歌曲，进行重点训练。

（4）以在自己的家乡做地陪为例，选择几首适合在本地接团时演唱的歌曲。

（5）熟悉所选歌曲的歌词。如果歌词较长且难以记全，可将歌词记在随身携带的笔记本上，关键时刻可以用上。

五、舞蹈

舞蹈可以给人以美的享受，也是旅游途中用来活跃气氛、增进感情的一种表演方式。受服装、场地等的限制，需要导游跳舞的场合并不多。因此，与唱歌技能相比，舞蹈技能对导游的重要性并不突出，但这一技能却能为导游起到锦上添花的作用。

导游工作中最有可能用到的舞蹈包括民族民间舞、国际标准舞、大众交谊舞及各种流行的时尚舞蹈。常见的民族民间舞包括藏族舞蹈、蒙古族舞蹈、维吾尔族舞蹈、傣族舞蹈，以及东北秧歌、胶州秧歌等。国际标准舞简称国标舞，它来源于各国的民间舞蹈，对舞姿、舞步都有严格的要求，主要包括拉丁舞（包括伦巴舞、恰恰舞、桑巴舞、牛仔舞和斗牛舞等）和摩登舞（包括华尔兹舞、维也纳华尔兹舞、探戈舞、狐步舞和快步舞等）两个项群。大众交谊舞是在国标舞的基础上产生的，它保留了国标舞的风格，但舞姿、舞步比较随意，因此在年长者中比较流行。时尚舞蹈具有贴近性、易接受性、群体性和潮流性，主要包括锐舞、街舞、热舞、钢管舞、肚皮舞等。

（一）基本要求

1.掌握舞蹈的动作

动作是舞蹈最基本的表现手段，是传情达意的舞蹈语言。无论什么类型的舞蹈，导游都应掌握一些最基本的动作。

2.掌握舞蹈的节奏

舞蹈都有一定的节奏，节奏是舞蹈的速度、力度、气度的具体体现。跳舞时，不仅要有准确的动作，而且要有合拍的节奏。

3.展现丰富的表情

表情是舞蹈的一部分，表情必须与舞蹈的动作、节奏相一致，这样的舞蹈才是完美的。

4.掌握跳舞的一些基本礼节

比如，跳大众交谊舞时应注意着装，男士宜穿西服套装或长袖衬衫配长裤，女士以裙装为宜；参加舞会前要洗澡、漱口，不吃葱、蒜等食物，不要饮酒；参加较正式的舞会特别是涉外团的舞会时，同性之间一般不相邀共舞。

（二）基本训练

（1）学习国标舞、大众交谊舞的基本舞步，掌握国标舞、大众交谊舞的基本礼节。

（2）了解、掌握一些具有鲜明民族特色的传统舞蹈。例如，维吾尔族舞蹈以昂首、挺胸、直腰为基本体态特征，通过动、静的结合和大、小动作的对比以及移颈、翻腕等装饰性动作，形成了热情、豪放、稳重、细腻的风格韵味。傣族舞蹈以"三道弯"为基本体态特征，通过手位与脚位的配合，形成了优美、恬静、灵巧、质朴的风格韵味。

任务二　娱乐游戏项目

在旅游途中，特别是长时间乘车时，导游可有意开展一些娱乐游戏活动，这样不仅可以活跃旅途气氛，还可以消除游客的疲劳感，使导游与游客以及游客与游客之间的关系更融洽。

导游常用的娱乐游戏项目有猜谜语、绕口令、脑筋急转弯、文字接龙、接唐诗等。

一、猜谜语

谜语是暗射事物或文字等供人猜测的隐语。谜语往往采用隐喻、迂回的方式对某种事物进行描述，猜谜者必须通过思考、分析、判断才能得出正确的结论。因此，猜谜语是一项益智怡情、轻松愉快的大众文化娱乐活动。

（一）基本要求

（1）谜语包括三个基本要素，即谜面、谜目和谜底。谜面是指对谜底的特征性概括和描述，也可以说是制谜者为猜谜者出的题目，因此也称为谜题。谜面一般多用字、词、句进行表述。谜底是指谜语的答案。谜目是指谜面与谜底之间的中介或桥梁，可笼统地分为"物""事""字"等类型，每个类型还可继续细分，如"物"又可分为"植物""动物"，植物又可细分为"树木""花卉"等。

（2）谜面和谜目影响着谜语的难易程度。为了提高游客猜谜语的积极性，达到活跃气氛的效果，导游选取的谜语不应太难，应尽量选用经过短暂思考就能找到答案，又比较有趣味性的谜语。

（3）导游在组织猜谜活动时要密切注意游客的反应。如果多数游客积极性很高，踊跃参与，导游不妨多出些谜语，也可让游客来出谜语；如果游客的积极性不高，或只有少数游客参与，导游就应适可而止。

（二）基本训练

导游掌握一些典型的谜语对活跃旅途气氛是大有帮助的。下面这些谜语不妨重点记一记，也许能派上用场。

模拟训练2-13

训练要求：地名谜。

训练提示：

喜暑　宁静　近水　长江　项羽　百世纪　地下河　合议庭　日照长　安居
故里　双喜临门　大河解冻　共同富裕　街谈巷议　雾中钓鱼　花开四季
春回大地　千里戈壁　依然故我　船出长江口　日照清流涌　双双无突破
一再夺银牌　百川汇集处　全面整顿粮油　一寸光阴一寸金

模拟训练2-14

训练要求：日常用品谜。

训练提示：

（1）哥儿俩，一样长，有肋骨，没肚肠。

（2）站是圆，睡是方，背面粗，脸面光。

（3）舌儿尖，肚子大，吃什么，吐什么。

（4）一只罐，两个口，只装火，不装酒。

（5）有面无口，有脚无手，听人讲话，陪人吃酒。

（6）一朵花儿，真奇怪，晴天家里栽，雨天门外开。

（7）大四方，小四方，谁家没它闷得慌。

模拟训练2-15

训练要求：字谜。

训练提示：

武　饭　稻　嘴　岸　雨　灰　思　大厦　水库　干涉　西施　东施
书签　早上　默读　春联　几点　次子　老友　自己　地表　朝阳　鼓掌
留下　森林　灭火　重逢　湿柴　虚心　不要走　画中人　羊离群　语言美
十二点　单身汉　十五日　夹生饭　一口咬定　擦去汗水　减二得四　七百
除一　单人拦网　古文观止　异口同声　有说有唱　二十四小时　四十八小时
七十二小时　四去八进一　八九不离十　一二三五六　神女峰的传说　春一半
夏一半　此谜无人猜中　大水可以发电　两边都能听到　才进去就关门
一天走了一里路　一人一口一只手　风吹草低见牛羊　大河没水小河干
千里之行始于足下　只有姐姐妹妹和弟弟　前前后后都要放在心上

模拟训练2-16

训练要求：成语谜。

训练提示：

苟　一　日　乖　火　田　初一　飞雪　齐唱　客满　导游　印书　皮球

33

眼镜　砌墙　观光　守岁　夜雨　居中　听笑话　新纪录　讨论会　冲奶粉
狗咬狗　浪淘沙　量体裁衣　禁止登山　雪雨交加　此时无声胜有声　长年
跋涉戈壁滩　滕王高阁临江渚　黄河长江皆流入海　朝辞白帝，暮到江陵
江河纵横，峰峦林立

模拟训练2-17

训练要求：词语谜。

训练提示：

缺席　阅读　再见　剧终　泥塑　结果　好看　全错　后会有期
江中明月　千篇一律　单人沙发　集体写作　业余搞雕塑

揭开谜底2-5

词语谜

模拟训练2-18

训练要求：带格谜。

训练提示：

烫发（打一食品）　　　　　　　诈降（打一常用名词）

优点（打一称谓）　　　　　　　思量（打一物品）

黄昏（打一河南地名）　　　　　独自归（打一金融名词）

全合格（打一省会城市）　　　　请留步（打一歌曲名）

屡战屡败（打一数学名词）　　　练习发音（打一称谓）

飞身上马（打一棋类）　　　　　九十九加一（打一植物名）

没有全记下（打一物理名词）　　一目了然（打一医学名词）

相当清白（打一春秋战国名人）　没有差别（打一称谓）

只许前进（打一常用词）　　　　银行存折（打一经济名词）

花言巧语（打一气象名词）　　　想不起来（打一商业名词）

大家七嘴八舌（打一气象名词）

揭开谜底2-6

带格谜

二、绕口令

绕口令就是将声母、韵母或声调极易混淆的字反复重叠，组成拗口的句子，要求快速念出，借以测验念的人的口齿伶俐程度。

（一）基本要求

（1）最好选择有一定趣味性的绕口令。绕口令的篇幅不宜太长，太长了游客不容易记住。

（2）绕口令应先易后难，不能一开始就很难，太难的绕口令不容易调动游客参与的积极性。如果游客的水平都很高，再逐渐加大难度。

（3）在绕口令活动的安排上，一般是先由导游提出一个绕口令，演示一遍后，再一句一句地教游客说，最后由游客来演示。活动可采取竞赛的形式，定出处罚和奖励规则。

（4）不要请口吃的游客参与绕口令活动。

（二）基本训练

在开展绕口令活动前，导游应熟知自己提出的绕口令，并能流利念出。因此，导游平时应注意积累，能够流利背诵几首绕口令。

模拟训练2-19

训练要求：绕口令——黑灰化肥。

训练提示：

黑灰化肥

黑化肥发灰，灰化肥发黑。

黑化肥发灰会挥发，灰化肥发挥会发黑。

模拟训练2-20

训练要求：绕口令——八百标兵。

训练提示：

八百标兵

八百标兵奔北坡，炮兵并排北边跑。

炮兵怕把标兵碰，标兵怕碰炮兵炮。

三、脑筋急转弯

脑筋急转弯也是导游用来活跃气氛的简便易行的娱乐方式。脑筋急转弯打破了人们的思维定式，给人一种意想不到的答案，既可开发智力，又有较强的娱乐效果。

（一）基本要求

（1）导游应有意选择通俗易懂的脑筋急转弯，以调动游客的积极性，但也不能太容易、太常见。尤其是当团队中年轻人较多时，导游应适当增加脑筋急转弯的难度，因为年轻人对一般的脑筋急转弯都有所接触，对答案早已知晓。

（2）尽量选择诙谐的脑筋急转弯，以引起游客的兴趣。

（3）一般在行车途中开展此项活动较合适。

（4）脑筋急转弯在年轻人中较受欢迎。如果团队中老年人较多，导游进行此项活动应适可而止。

（二）基本训练

在旅游途中，导游不可能临时翻阅书籍找脑筋急转弯的题目，因此，导游在带团前应记住一部分脑筋急转弯的题目，以便随时使用。

模拟训练2-21

揭开谜底2-7

脑筋急转弯

训练要求：脑筋急转弯。

训练提示：

（1）什么样的山和海可以移动？

（2）什么桥下没有水？

（3）世界上哪一个海不产鱼？

（4）如果你长出一双翅膀，那么你第一件事会做什么？

（5）什么东西只能增加不能减少？

（6）什么东西看不到却能摸得到，万一摸不到会把人吓到？

（7）放大镜不能放大的东西是什么？

（8）一只蚂蚁不小心从飞机上掉了下来，死了。它最有可能是怎么死的？

（9）网在什么时候可以提水？

（10）什么时候睁一只眼闭一只眼比较好？

（11）1到9这几个数，谁最勤快，谁最懒？

（12）1+1既不是2，也不是王、11，那是什么？

（13）有一种线只能看，不能摸，是什么线？

（14）世界上什么东西比天更高？

（15）人能登上珠穆朗玛峰，有一个地方却永远登不上，那是什么地方？

四、文字接龙

文字接龙也是一个简单易行的旅途游戏。活动开始时，导游说一个词语，然后由第一位游客说第二个词语，要求第二个词语的第一个字与第一个词语的最后一个字相同；接下来，由第二位游客说第三个词语，要求第三个词语的第一个字与第二个词语的最后一个字相同。这样一直接下去，直到回到第一个词语为止。

做文字接龙游戏时应注意：

（1）根据游客情况，标准可严可松。如果放松标准的话，所接的词的首字与上一个词的末字既可以是同一个字，也可以是多音字、同音字、谐音字。

（2）要定一个最长的思考时间，一般不应超过2秒，否则算输。

模拟训练2-22

训练要求：文字接龙——"建设"。

训练提示：建设—设计—计划—划船—船王—王八—八方—方面—面容—容貌—貌相—相会—会场—场面—面见—见（建）设

模拟训练2-23

训练要求：文字接龙——"朴素"。

训练提示：朴素—素质—质量—量化—化学—学校—校长—长辈—辈分—分家—家教—教养—养成—成败—败将—将相—相扑—扑（朴）素

五、接唐诗

唐诗是我国古典文学宝库中的一朵奇葩。接唐诗游戏即先由一个人说出唐诗的前一句，然后由另一个人说出该唐诗的下一句。接唐诗游戏一方面可以活跃气氛，另一方面可以丰富游客的知识，既有知识性，又充满了娱乐性。

（一）基本要求

（1）这类游戏既要求游客有一定的文化基础知识，也要求导游有一定的唐诗功底。

（2）导游组织此类活动时，要看游客是否真正感兴趣。

（3）一般是先说上句，要求答下句，也可先出下句，要求答上句，还可通过抢答、闯关、对战等形式，吸引游客参与。

（4）尽量选择游客耳熟能详的唐诗，如果该唐诗能与参观的景点联系起来就更好了。比如，当参观南昌滕王阁的时候，导游可援引唐代诗人王勃的《滕王阁序》中的有关诗句开展抢答活动，这些诗句包括"豫章故郡，洪都新府""物华天宝，龙光射牛斗之墟；人杰地灵，徐孺下陈蕃之榻""落霞与孤鹜齐飞，秋水共长天一色""关山难越，谁悲失路之人；萍水相逢，尽是他乡之客""时运不齐，命途多舛。冯唐易老，李广难封""老当益壮，宁移白首之心？穷且益坚，不坠青云之志"等。

（二）基本训练

组织此项活动前，导游应对唐诗有较深的了解，能够背熟记牢一些基本的唐诗语句。

模拟训练2-24

知识拓展2-1

唐诗诗句举例

训练要求：著名唐诗诗句举例。

训练提示：

前不见古人，后不见来者。	（陈子昂《登幽州台歌》）
欲穷千里目，更上一层楼。	（王之涣《登鹳雀楼》）
洛阳亲友如相问，一片冰心在玉壶。	（王昌龄《芙蓉楼送辛渐》）
晴川历历汉阳树，芳草萋萋鹦鹉洲。	（崔颢《黄鹤楼》）
劝君更尽一杯酒，西出阳关无故人。	（王维《送元二使安西》）
孤帆远影碧空尽，唯见长江天际流。	（李白《黄鹤楼送孟浩然之广陵》）
会当凌绝顶，一览众山小。	（杜甫《望岳》）
天街小雨润如酥，草色遥看近却无。	（韩愈《早春呈水部张十八员外》）
野旷天低树，江清月近人。	（孟浩然《宿建德江》）
春潮带雨晚来急，野渡无人舟自横。	（韦应物《滁州西涧》）
姑苏城外寒山寺，夜半钟声到客船。	（张继《枫桥夜泊》）
人间四月芳菲尽，山寺桃花始盛开。	（白居易《大林寺桃花》）
停车坐爱枫林晚，霜叶红于二月花。	（杜牧《山行》）
楼观沧海日，门对浙江潮。	（宋之问《灵隐寺》）
东边日出西边雨，道是无晴却有晴。	（刘禹锡《竹枝词》）
夕阳无限好，只是近黄昏。	（李商隐《乐游原》）

任务三　语言技能

导游的语言技能在很大程度上决定了导游工作的成败，导游语言技能的高低往往是衡量一个导游是否合格的前提条件。如果导游能够坚持培养自己语言方面的能力，那么导游的服务水平一定会不断得到提高。

一、导游语言的特点

导游面对的是游客，导游的语言也应该是口语化的。与书面语截然不同，导游语言有下列特点：

（一）清晰准确

导游所讲的每一句话，都要让游客听得懂、记得住，因此导游的语言必须清晰准确，这是对导游语言的基本要求。清晰准确即要求导游在讲话时，发音应标准，吐字应清晰，不能使用易产生歧义的词语。

（二）简洁通俗

导游必须通过语言与游客沟通，而语言是声过即逝的，因此导游的语言应简洁通俗、贴近生活，这样才容易被游客记住、理解。

（三）礼貌亲切

导游从事的是为游客服务的职业，热情友好、宾客至上是导游应遵循的一项基本道德规范，这就要求导游懂得基本的礼貌礼节，在迎来送往以及语言运用中始终做到亲切友好。

（四）生动丰富

导游的语言不仅要使游客明白导游要表达的意思，还要使游客愿意听导游的讲解，喜欢听导游的讲解，并且在听的过程中获得美的享受，这就要求导游的语言应尽量生动丰富。导游这种"以口作画"的本领，能够使游客真实地感受到"看景不如听景"。

（五）灵活多样

导游面对的是不同的游客群体，因此导游的语言风格也应随着游客群体的变化而变化。例如，面对老年游客时，导游的语速不能太快；面对一群小孩儿时，导游的语言也肯定要与面对成年人时不一样。

二、导游常用的语言技能

（一）称呼的技能

在称呼游客时，导游可以采用以下三种方式：

（1）交际型，如以"各位游客""各位团友"等称呼游客，这是导游最常用的称呼方式。

（2）尊称型，如以"女士们""先生们""各位女士""各位先生"等称呼游客。

（3）亲密型，如以"各位朋友""各位乡亲"等称呼游客。

此外，导游还可根据游客的具体身份来称呼，如对学生团称"同学们"，对教师团称"老师们"，对教授团称"教授们"等。

（二）寒暄的技能

为了增强对游客的了解，导游与游客的寒暄是必不可少的。寒暄的方法很多，以下几种方法可重点掌握：

1.问候式

寒暄可以从问候开始，而"你好"是最常用的问候语，老少皆宜。

2.询问式

寒暄也可以从询问开始，如"您贵姓"或"您从事什么工作"等，但忌问可能涉及对方隐私的问题。如果导游所提的问题游客不想回答，则导游应尽快转移话题，问一些别的内容。

3.夸赞式

导游对游客恰当的赞美和始终挂在嘴角的微笑一样重要。夸赞往往能给人力量，催人上进。寒暄从夸赞开始往往能使游客对导游产生好感，从而拉近导游与游客之间的距离。需要注意的是，夸赞应是由衷的，是恰如其分的，这就要求导游有一双善于发现游客优点的眼睛。例如，一位女游客穿了一件漂亮的新衣服，导游可从夸衣服开始与她进行寒暄；一位老年游客爬山很快，导游可从夸老人的身体好开始与他进行寒暄。

🚩 **素养提升2-1**　　　　　　　　　　**赞美与微笑一样重要**

德国哲学家黑格尔曾讲过一个故事：一个青年即将被执行死刑，在这个青年走向刑场时，围观的人群中有一位老太太突然喊了一句："看呀，他的一头金发多么漂亮！"青年身体一颤，随即向老太太深深地鞠了一躬，含着泪说："如果过去我身边多一些您这样的人，我就不会走到今天这个地步。"

还有一个关于美国著名人际关系学大师戴尔·卡耐基的故事：有一次，卡耐基去邮局寄挂号信，他在排队时看到一名工作人员忙碌而冷漠地接待着寄信的客人。当轮到卡耐基时，卡耐基对工作人员赞美道："真希望有你这样的一头秀发！"工作人员一愣，很快微笑着回应："我的头发已经没有以前那样有光泽了。"卡耐基继续赞美道："但现在看起来，你的头发仍然极佳。"工作人员高兴地说："确实有很多人称赞过我的头发。"当卡耐基寄完信离开时，那位工作人员正面带微笑，热情地接待后面的顾客。

这两个故事表达了一个意思：恰当的赞美能使迷途者悔悟，使冷漠者变得热情。

请谈一谈你读了这个故事后的感受。

4.描述式

以友好的方式描述游客正在进行的事情也可以是一种寒暄。例如，游客正在一个景点介绍前记笔记，导游可从"您对这个景点很感兴趣呀"开始寒暄；一位游客爬山爬累了，气喘不已，导游可从"累了就休息一下吧"开始寒暄。

5.言他式

寒暄也可从一些公共话题引出，最常用的是由天气话题引出谈话内容，如"今天天气真热"或"不知道明天会不会下雨"等。

（三）拒绝的技能

在导游服务过程中，游客可能会提出各种问题和要求，有的要求是导游无法满足或不能满足的，但直接拒绝会给游客带来不快。为此，导游必须掌握拒绝的技巧，尽量委婉拒绝游客。

一般来说，导游不要轻易对游客说"不"，即使在不得不说"不"的时候，也要避免让游客陷入尴尬境地，这时导游不妨这样做：

1.微笑不语

直截了当地拒绝虽然省事，但很容易使游客感到不舒服，甚至产生对立情绪。因此，导游应尽量避免直接拒绝游客，当不得不拒绝的时候，微笑不语是一个不错的选择。

2.先是后非

在拒绝前，导游可以先肯定游客要求中合理的方面，再提不合理的或必须拒绝的方面。先肯定再否定，这种必要的过渡不会导致游客太难堪。

3.顺水推舟

抓住游客要求中显然难以满足的某一点为拒绝理由，得出拒绝的结果。

4.避重就轻

当某位游客的要求不能被满足时，导游可有意回避该游客提出的要求，而回答另一位游客可以被满足的要求。

（四）个别沟通的技能

旅途并不总是一帆风顺的，导游与旅游团之间或与个别游客之间有时会产生矛盾或误解，这时导游应善于把矛盾化解在萌芽状态。这样不仅省时省力，还可最大限度地减少旅游纠纷带来的不良影响。而要做到这一点，导游必须掌握与个别游客进行沟通的技能。

一旦有游客表现出不满情绪，导游应马上寻找机会与其沟通，这有助于导游及时采取相应的措施。与游客沟通时，导游应面带微笑，认真倾听游客的诉说，不要急于辩解或马上否定，更不能与游客发生争执。听完游客的叙述后，导游应认真分析游客所讲的内容，提出解决问题的方案。接下来，导游应立即对有关内容进行核实，以便尽快答复该游客，同时继续为其他游客服务。

三、导游应读准每一个字

导游主要靠一张嘴来与游客交流，游客也主要是从导游的讲解、介绍中获得相关旅游信息的，因此导游应读准每一个字。在日常生活中，导游应多了解一些生僻字的读音，对旅游中常见的易读错的汉字的读音也要予以特别关注。

模拟训练2-25

训练要求：记住下列常见的易读错的汉字的读音。

训练提示：

阿（ā）訇（hōng）	阿（ē）弥陀佛	拗（ào）口	执拗（niù）
蛤蚌（bàng）	蚌（bèng）埠	纸很薄（báo）	薄（bó）弱
碉堡（bǎo）	堡（bǔ）子	十里堡（pù）	焙（bèi）
胳臂（bei）	黄骠（biāo）马	骠（piào）骑	骠（piào）勇
屏（bǐng）息	屏（píng）风	颤（chàn）动	颤（zhàn）栗
安步当车（chē）	车（jū）马炮	遗臭（chòu）万年	铜臭（xiù）
家畜（chù）	畜（xù）产	草创（chuàng）	创（chuāng）伤
枞（cōng）树	枞（zōng）阳	螳臂当（dāng）车	安步当（dàng）车
给（gěi）以	补给（jǐ）	供给（jǐ）	脖颈（gěng）子
粗犷（guǎng）	桧（guì）树	秦桧（huì）	刽（guì）子手
巷（hàng）道	一丘之貉（hé）	横（héng）肉	蛮横（hèng）
横（hèng）财	浣（huàn）纱	偈（jì）语	趼（jiǎn）
嗟（jiē）	粳（jīng）	地壳（qiào）	可（kè）汗（hán）
烙（lào）印	炮烙（luò）之刑	棱（léng）角	范蠡（lǐ）

佝偻（lóu）	抛头露（lù）面	露（lòu）马脚	露（lòu）相
捋（lǚ）胡子	捋（luō）袖子	绿（lù）林	鸭绿（lù）江
落（lào）枕	丢三落（là）四	脉脉（mòmò）	秘（bì）鲁
分泌（mì）	泌（bì）阳	模（mó）式	模（mú）具
绸缪（móu）	木讷（nè）	信手拈（niān）来	前仆（pū）后继
仆（pú）从	一曝（pù）十寒	蹊（qī）跷	翘（qiáo）首
扫（sào）帚	活塞（sāi）	煞（shā）尾	煞（shà）白
杉树（shān）	杉（shā）木	数（shuò）见不鲜	一沓（dá）纸
俯首帖（tiē）耳	请帖（tiě）	字帖（tiè）	碑帖（tiè）
女娲（wā）	省（xǐng）亲	晕（yùn）车	粘（zhān）贴

四、恰当地使用谚语

谚语是在群众中间流传的固定语句，它用简单通俗的话反映出了一定的道理。人们在长期的生产实践中形成了很多谚语，其中很多语句闪烁着智慧的光芒。导游恰当地运用一些谚语，能使语言变得更加生动，说服力更强，也容易引起游客的共鸣。例如，谈到旅游可以增长见识时，导游可引用谚语"见识见识，不见不识"或"脚板底下出文章"；要求游客抓紧时间游览时，导游可引用谚语"紧前不紧后"；提醒游客注意饮食卫生时，导游可引用谚语"谨口胜于服药"；提醒游客走山路要注意安全时，导游可引用谚语"宁走十步远，不走一步险"等。

导游在运用谚语时要注意以下几点：

（1）谚语的使用要找准对象和语境，选用最合适的谚语，不可随意套用，更不能"驴唇不对马嘴"。

（2）多选用健康活泼、具有积极意义的谚语。

模拟训练2-26

知识拓展2-2

谚语举例

训练要求：熟悉常见谚语。

训练提示：

百闻不如一见，一见不如实践。

百里不同风，千里不同俗。

不知水深浅，切莫急下水。

不怕虎生三只眼，只怕人有麻痹心。

出外没有六月天，衣着自己要注意。

打雷的雨下不长。

灯不拨不亮，理不辩不明。

读万卷书，行万里路。

耳听为虚，眼见为实。

五、恰当地使用歇后语

歇后语（俏皮话）由前、后两部分组成，前一部分像谜面，后一部分像谜底。在一定的语言环境中，通常只说前一部分，就可以领会和猜想出说话者要表达的真正意思。

　　歇后语风趣、形象，导游恰当地使用歇后语，能够增加语言的幽默感，使语言变得更为生动。比如，旅游团中有游客不听劝阻，非要到危险区域拍照，这时导游可以说："这位兄弟，您可是炸蜢斗公鸡——玩命呀，赶快回来！"又如，"五一"国际劳动节上三清山，索道前一定要排很长的队，导游若想说服游客早一点起床，以免长时间排队等缆车，可以这样说："想起明天的索道，真是打柴的下山——担心（薪）啊，可能要排好几个小时队，所以我建议大家早点起床，这样就可以减少等候时间了，大家说好不好？"

　　此外，导游还可以将猜歇后语作为旅游途中的小游戏。比如，导游可以说歇后语的前面一部分，让游客猜后面一部分。当然，做这个游戏时，导游应尽量选择风趣幽默、耐人寻味的歇后语让游客来猜，这样可以大大提高游戏的趣味性。

模拟训练2-27

　　训练要求：熟悉常见歇后语。

　　训练提示：

磅秤上放粒芝麻——无足轻重

拆房逮耗子——得不偿失

大街上的红绿灯——有目共睹

打伞披雨衣——多此一举

斗败的公鸡——垂头丧气

擀面杖吹火——一窍不通

画虎不成反类犬——弄巧成拙

瞌睡碰着枕头——求之不得

筛子装水——漏洞百出

程咬金的斧子——头三下狠

狗咬吕洞宾——不识好人心

关公面前耍大刀——不自量力

姜太公钓鱼——愿者上钩

孔明夸诸葛——自夸

刘备借荆州——有借无还

周瑜打黄盖——一个愿打，一个愿挨

知识拓展2-3
歇后语举例

■ 项目小结

　　旅途才艺是导游人员必须具备的导游服务技能之一。本章列举了导游在旅途中常用的个人表演才艺（包括讲故事、说笑话、朗诵、唱歌、舞蹈等）、娱乐游戏项目（包括猜谜语、绕口令、脑筋急转弯、文字接龙、接唐诗等）和语言技能（包括称呼的技能、寒暄的技能、拒绝的技能、个别沟通的技能、恰当使用谚语和歇后语的技能等），并对这些才艺的培养和掌握进行了介绍。

■ 主要概念

　　朗诵　谜语　绕口令　谚语　歇后语

基础训练

□ 选择题

1.导游语言的特点是（　　　　）。

A.简洁通俗 　　　　B.清晰准确 　　　　C.生动丰富 　　　　D.灵活多样

2.导游说一声"你好"开始与游客的寒暄，是一种（　　　）寒暄。

A.询问式 　　　　B.夸赞式 　　　　C.问候式 　　　　D.描述式

3.下面注音正确的有（　　　）。

A.蚌（bèng）埠 　　B.薄（báo）弱 　　C.补给（jǐ） 　　D.杉树（shān）

□ 判断题

1.导游所选的朗诵材料不宜太长，最好是大家耳熟能详的作品。 　　　（　　）

2.旅途中导游唱歌应展示出专业水准，否则不要唱。 　　　　　　　（　　）

□ 简答题

1.导游讲故事时应注意什么？

2.导游讲笑话时应注意什么？

3.旅游途中唱歌时导游如何选择合适的歌曲？

4.旅游途中的猜谜语能起到什么作用？

5.导游在拒绝游客时应掌握哪些技巧？

□ 讨论题

导游人员有必要掌握一些旅途才艺吗？如何掌握基本的旅途才艺？

案例应用

在旅游过程中，部分游客向导游提出，能否把日程安排得紧凑一些，以便增加一两个旅游项目。由于时间关系和旅游合同的限制，导游知道增加旅游项目是不可能的，但又不好直接拒绝游客，于是他说："大家希望在有限的时间内多看一些景点，这种心情我能理解，如果时间允许的话，我会尽量为大家安排的。"

请问：导游是否拒绝了游客的要求？导游的回答是否恰当？

技能实训

1.分析自己在旅途才艺中的优势项目和劣势项目，并互相点评。

2.收集一些笑话和故事，组织一个讲笑话或者讲故事比赛。

3.准备一个小笔记本，将你认为在今后的导游服务中可能用上的笑话、故事、谜语、歇后语、脑筋急转弯、歌词等记在上面，闲时翻阅一下，关键时可派上用场。

项目三

导 游 应 变 能 力

■ 学习目标

掌握培养应变能力的方法；

掌握一些常见的旅游故障的应变处理方式；

提升学生对本专业的认知度、理解度和职业热爱。

导游工作是一项脑力和体力高度结合的复杂工作。要做好这项工作，必须讲求一定的工作程序，但光知道这些工作程序还远远不够。为了有效应对导游服务中可能出现的突发事件，导游还必须具备一项非常重要的工作技能——应变能力。

任务一 导游应变能力的培养

一、导游为什么要有很强的应变能力

（一）导游的工作内容繁杂

导游的基本工作可概括如下：

（1）按照接待计划安排和组织游客参观、游览。

（2）负责导游讲解、翻译，解答游客疑问。

（3）安排好游客的生活，保护游客的人身安全和财物安全。

（4）听取游客的意见和要求，并向上级反映，协助安排游客参加座谈等活动。

工作内容的繁杂必然使工作环节增多，也必然导致工作的可变因素增加。

（二）导游服务工作具有很强的依附性

导游服务工作不仅内容繁杂，而且涉及很多部门和企业。导游服务工作的完成，不仅需要协作单位的密切配合，而且需要旅行社同行的密切配合。如果没有这些部门和企业的配合，导游的工作就难以完成。而这些因素是导游难以控制的，有的时候，即使导游准备得再充分，考虑得再周到，协作部门和企业的一点差错也会使导游的工作前功尽弃。导游服务工作的强烈依附性增加了工作中的不可控因素。

导游小常识3-1 　　　　　　导游在接待服务中的地位

有人用糖葫芦棍儿来形容导游在接待服务中的地位。导游接待服务中涉及的众多部门（如食、住、行、游、购、娱等部门）就像一个个小红果，而导游就是串起这些小红果的那根棍儿，发挥着核心和纽带的作用。毫无疑问，"糖葫芦"是由一个个小红果组成的，没有高品质的小红果，"糖葫芦"也很难让人满意。

（三）导游服务工作具有很强的独立性

导游往往是独自带团，当导游服务中出现具体问题时，导游很难与其他人协商。除了重大事情、导游决定不了的事情应报旅行社领导处理外，大部分事情都需要导游独自解决。如果导游没有一定的应变能力，是很难解决这些问题的。

（四）游客的特点不一且需求多样

导游服务的对象——游客是一个个活生生的人，他们来自不同的地方，既有不同的个性，也有不同的需求。同样的讲解内容、同样的工作方式，遇到不同的游客，可能会引起不同的反应。这使得导游难以用统一的模式去接待不同的游客，如果非要这样做，服务效果就不会好。

（五）旅游故障往往具有突发性

导游在接待工作中，经常会遇到对旅游活动造成影响的事件，如行李丢失、财物被盗、游客患病、车辆故障等，这些事件往往具有突发性，要求导游能够快速做出正确的反应，容不得深思熟虑。

尽管在长期的实践中，我们发现了导游服务中的一些规律，制定了导游服务的工作程序，但在很多情况下，导游往往无法完全照搬这些工作程序。因为客观情况千变万化，即使同一条旅游路线，导游每次带团也可能会出现新的情况。因此，一个合格的导游，必须是一个能够随机应变的导游。

二、导游如何培养应变能力

（一）培养良好的心理素质

是否具有良好的临场应变能力在很大程度上取决于个人的心理素质。当难题出现的时候，导游应做到临变不慌、沉着冷静，始终保持清醒的头脑，这样才有可能找到最好的解决问题的办法。如果一出现问题就心乱如麻、手足无措，不仅无助于事情的解决，还会严重影响导游在游客心中的形象，失去游客的信任。

（二）具有责任感和使命感

在旅游过程中，游客对导游有着极高的期望。当难题出现的时候，游客们普遍期待着导游的良策。因此，导游应该具有强烈的责任感和使命感，直面困难，承担起对游客的责任。这种责任心能激发导游的潜能，有助于导游尽快找到解决问题的办法。即使问题最终没有解决，游客也会赞赏导游这种敢于承担责任的态度。

🚩 **素养提升3-1**　　　　　　　　　　　**导游员的楷模——文花枝**

文花枝是湖南湘潭新天地旅行社的一名青年导游员，2005年8月28日下午，她带团赴陕西延安旅游途中，乘坐的旅游大巴在陕西洛川境内遭遇严重交通事故，造成6人死亡、14人重伤、8人轻伤。事发时，文花枝左腿九处骨折，右腿大腿骨折，髋骨三处骨折，肋骨四处骨折，腰部以下被卡在座位里不能动弹。危急关头，文花枝从容镇定，一边组织报警，一边安抚游客。身为导游，座位就在车门旁，但她却对最先到达并要对她施救的人员坚定地说："我是导游，后面都是我的游客，请你们先救游客。"就这样，她时而清醒，时而昏迷，强忍剧痛坚持了近两个小时，直到最后一名游客被送上救护车，她才接受施救。由于延误了宝贵的救治时间，医生不得不为文花枝做了左腿截肢手术。

　　文花枝在生死关头把生的希望让给游客，把死的危险留给自己，表现了崇高的思想品德、高尚的职业道德和强烈的责任意识。2006 年，文花枝被授予"全国模范导游员"称号；2007 年，获得第一届"全国道德模范"称号；2009 年，入选"100 位新中国成立以来感动中国人物"；2019 年 9 月，被授予"最美奋斗者"称号。

　　针对上面的故事，请谈一谈你的感受。

　　（三）掌握处理突发问题的一般原则和程序

　　在实际工作中，导游会面临各种各样的突发问题。尽管对不同的问题有不同的处理方式，但处理原则和程序也有其共性。了解这些共性，对于提高导游的应变能力大有帮助。

　　1.导游处理突发问题的一般原则

　　（1）及时性原则。对旅游过程中遇到的问题，导游要及时解决，这样既可减少损失，又能体现导游服务的诚意和效率。

　　（2）协调性原则。领队、全陪、地陪共同担负着为游客服务的任务，出现问题时，大家应互相支持与配合，分工协作；同时，导游还要协调好与旅游服务供应部门和企业的关系。

　　（3）补偿性原则。如果导游的接待工作存在过失，那么导游可给予游客必要的补偿。补偿方式有很多，如加菜、加酒水、加景点、提高服务标准、减免服务费等。

　　2.导游处理突发问题的一般程序

　　（1）赔礼道歉，稳定游客情绪。

　　（2）多方联系，密切配合，寻找妥善解决问题的方式和途径。

　　（3）继续为游客提供热情周到的服务，需要补偿时应尽快补偿，或协助游客向其他单位索赔。

　　（4）总结教训，不断提高业务水平。

　　（四）熟悉导游工作的各项基本业务

　　导游若想具有良好的应变能力，其前提之一是必须非常熟悉各项业务，不仅要熟悉工作内容，还要熟悉工作程序。只有这样，才能够把握处理问题的分寸；也只有做到了这一点，才能将现有的工作程序和工作方式灵活运用到实际工作中去，在工作中做到举一反三。

　　（五）做一个博学的人

　　丰富的知识不仅有助于导游的讲解，还有助于开拓导游的视野，提高导游解决问题的能力。

　　（六）对一些规律性的问题事先做好准备

　　旅途中出现的各种问题，大多数是有规律可循的。对于这些问题，导游可以事先做好准备，了解相应的解决方法，一旦问题出现，可以迅速着手解决。此外，了解了这些规律性问题的解决方法，也有助于导游对其他问题的处理。

课堂互动3-1

某旅行社接待了一个游三峡的旅游团，从重庆上船，顺流而下，至武汉上岸。如果行船正常，到武汉的时间应该是下午1点，而旅游团要赶下午5点的飞机。当时，导游对旅行社的计划安排表示过疑虑：时间这么紧，万一误机怎么办？旅行社方面也知道这样的安排有点风险，但值得一试。结果，导游的担心成了现实。由于游船晚点，因此乘游船已不可能正点到达武汉。旅行社只好与游船协商，游船同意旅游团提前下船，乘车前往武汉。尽管旅行社承担了租车费用，但游客对这一变故仍然意见很大。谁知祸不单行，由于突降大雨，加上临时租用的车性能不好，又碰上堵车，因此误机几乎不可避免。游客见状纷纷指责旅行社和导游，局面已难以控制。在这种情况下，导游并没有放弃努力。导游一方面安抚游客，另一方面请旅行社协助联系下列事宜：为游客预订盒饭（下车吃饭已不可能）；与航空公司协商推迟飞机起飞时间；与游船公司联系，请其安排游客误机后在武汉的住宿及次日的机票预订；与下一站地接社沟通，告知可能的变化。导游还做了一件被证明起了关键作用的事情：她将对面驶来的警车拦下，说明"窘况"，请交通警察帮助驶离堵车地段。交通警察被说服了，车子很顺利地驶离堵车地段，到达机场时还未到下午5点。这时又一个好消息传来，航空公司同意延迟起飞。旅行社终于以较小的代价，避免了误机事件的发生。

问题：这一案例给了我们什么启示？

课堂互动3-1

答案提示

任务二　旅游故障的应变处理

　　旅游故障是指旅游过程中各种阻碍旅游活动正常进行并有可能造成损害的倾向、问题和事故，如日程变更、行李丢失、财物被盗、游客患病、交通事故等。导游应充分认识旅游故障对旅游活动和游客的生命财产造成的危害，能够采取积极有效的应对措施，妥善进行处理。

　　下面我们对常见的旅游故障进行归纳，同时提供解决这些旅游故障的方式和程序，以供参考。

一、旅游计划或日程变更的应变处理

　　旅游计划或日程一般不得轻易改动，但有时受到各种客观因素和不可预料的突发事件（如自然灾害、社会动乱、传染病、游客突然受伤、交通受阻等）的影响，导游不得不变更旅游计划或日程。相应的处理方法是：

　　（1）向旅行社报告。遇到突发事件时，导游应立即向旅行社报告，寻求旅行社的帮助。

　　（2）制订应变计划。导游应认真分析问题的性质和可能的后果，分析游客因情况变化可能出现的情绪反应，按照旅行社的要求，制订应变计划。

　　（3）做好说服游客的工作。地陪、全陪、领队应先就有关问题进行协商，取得一致意见。最好先做通旅游团中有影响的成员的工作，然后分头做其他游客的工作。需要注意的是，导游应先道歉，然后实事求是地说明困难，最后介绍应变计划。

　　（4）通知相关接待单位，及时办理食、住、行等方面的变更。

（5）贯彻不能让游客受损失的原则。无法安排的景点应由其他景点替代，或退还部分费用；即使缩短在景点游览的时间，也尽量不要减少计划中的景点；尽量以更周到的服务补偿游客；适当辅以物质补偿，如加餐、赠送小纪念品等；必要时可请旅行社领导出面，向游客表示歉意。

（6）对于因不可抗力因素产生的费用变动，增加的费用由游客承担，减少的费用应退还游客。不可抗力因素的出现危及游客人身、财产安全的，导游应采取相应的安全措施，由此支出的费用由游客与旅行社分担；不可抗力因素的出现造成游客滞留的，游客增加的食宿费用由游客自己承担，增加的返程费用由游客与旅行社分担。

课堂互动3-2

一个旅游团在某地游览，计划晚餐后乘20：00的始发列车去广州，次日早上8：00到达广州，在广州游览一天，然后去海口。但导游在新闻中得知，因连日大雨，广东段部分铁路路基受损，相关人员正在组织抢修，部分去广州的火车因此受到影响。导游急忙向火车站打电话询问，证实了他们将要搭乘的列车已停运。

问题：面对这一情况，如果你是这个团的导游，你将如何处置？

课堂互动3-2

答案提示

课堂互动3-3

一个来自英国的旅游团在游览了西安后，登上了去兰州的飞机。受到恶劣天气的影响，飞机无法在兰州中川国际机场降落，只好又飞回西安。由于该团时间有限，兰州之行不得不取消。领队提出，剩余的两天由接待社继续安排在西安旅游。

问题：作为中方负责接待的导游，你将如何处理这件事？

课堂互动3-3

答案提示

二、接站、送站服务中发生事故的处理

（一）漏接

漏接是指游客抵达某站后，无导游迎接的现象。造成漏接的原因主要有两种：一是主观原因，即导游的责任心不强。例如，导游未按约定的时间到达接站地点；导游弄错了接站地点；导游记错了接站时间；导游没有查看最新的到达时刻表；行程计划有变，但导游没有及时阅读变更内容，仍按原计划接团等。二是客观原因。例如，旅游团提前到达，但接待社没有及时得到通知；因不可抗力因素，导游无法及时赶到接站地点等。

漏接事故的处理方法如下：

（1）实事求是讲明漏接原因，诚恳地向游客赔礼道歉，求得游客谅解，必要时请接待社领导出面赔礼道歉。

（2）尽量采取弥补措施，将游客的损失降到最小。

（3）提供更加热情周到的服务。

（4）主动赔付游客因漏接而产生的费用，必要时酌情给游客一定的物质补偿。

（5）游客离开本地时，应再次表示歉意。

课堂互动3-4

如果你是导游，明天将要去火车站接一个旅游团。

问题：你将如何避免漏接？

课堂互动3-4

答案提示

课堂互动3-5

答案提示

课堂互动3-5

导游小刘接到了一个接待某旅游团的任务。他正准备去机场接游客的时候，突然接到该团全陪的电话，说旅游团已到达机场。小刘很吃惊，因为此时离旅行社通知他的接机时间还有2小时。

问题：遇到这一情况，小刘该怎么办？

（二）空接

空接是指游客因故推迟抵达接站地点，导游仍按原计划时间接站，因而没有接到游客的现象。造成空接的原因主要有：旅游团因故滞留在上一站或途中，但是没有通知或者无法通知地接社；地接社得到了通知，但没有及时通知接站人员。

空接事故的处理方法如下：

（1）与本社有关部门联系，查明原因；必要时与酒店联系，核实游客是否已自行抵达酒店。

（2）若游客不久将到，导游可留在原地继续等候。

（3）若距离游客到来还有很长时间，导游应听从接待社有关部门的安排，重新准备接团事宜。

（4）通知接待单位改变接待安排；若经核实游客已取消行程，导游应立即通知各接待单位取消接待安排。

课堂互动3-6

答案提示

课堂互动3-6

广州某旅行社导游小陈负责接待一个上海旅游团，该旅游团预计5月10日上午10点到达广州白云国际机场。小陈于上午9点30分赶到该机场，但一直等到10点30分，仍然没有接到自己的团队。后来小陈接到旅行社的电话，才知道旅游团已到达佛山沙堤机场。原来，受天气影响，本该在广州白云国际机场降落的该航班临时改降佛山沙堤机场。

问题：该案例属于接站过程中的什么事故？小陈有可能避免这一事故吗？

（三）错接

错接是指导游在接站时未认真核实，接了不应由自己接的游客的现象。

错接事故的处理方法如下：

（1）错接若发生在同一旅行社的两个旅游团之间，经请示旅行社领导后，可将错就错，导游交换接待计划就可继续陪团。

（2）错接若发生在不同旅行社之间，导游必须设法找到自己的旅游团，并实事求是地向游客说明情况，诚恳道歉。

（3）若出现无证导游将游客带走的情况，导游应马上向旅游行政管理部门报告。

（四）误机（车、船）

误机（车、船）是指游客因故没有乘原定航班（车次、船次）离开本站而导致暂时滞留的现象。

误机（车、船）事故的处理方法如下：

（1）立即向旅行社报告。

（2）与机场（车站、码头）联系，争取让游客尽快改乘后续班次的交通工具离开本站，或采取包机（车、船）的形式尽快前往下一站，或改乘其他交通工具。

（3）稳定游客的情绪，妥善安排游客在滞留期间的食宿、参观等事宜。

（4）及时通知下站接待单位，对日程安排做出调整。

（5）向游客赔礼道歉。

（6）查出事故的原因和责任，写出事故报告。

导游小常识 3-2   如何避免误机

误机的原因很多，有的是导游无法控制的，有的是导游能控制的。导游应有高度的责任感，尽量避免误机产生。比如，在确定航班时间的问题上，导游应多一些"心眼"。曾发生过这样的事，一位导游打电话给机场值班员，询问旅游团所乘飞机的起飞时间，值班员告诉导游"飞机 17 点起飞"，结果导游听成了"飞机是 7 点起飞。"等导游晚上 7 点前带团赶到时，飞机早就没了踪影。还有一次，也是一位导游打电话问飞机的起飞时间，导游听到的回答是"4 点起飞"，哪知飞机上午 10 点就飞走了。也许我们可以怪他人语音不准，但我们更应从自身找原因。如果当时能够细心一点，多问两句，或多打几次电话，那么这种听错的事件就可以避免了。当然，最重要的是导游应尽量先见票，做到"眼见为实"。

课堂互动 3-7

杭州某旅行社导游小许接待了一个来自成都的旅游团，该团共 30 人，将乘晚上 8 点的火车回成都。为了避免误车，小许下午 5 点即安排游客吃晚餐，30 分钟后所有游客就餐完毕。此时，游客提出，时间还早，要去餐厅隔壁的大型超市买一些土特产品，小许同意了游客的要求，但规定 30 分钟内必须回到车上。晚上 6 点，游客陆续回到车上，但有一对老年夫妻迟迟未归。小许和几位游客立即去找，费了好大劲儿才把这两位老人找到，原来他们找错了停车地点。此时已将近晚上 7 点，旅游车以最快的速度赶往杭州南站，但这时正是下班高峰，一路拥堵，旅游团最终错过了火车。

问题：旅游团为什么会误了火车？导游小许对误车负有责任吗？此时小许该如何处理？

课堂互动 3-7

答案提示

（五）航班延误或取消

航班延误是指航班实际到港挡轮挡时间晚于计划到港时间超过 15 分钟的情况。航班取消是指因预计航班延误而停止飞行计划或者因航班延误而导致停止飞行计划的情况。

航班延误或取消通常有下列几种原因：

（1）天气原因，如大雾、大雪、雷雨、暴雨、能见度低等；

（2）承运人自身的原因，如机务维护、航班调配等；

（3）空中交通管制；

（4）旅客原因，如旅客办完乘机手续后因购物、用餐等不按时登机，有的旅客行李太多无法登机等。

航班取消的处理方法如下：

（1）改乘其他航班。若机位不够，可分批走；若只差几个座位，可请航空公司帮助，询问是否有旅客愿意转让座位，如果有，应给予转让者一定的补偿。

（2）另图他法。可考虑使用其他交通工具到达下一站。

（3）争取权益。如果航班取消是航空公司的原因造成的，则航空公司应承担相应的责任。

（4）善后通知。新的决定做出后，应将变动告诉下一站接待部门。

导游小常识3-3

自2017年1月1日起施行的《航班正常管理规定》对航班延误或取消后承运人如何提供食宿服务做出了明确说明，带团导游应对这些规定有所了解。

（1）由于机务维护、航班调配、机组等承运人自身原因，造成航班在始发地出港延误或者取消，承运人应当向旅客提供餐食或者住宿等服务。

（2）由于天气、突发事件、空中交通管制、安检以及旅客等非承运人原因，造成航班在始发地出港延误或者取消，承运人应当协助旅客安排餐食和住宿，费用由旅客自理。

（3）国内航班在经停地延误或者取消，无论何种原因，承运人均应当向经停旅客提供餐食或者住宿服务。

（4）国内航班发生备降，无论何种原因，承运人均应当向备降旅客提供餐食或者住宿服务。

三、游客丢失证件、钱物、行李的应变处理

（一）丢失证件的处理

（1）协助游客寻找证件。导游应请失主冷静回忆证件丢失的经过，尽可能找到线索，找回证件。

（2）若证件确已丢失，无法找回，应马上报告旅行社领导、公安部门。

（3）由接待社开具证件遗失证明。

（4）由失主持证件遗失证明到当地公安机关报失。

（5）协助失主办理补办证件的手续，所需费用由失主自理。

课堂互动3-8

游客在旅游途中丢失身份证件。

问题：游客是否只能提前结束行程？

（二）丢失钱物的处理

（1）详细了解钱物的价值、丢失的经过，判断是遗忘还是被盗。

（2）协助游客寻找被遗忘的物品。

（3）如果贵重物品被盗，导游应立即向公安机关和保险公司报案，并协助破案。

（4）若丢失的是进关时已登记并且必须复带出境的贵重物品，接待旅行社应出具证明，失主持证明到当地公安机关开具遗失证明，以便出关时查验或向保险公司

索赔。

（5）提供热情周到的服务，安慰失主，稳定失主情绪。

（三）丢失行李的处理

1.来中国途中丢失行李

外国游客的行李在来中国的途中丢失，不是导游的责任，但导游应协助游客查找行李。

（1）带失主到机场失物登记处办理行李丢失和认领手续。失主应出示机票及行李牌，向登记人员说明始发站、转运站，说清楚行李件数及行李的大小、形状、颜色、标记等，并填写失物登记表。将失主所在旅游团的名称、将下榻的酒店名称、失主的电话号码等信息告诉登记人员。失主也应记下登记处的电话和联系人，以及有关航空公司办事处的地址、电话。

（2）协助失主购置必要的生活用品。

（3）在当地游览期间，导游要不时地打电话询问寻找行李的情况（最好当着失主的面）。

（4）若离开本地前行李还没有找到，导游应帮助失主将接待旅行社的名称、全程旅游路线等信息转告有关航空公司，以便行李找到后能及时运往适宜地点交还失主。

（5）若行李确实已丢失，导游可协助游客向航空公司索赔。

2.在中国境内丢失行李

（1）冷静分析情况，找到出错环节。

如果是在出站时领取不到托运的行李，则有可能是上一站行李交接或行李托运过程中出现了差错，或者是其他人拿错了行李，这时导游可这样处理：带失主到失物登记处办理行李丢失和认领手续，填写丢失行李登记表；向旅行社领导汇报，安排有关部门和人员与机场、上一站接待社、民航等单位联系，积极寻找。

如果是抵达酒店后，游客没有拿到行李，则问题可能出在酒店内或本地交接及运送行李的过程中，这时导游可这样处理：询问本旅游团其他成员，看是否有人错拿了行李，或是酒店行李员送错了房间；联系酒店行李科，请其设法查找；若找不到，应向旅行社领导汇报。

（2）向丢失行李的游客表示歉意。

（3）帮助游客解决因丢失行李带来的生活方面的困难。

（4）经常与有关方面联系，询问查找进展情况。

（5）若行李确实已丢失，则应由旅行社领导出面向失主说明情况并致歉意。

（6）帮助失主根据规定向有关部门索赔。

（7）事后写出书面报告，写清行李丢失经过、查找过程、失主及其他游客的反应等情况。

课堂互动3-9

　　游客在旅游途中可能会发生证件、行李、钱物遗失等问题。

　　问题：你认为导游在这些方面有哪些工作要做？

课堂互动3-9

答案提示

四、游客走失的应变处理

（一）游客在游览时走失

（1）组织寻找。一旦发现有游客走失，导游应先向其他游客、景区工作人员了解情况，并迅速组织寻找。先找停车场周围，再找旅游景区出口处，然后按照游览路线的逆方向依次寻找。与住宿酒店取得联系，了解走失的游客是否已回酒店。找人的工作主要由地陪、全陪、领队承担，也可请熟悉走失者的游客帮忙，必要时请景点工作人员协助寻找。如果其他游客的行程不能耽误，那么找人的工作可交由全陪、领队负责，由地陪继续陪同游客游览。

（2）汇报和求助。如果一时不能找到走失的游客，则导游应向游览地派出所和管理部门求助，并向旅行社领导汇报，必要时可向公安机关报案。

（3）做好善后工作。找到游客后，导游应问清原因，了解事情的经过。如果游客走失是导游的责任，则导游应向游客道歉；如果责任在走失者，导游也不要指责或训斥对方，而应对其进行安慰，并晓以利害，希望以后注意。

（4）写出事故报告。如果游客走失事故较为严重，则导游应写出事故报告，详细记录游客走失的经过、寻找过程、善后处理情况及游客的反应等。

（二）游客在自由活动时走失

（1）立即报告旅行社，请求旅行社协助。

（2）向公安机关报案，详细提供走失者的特征和相关情况，请求寻找。

（3）走失者回到酒店后，导游首先应表示高兴，然后问清情况，必要时提出善意的批评，希望以后注意。

五、旅游安全事故的应变处理

旅游安全事故是指涉及游客人身、财产安全的事故，主要包括交通事故、治安事故、火灾事故、食物中毒事故等。

（一）交通事故的处理

遭遇交通事故后，如果事故轻微，没有造成车上人员伤亡，导游可协助司机进行事故的善后处理，并保护好事故现场。如果事故处理工作短时间内不能结束，导游可征求旅行社的意见，由旅行社出面向租车公司提出更换车辆的请求，从而使旅游活动能够继续进行。

如果交通事故造成游客人身伤亡，导游可以这样处理：

（1）求救和报告。导游应第一时间拨打120急救电话，告知具体位置和事故大致状况；同时，立即报告执勤的交通警察或公安机关交通管理部门以及旅行社，从而寻求帮助。

（2）自救和抢救。在求救和报告的同时，导游应立即组织自救和抢救。优先抢救重伤员，尤其是需要立即止血、包扎的伤员。在紧急情况下，导游可拦下其他车辆，先送重伤员去就近的医院抢救。

（3）保护现场。导游应尽可能保护好事故现场，因抢救受伤人员而变动现场时，应当标明位置。

（4）处理好善后事宜。请医院对受伤游客开出医疗诊断证明书，请交通管理部门开具交通事故认定书，以便向保险公司索赔。交通事故处理结束后，导游应写出书面报告，内容包括：发生事故的原因和经过、抢救经过、治疗情况、事故责任和对责任者的处理、游客的情绪及对事故处理的反应等。

（二）治安事故的处理

（1）保护游客的人身、财产安全。在旅游活动中，如果遇到歹徒行凶、抢劫、诈骗、偷窃等事件，导游应毫不犹豫地挺身而出，保护游客。导游可采取的行为包括：与坏人搏斗；将游客转移到安全地点；与游客、公安人员一起缉拿坏人，追回钱物；如果有游客受伤，应立即组织抢救或送伤者去医院。

（2）立即报警。治安事故发生后，导游应立即向公安机关报案并积极协助公安人员破案。

（3）及时向旅行社领导报告。情况严重时，请旅行社领导前来处理。

（4）尽量使旅游活动继续进行。治安事故发生后，导游人员应采取必要措施稳定游客的情绪，尽量使旅游活动继续进行。

（5）妥善处理善后事宜。准备好必要的证明材料，协助受害者处理好补偿、索赔等事宜。

（6）就事故经过写出详细、准确的书面报告。

（三）火灾事故的处理

水火无情，为了保障游客的安全，导游应事先对游客要入住的酒店进行了解，熟悉酒店周围的环境，了解安全通道的位置。一旦发生火灾，导游可采取如下措施：

（1）立即报警并叫醒全团游客。

课堂互动3-10

答案提示

课堂互动3-10

游客在酒店入住时发生了火灾。

问题：如果你是导游，你将如何以最快的方式叫醒全团游客？

（2）通知游客走安全通道迅速撤离。

（3）判断火情，引导自救。如果情况危急，导游不能马上离开火灾现场，而应引导游客自救：告诫游客不可搭乘电梯或从高层跳楼；必须通过浓烟时，用浸湿的衣物披裹身体，用湿毛巾捂住口、鼻，身体贴近地面顺墙爬行；若身上着火，可就地打滚，将火苗压灭，或用厚重衣物压灭火苗；大火封门无法逃脱时，可用浸湿的衣物、被褥将房门封堵严实，避免有害气体进入，若有水源，可对门进行泼水降温，等待救援；摇动色彩鲜艳的衣物呼唤救援人员，或将被单撕成长条，系成一根长绳顺着滑下。

（4）协助处理善后事宜。游客得救后，导游应立即配合救援人员抢救伤员，将重伤者先送往医院；采取各种措施，稳定游客的情绪；设法解决游客因火灾造成的生活上的各种困难；尽可能使旅游活动继续进行。

（5）协助索赔。

（6）就火灾事故的全过程写出书面报告。

导游小常识3-4　　　　　　　一些防火常识

火灾重在预防。导游应掌握一些防火常识，并时时提醒游客注意：

（1）不携带易燃、易爆物品。

（2）不躺在床上吸烟。

（3）不随地乱扔烟头。

（4）不在房间点蜡烛。

（5）衣物不要放在电灯旁烘干。

（6）不在房间使用电磁炉等大功率电器。

（7）使用插头时要注意安全，夜间及时拔掉。

（四）食物中毒事故的处理

食物中毒是指食用了被有毒有害物质污染的食品或者食用了含有毒有害物质的食品后出现的急性、亚急性疾病。其特点是许多人同时发病，病状相似（如呕吐、腹痛、下痢等），病情急，进展快，有食用同一种食物的经历。

食物中毒事故的处理程序如下：

（1）拨打120急救电话或将中毒者迅速送往医院抢救。

（2）迅速报告旅行社领导。

（3）指导游客自救：将手指伸入口中，按压舌根，以便催吐；多喝水以加速排泄，缓解毒性；用毛毯包裹身体保温，尽量侧卧。

（4）设法保留证据，并请医院开具诊断证明。

（5）追究供餐单位的责任，协助游客索赔。

导游小常识3-5　　　　　旅途中如何注意饮食卫生

在旅途中，饮食要注意清洁、卫生：不要喝生水，尤其是易被污染的河水、井水等；吃水果要洗净或去皮，不吃霉烂、变质的食品；切忌食用病死动物的肉；不要随便采吃不认识的野果、蘑菇、野菜等；对于生食的水产品，要经卫生加工后再吃；生拌凉菜要先洗净，加些醋、蒜后再吃。

下馆子或者吃路边摊时，尤其要注意饮食卫生，主要可从以下几个方面来分析其卫生状况：摊点是否有防尘、防蝇设备，熟食、刀具是否有纱罩或玻璃罩盖着；餐具是否消过毒；生、熟食品和钱、货是否各自分开；食物是否有正常的色、香、味。

资料来源　郭豫斌. 客厅文库·旅游宝典［M］. 长春：北方妇女儿童出版社，2002：53.

六、游客患病、死亡的应变处理

（一）一般患病的处理

（1）劝游客及早就医，严禁擅自给游客用药。

（2）必要时，导游可陪同游客前往医院就医，但应向游客讲清楚，所需费用应自理，并提醒游客保存好诊断证明和医疗费用收据。

（3）劝游客多休息，不要强行游览。

（4）关心照顾游客。让游客坐在较舒服的座位上，或在酒店休息。当游客在酒店休息时，导游一定要通知酒店给予关照，必要时通知餐厅为其提供送餐服务。

导游小常识3-6　　　　　　　　晕车（机、船）后的处理

旅途中，经常有游客出现晕车（机、船）现象（以下简称晕车），轻者表现为头晕、恶心、面色苍白、微汗，重者表现为头痛、心慌、眩晕、冷汗、精神抑郁、唾液分泌增多和呕吐，甚至会发烧昏迷。晕车虽然不是患病，但同样会给游客的旅行带来很大不适，严重时甚至会影响游客正常的随团旅行。有游客晕车时，导游可这样处理：

（1）对晕车游客多加关心，了解其严重程度。

（2）在可能的情况下，将游客调整到合适的座位上。

（3）可提醒游客束紧腰带，减少腹腔的震荡，或涂抹风油精等，以缓解不适。

（4）准备好塑料袋和纸巾应急，避免游客呕吐在车上。当呕吐已经发生时，导游应及时清除呕吐物。

（5）在条件允许的情况下，可让司机停车，让晕车游客下车休息一会儿，其他不晕车的游客也可下车稍做休息和调整。

（6）必要时将晕车游客送医院治疗。

（二）游客突患重病的处理

（1）送往医院。在征得游客本人、游客亲属或领队同意后，立即将游客送往医院治疗，或请医生前来抢救。必要时中止旅行，全力救助游客。若游客在乘坐交通工具时患病，导游可请求乘务人员帮助，在乘客中寻找医务人员，并通知下站接待社做好抢救准备。若游客在酒店或景区患病，导游可先请求酒店或景区管理部门提供帮助。

（2）将情况及时通知旅行社，请求指示和派人协助。

（3）协助救治。在抢救过程中，导游应予协助，并要求全陪、领队或游客亲属在场。如果需要做手术，必须征得游客亲属同意；如果游客亲属不在，必须由领队同意并签字。如果游客是国际急救组织的投保者，导游应提醒其亲属或领队及时与该组织的代理机构联系。

（4）游客病危应通知其亲属。当游客病危，而其亲属又不在身边时，导游应提醒领队及时通知游客亲属。如果游客亲属系外国人士，导游应协助其办理来华探视手续；若找不到游客亲属，一切按使领馆的书面意见处理。

（5）妥善安排其他游客继续旅游。地陪应请求接待社领导派人帮助照顾患病游客，同时安排好旅游团继续按计划活动，不得影响全团活动。

（6）当游客转危为安但仍需住院治疗，不能随团继续旅游时，接待社领导和导游（主要是地陪）要不时地去医院探望，帮助游客办理分离签证、延期签证、出院手续、回国手续及交通票证等事宜。

（7）注意事项。当游客需要诊治、抢救或做手术时，要有书面材料，应由主治医生开具医疗证明并签字，医疗证明应妥善保存。导游还应详细记录游客患病前后的症状及治疗情况。游客的医疗费用自理，游客亲属的探视费用自理。游客在离团住院期间未享受到的综合服务费按协议规定处理。

在夏季，游客在旅游途中中暑的情况时有发生。中暑时，患者会感觉头痛、恶心、晕眩；情况严重时，患者会失去意识，甚至有生命危险。因此，导游了解一些中暑的急救常识是非常必要的。当有游客中暑时，一般可以这样处理：

（1）将患者移到通风、凉快的地方，并脱去患者多余的或紧身的衣物。

（2）用湿的凉毛巾擦拭患者身体。

（3）用扇子扇风。

（4）给患者饮用富含电解质的饮料。

（5）若患者已停止呼吸，应立即对其进行心肺复苏。

（6）将患者身体安置成侧卧位，并立刻送医院急救。

资料来源　蔡狄秋. 救命逃生手册［M］. 珠海：珠海出版社，2006：110.

（三）游客因病死亡的处理

（1）立即向旅行社报告，请求指示和帮助。

（2）稳定其他游客的情绪。

（3）通知死者亲属。

（4）向医院索要由主治医师签字并盖章的抢救经过报告、死亡诊断证明书。

（5）死者的遗物由其亲属或领队、死者生前好友代表、全陪或所在国驻华使领馆有关官员共同清点造册，列出清单，清点人在清单上一一签字。遗物要交死者家属或死者所在国驻华使领馆有关人员。接收遗物者应在收据上签字，收据上应注明接收时间、地点、在场人员等。

（6）请领队向全团宣布死者死亡原因及抢救、死亡的经过。

（7）旅游团按原计划继续参观游览。至于旅行社派何人处理死亡事故、何人负责团队游览活动，一律请示旅行社领导决定。

（8）死者的医疗、丧葬等各项费用，一律由死者亲属或该团队支付。

任务三　对游客所提要求的应变处理

在旅游活动中，游客难免会提出一些个人要求。这些要求有的合理，有的不合理，有的很难办到，有的容易办到。但无论游客提出什么样的要求，导游都应予以充分重视，并及时、合情合理地予以解决。

一、游客要求变更计划或活动日程的处理

在旅游过程中，导游经常会遇到游客要求变更计划或活动日程的情况。对此，导游原则上应按合同执行，并婉言拒绝游客的要求。如果遇到特殊情况，导游应报告组团社或接待社，并按照旅行社的指示办理。

如果旅行社同意了游客的要求，导游应做好下面几件事：

（1）提醒游客，因游客变更行程所产生的损失和新增加的费用由游客负担。

（2）变更后的行程应由每一位游客签字认可。

（3）进行相应的变更安排，并及时通知下站接待单位。

课堂互动3-11

游客要求变更接待计划。

问题：在这种情况下，为什么变更后的行程应由每一位游客签字认可？

课堂互动3-12

景德镇一家旅行社接待了一个陶瓷文化考察团。该团在来到景德镇后才知道，这里新发现了一处古代窑址，而这处窑址并不在考察行程中。

问题：该团游客要求导游带他们去这处窑址参观，导游可以安排吗？

二、游客生活方面个别要求的处理

在游客所提的要求中，生活方面的要求较多。对此，导游应热心、耐心、认真地帮助解决。

（一）餐饮方面的个别要求

1.特殊餐饮要求

游客有时会因宗教信仰、个人生活习惯、身体状况等方面的原因，提出一些特殊的饮食要求，如不吃猪肉或其他肉食、食物要全熟或半熟、不吃辣等，导游对这些特殊要求的处理方法如下：

（1）如果游客的特殊餐饮要求在旅游协议中有明文规定，导游应严格按规定执行。

（2）如果游客临时提出某些特殊餐饮要求，导游应与餐厅联系，尽可能满足游客的要求。如果确实无法满足，导游要向游客解释清楚。

（3）协助游客自己想办法解决。

2.换餐要求

游客还可能提出换餐要求，如把中餐换成西餐、把便餐换成风味餐、更换用餐地点、改变餐饮标准等，导游对这方面要求的处理方法如下：

（1）若游客在用餐前3小时提出，导游可尽量满足游客的要求，但事先要向游客说明，由此造成的损失或差价费用由游客自己承担。

（2）若游客在接近用餐时间才提出换餐，导游一般应婉言拒绝，并做好解释工作。

（3）若游客坚持换餐，导游可建议游客自己点菜，费用自理。

（4）若游客要求加菜、加饮料等，导游可予以满足，但费用由游客自理。

3.单独用餐要求

对于游客提出的单独用餐要求，导游应分情况处理：

（1）游客若因个人问题要求单独用餐，导游应予以劝阻。若游客坚持己见，导游可以满足游客的要求，但事先要向游客说明餐费自理，且游客因此未享受的综合服务费不退还。

（2）游客因病不能去餐厅用餐，导游或酒店服务人员应主动将饭菜端进房间，以示关怀。

（3）健康游客想在房间内用餐，导游也可满足其要求，但要告知服务费自理。

4.要求自费品尝风味

当游客提出要自费品尝当地风味时，导游应做好以下工作：

（1）协助游客与有关餐厅联系订餐。

（2）明确告知游客因品尝风味餐产生的费用（包括餐费和交通费）需要自理，预交的餐费不退。同时，游客品尝风味餐的时间不能与其他游客的游览时间冲突，不能因为部分游客要品尝风味餐而影响整个团队正常的行程安排。

（3）要求游客按时前往，否则可能要赔偿餐厅损失。

（4）若游客没有明确提出邀请，则导游不应参加。

（二）住宿方面的个别要求

1.要求调换房间

（1）如果游客所住客房低于合同规定的标准，导游应帮助游客予以调换。调换房间确有困难时，导游应向游客致歉，请求游客谅解，并给予补偿。

（2）当游客由于房间不干净、用具破损、空调效果差、隔音效果不好，或者客房内发现蟑螂、臭虫、老鼠等原因要求换房时，导游应要求酒店换房，尽量维护游客的利益。如果酒店无房可换，可要求酒店解决存在的问题，必要时可代游客向酒店提出赔偿要求。

（3）当游客由于房间朝向不好、观景角度不佳、楼层不理想等原因要求调换房间时，若酒店有空房且不存在档次差别，导游在与酒店商量并得到同意后，可满足游客的要求，或请领队出面在游客之间互相调剂。若实在无法满足，导游应向游客致歉，请其谅解。

2.要求调换更高标准客房

如果游客要求住高于合同规定标准的本酒店客房，导游可代游客与酒店联系。如果酒店内有此类高档客房，应满足游客的要求，但由此产生的房费差价和原房间的退房损失费由游客自理。

如果游客要求住高于合同规定标准的星级酒店，导游人员可代游客与高星级酒店联系，若该酒店有空房，游客又愿意支付客房差价和退房损失费，则导游应满足游客的要求，但应落实好第二天的早餐、集合时间和集合方式等问题。

3.要求换住单间

如果酒店有剩余单间，导游可以满足游客的要求，但事先要和游客讲清楚，换住单间的费用自理。

（三）购物方面的个别要求

1.要求单独外出购物

（1）只要时间允许，导游应予以协助，并进行安全方面的提示。

（2）当好购物参谋，如介绍购物商店、当地特色产品、购物注意事项等，必要时可为游客写一张便条备用，便条内容包括商店名称、地址、简单购物用语等。

（3）当旅游团快要离开本地时，导游应劝阻游客单独外出购物，以免误机（车、船）。

2.要求退换商品

如果游客要求导游帮助退换所购物品，导游应积极协助，必要时可陪同前往。

3.要求购买古玩或仿古艺术品

（1）有些游客要求购买古玩或仿古艺术品，导游应带其到国家文物商店购买，并叮嘱游客保存好发票，不要将物品上的火漆印（文物允许出境标志）弄掉，以便海关查验。

（2）如果游客要到地摊上或其他非法地点购买古玩，导游应劝阻，并告知游客在地摊上买文物容易上当受骗，即使买到了真货，也无法带出境。

（3）如果发现个别游客有走私文物的嫌疑，导游应立即报告有关部门。

4.要求代购商品

（1）如果游客当时没有买到某种商品，想委托导游代为购买并托运，导游一般应婉言拒绝。

（2）如果实在推托不掉，导游应请示旅行社有关领导决定。

（3）一旦接受游客的委托，导游就应认真办好：收取足够的钱款（包括货款、托运费、手续费）；将余额交旅行社退还委托者；将发票、托运单及托运费收据寄给委托人，复印件由旅行社保存以备查验。

三、游客要求自由活动的处理

（1）当游客不愿随团活动，并且游客的要求不影响整个旅游团队的活动时，导游可以满足游客的要求并提供必要的协助，如提醒游客带上酒店的店卡、告知旅游团详细的日程安排、约定集合时间和地点等。

（2）在某一游览点，当个别游客不愿按规定路线游览而希望自由游览、摄影时，若游览点人不太多，秩序又不乱，导游可以允许游客自由游览，但要提醒其团队集合时间、地点及团队旅游车的车号。必要时可为游客留一张字条，写清集合时间、地点、车号以及酒店的名称、电话号码，以备急用。

（3）晚上如果无活动安排，游客要求自由活动，导游应建议游客不要走太远，不要去秩序乱的场所，不要太晚回酒店等，同时提醒游客带上酒店名片并记住导游电话。

（4）游客若想探望在当地的亲友，导游应尽量予以协助，如帮助联系、告知地点、告知乘车路线等。若游客要求导游陪同前往，在可能的情况下，导游应尽量予以满足。

（5）当游客由于特殊原因（如患病、家中有事、单位有事等）要求终止旅游活动，提前离团时，导游经与接待社协商后可以满足其要求，未享受的综合服务费视情况部分退还或不予退还。

（6）当游客无特殊原因而要求提前离团时，导游应做好说服工作，劝其继续随团旅游。如果是导游工作失误造成的，导游应设法弥补。如果游客提出的是无理要求，导游应耐心地进行解释。如果游客不听劝说，执意离团，导游可满足其要求，但应告知其未享受的综合服务费不予退还。

（7）在下列情况下，导游应劝说游客不要自由活动：旅游团即将离开本地；地方治安情况不理想；游客想去的地方地形、交通情况复杂，极易迷路；游客想去非游泳区游泳或去危险水域划船；游客要求去不对外开放的地区、机构参观游览等。

四、游客要求转递物品或信件的处理

（1）游客要求转递物品时，导游必须问清楚是何物。若是应税物品，应提醒其纳税；若是贵重物品，一般应婉言拒绝，建议游客自己送去或通过邮局邮寄。若游客确

实有困难需要帮助，导游可以给予帮助，具体程序如下：游客书写委托书，注明物品名称、数量并当面点清，留下详细通信地址；收件人收到物品后写下收条；导游将委托书和收条一并交旅行社保管。

（2）若游客要求转递的是食品或其他易腐败变质、自然损耗、保质期短的物品，导游应婉言拒绝。

（3）若游客要求转递信件或资料，导游应说服游客自己去邮局办理，但可提供必要的帮助。

（4）若是转交给有关部门或领导的物品，导游应事先征得旅行社领导的同意，并让委托者当面打电话，经对方同意后方可接收，并尽量让对方派人前来领取。

（5）若游客要求将物品转递给外国驻华使领馆人员，导游应婉言拒绝。

（6）由于游客提供的地址不详、收件人姓名有误等原因无法代为转递时，导游应将物品退还游客。

五、游客要求亲友随团活动的处理

（1）应征得领队和旅游团其他成员的同意。

（2）与旅行社有关部门联系，如无特殊情况，请随团活动的人员办理入团手续：出示有效证件、填写表格、交纳费用等。

（3）若是记者或外交官员要求随团活动，应请示旅行社，获准后方可办理入团手续。

（4）导游对随团活动的"团友"应一视同仁、平等对待，同时要求随团活动的人遵守团队活动规定。

课堂互动 3-13

一个景区有A线和B线两条旅游线，在具体游哪条线的问题上，地陪小李和游客们产生了争执。游客们强烈要求游B线，但小李想安排A线。小李对游客说："我们旅行社都安排A线，B线没啥看头。"但游客们仍要求游B线，全陪夹在中间左右为难，建议小李按游客的意思办。小李不高兴了："我说不行就是不行，听你们的还是听我的，要不你来做地陪。"后来，旅游团还是游了A线，但游客们的意见很大，整个行程闹得很不愉快。据悉，在旅游合同中，对具体走哪条线没有规定。

问题：小李的做法对吗？导游怎么做才比较恰当？

课堂互动3-13

答案提示

任务四　对旅游投诉和游客越轨言行的应变处理

一、对旅游投诉的处理

旅游投诉是指游客认为旅游经营者损害了其合法权益，请求旅游行政管理部门对双方发生的民事争议进行处理的行为。旅游投诉有下列特征：①投诉涉及的内容是与旅游相关的民事争议；②投诉人的合法权益受到了损害；③被投诉人是旅游经营者。无论游客的投诉有没有道理，一旦出现投诉，对旅行社和导游都是不利的。游客在向旅游行政管理部门投诉前，往往会先向导游进行口头投诉。导游应该了解游客投诉的原因，妥善地处理游客的投诉，尽量不使事态扩大，以确保旅游活动顺利进行。

导游处理投诉时应注意：

（1）主动沟通。一旦有游客向导游投诉或表现出不满情绪，导游应主动与其沟通，这有助于矛盾的解决。

（2）个别交流。沟通时尽量避免其他游客参与进来，因为人一多，容易使局面失控，不利于解决矛盾。

（3）头脑冷静，避免争执。与游客沟通时，导游要面带微笑，认真倾听。即使游客有过激言论，导游也应保持头脑冷静，不要急于辩解或马上否定，更不得与游客发生争执。要知道，游客能够叙述事件始末，本身就说明游客有化解矛盾的愿望，且游客的叙述有利于缓和游客的激动心情，有利于导游了解游客投诉的原因。

（4）调查分析，慎重表态。听完游客的叙述后，导游要认真分析游客投诉的内容，了解游客投诉的目的，提出解决问题的方案，但不要轻易表态和下结论，因为投诉往往涉及多个接待部门和接待人员，有些细节还需要核实。导游可以给予策略一点的答复，如"请给我一点时间了解一下"或"让我先和有关部门联系一下"，以及"请放心，我会尽快给您一个答复"等。

（5）认真答复。导游应立即对投诉内容进行核实，并迅速将投诉的内容反馈给被投诉部门。对于游客的投诉，导游必须给一个完整的答复。答复的方法有以下三种：一是由导游直接答复投诉者；二是由被投诉者出面答复；三是由投诉者、被投诉者、导游三方一起协商解决。需要注意的是，导游不可将答复的内容轻易由第三者或其他无关的游客转达，更不可与投诉者一起埋怨被投诉者。

（6）积极弥补，继续服务。若投诉的内容有根有据，导游或被投诉者应向游客道歉，对服务缺陷迅速进行弥补或改正，必要时给予游客适当的补偿，以尽快消除投诉者的不满与对抗。若投诉的内容与事实不符，导游应认真向投诉者进行解释，并指出其要求的不合理性。

导游小常识3-8　　　　　　投诉者的心理状态

　　一般来说，游客进行投诉有三种心理状态：一是要求得到尊重；二是要求补偿；三是需要发泄。事先了解投诉者的心理状态，有利于导游提出有针对性的处理方案。但无论导游怎样处理投诉，都应体现下面一些原则：高度重视；尊重投诉者；态度诚恳；积极改正。

二、对游客越轨言行的处理

（一）对游客攻击诬蔑言论的处理

由于社会制度、政治观点、文化背景等的不同，外国游客可能对我国的方针政策及国情有误解或不理解，可能在一些问题上存在分歧。为此，导游应做到：

（1）积极宣传我国的方针政策，全面介绍我国的国情，认真回答游客的提问，阐明我国对某些问题的立场、观点。

（2）若有游客站在敌对的立场上进行攻击和诬蔑，导游应理直气壮地加以驳斥。

（二）对游客违法行为的处理

处理这类事故时，首先要分清违法游客是对我国的法律法规缺乏了解，还是明知故犯。对于前者，导游要讲清道理，指出错误，并报告有关部门，根据其违法情节适当处理；对于后者，导游要提出警告，并报告有关部门严肃处理。

若游客窃取我国机密情报，或者从事走私、贩毒、偷盗文物、倒卖金银、套购外汇、贩卖黄色书刊或音像制品、嫖娼、卖淫等违法犯罪活动，导游一旦发现应立即报告，并配合司法部门严肃处理。

（三）对游客性侵犯行为的处理

（1）当外国游客对异性做出性侵犯行为时，导游应进行阻止，并告知中国人的道德观念和异性间的行为准则。

（2）在之后的旅游活动中，对其保持一定的警惕。

（3）对于屡教不改、情节严重者，应及时报告有关部门依法处理。

（四）对酗酒闹事游客的处理

（1）对于喝醉了的游客，导游应尽力劝其停止饮酒、早点休息。

（2）如果在酒店内发现本团游客喝醉倒地不醒，导游要同酒店保安人员一起将其搀扶回房间，同时报告有关领导，切不可单独搀扶其进房间，或帮助其入寝。

（3）对于酗酒闹事的游客，导游应进行规劝，并严肃指出可能造成的严重后果。

（4）酗酒闹事的游客如果扰乱社会秩序，给他人财物造成损失，导游应告知酗酒游客进行赔偿。

课堂互动3-14

某研讨会成员计划在青岛游览一天。早上7点，导游小陈准时来到酒店迎接游客，游客们随即开始了一天的行程。几个景点过后，大家对司机越来越不满，如开车不稳，好开快车，经常弄个急刹车让游客措手不及；对道路不熟悉，有一次还走了回头路，耽误了不少时间；对景区不熟，到某一景区竟然找不到停车点；态度不好，从不满足游客停车拍照的要求。对此，小陈曾多次向司机提出意见，但效果不佳。司机知道了游客的抱怨后，敌对情绪很大，最后竟然把车一锁，不见了踪影。游客们终于按捺不住了，纷纷要求换车、换司机，还表示要进行投诉。

问题：如果你是小陈，你将怎么办？

课堂互动3-14
答案提示

■ **项目小结**

导游的应变能力是导游技能准备的一项非常重要的内容。本章主要介绍了应变能力对导游工作的重要性和导游如何培养应变能力。为了有效提高导游的应变能力，本章列举了在导游实践中经常可能遇到的旅游故障的应变处理方式。

■ **主要概念**

旅游故障　漏接　空接　错接　误机（车、船）　旅游安全事故　食物中毒　旅游投诉

■ **基础训练**

随堂测验3-1
选择题

□ 选择题

1.下列属于旅游安全事故的是（　　　）。

A.漏接事故　　　B.食物中毒事故　　　C.游客被人打伤　　　D.交通事故

2.下列属于旅游故障的是（　　　）。

A.日程变更　　　B.行李丢失　　　C.财物被盗　　　D.游客患病

随堂测验3-2

判断题

□ 判断题

1.只要游客答应旅行社不退还综合服务费，游客的自由活动要求就可以满足。（　　）

2.只要游客要求转递的物品不是贵重物品，导游就应尽量满足。（　　）

3.漏接都是由于导游人员的责任心不强造成的。（　　）

4.游客生病时，导游应劝其及早就医，不应自作主张，擅自给游客用药。（　　）

□ 简答题

1.导游为什么要有很强的应变能力？

2.当必须改变旅游日程或计划时，导游应做哪些工作？

3.若发生火灾，导游应如何引导游客自救？

4.若发生食物中毒事故，导游应该怎么办？

5.在什么情况下，导游应劝阻游客自由活动？

□ 讨论题

有人说，应变能力是天生的，很难培养。你觉得这一说法对吗？导游应如何培养自己的应变能力？

■ 案例应用

1.上海一家旅行社组织了两个旅游团（我们暂且称为A团和B团）赴海南旅游，这两个旅游团的人数相同，乘坐的航班也相同，却分别由海南的两家旅行社（我们暂且称为X旅行社和Y旅行社）负责接待。其中，X旅行社的导游小王负责接待A团，Y旅行社的导游小刘负责接待B团。在机场，小王和小刘都早早地到了。这时B团在全陪的带领下出现在机场出口处，小王通过数人数，看旅行社的标志，确信是自己要接的团队，热情地上前打招呼，并引导大家上车。小刘也把A团接上了车。在办理酒店入住手续时，小王才发现，B团不是自己要接的团。

请问：本案属于哪一种旅游故障？小王该怎么办？这一类旅游故障能预防吗？

2."五一"国际劳动节期间，某旅行社组织了一个20人的旅游团赴华东地区旅游。5月1日起程，5月6日晚上乘特快列车返程。由于旅行社准备充分，组织工作做得也不错，行程的头几天还比较顺利。但是，在返程的前一天，地接社告诉旅行社全陪，由于节日期间车票紧张，地接社虽多方努力，仍然买不到合同中约定的特快列车车票，只买到了普快列车车票，其开车时间与特快列车差不多，只不过比特快列车晚8个小时到达游客住地。全陪自认为只要把票价差额退还游客，游客应该也能接受。但当全陪把这一消息告诉游客时，游客的反应异常激烈，表示坚决不乘坐普快列车，要求旅行社无论如何要想办法换乘特快列车。旅行社也想如此，但车票这样的事并非旅行社能够左右。换乘特快列车是不可能了，全陪经请示旅行社，在旅行社同意的情况下，向游客表示：旅行社不仅退还票价差额，还承担因延迟到达而增加的费用，并可给予游客适当的补偿，只要他们能按时回来，一切按规定办。游客则认为，旅行社违约在先，造成他们延迟到达，应给予他们每人至少800元的赔偿，否则拒绝返程。旅行社认为800元的赔偿太多，具体赔偿数额应按规定办，也可走法律渠道，因此拒绝了游客的要求。由于双方未能达成一致意见，游客果真拒绝返程。在相关部门的协调下，游客于7日晚返程。

请问：

（1）本案例是否属于旅游故障？如果是旅游故障，属于哪一类旅游故障？

（2）全陪代表旅行社提出的解决旅游故障的方法合理吗？

■ 技能实训 ·· ▪ ▪ ▪

1.对导游接待工作中可能遇到的问题进行归纳，并想好解决途径和方式。

2.一位游客参加了上海某旅行社组织的去新加坡的旅游。旅游期间，导游带领游客去了一家珠宝店，这位游客在店里购买了一些天然绿宝石。回到上海后，该游客将所购珠宝送上海珠宝鉴定中心进行鉴定，发现其所购绿宝石全部是人工培育品，并不是店家承诺的天然宝石。于是该游客找到导游，要求导游赔偿，否则将投诉导游和旅行社。导游仔细看了这位游客的购物发票，发现发票上写的是"天然培育绿宝石"，说明书上还写了宝石的制作过程。在这种情况下，你觉得导游该怎么处理这件事？

2

导游业务程序是导游从接受接待任务起到送走旅游团（者）并做完善后工作为止的服务程序。导游熟悉并在实际工作中遵循这些程序，有利于实现导游工作的科学化、标准化，提高导游服务质量，减少工作中的失误和差错。

导游有地陪、全陪、领队之分，三者共同组成了导游服务集体。在出入境旅游中，领队是客源地组团旅行社委派的导游员，全陪是旅游目的地组团旅行社委派的导游员，地陪则是旅游目的地地接旅行社委派的导游员；在国内旅游中，一般没有领队，有的话也多是由游客代表充当（本书所述领队都是指旅行社委派的领队，而非游客）。

在实际旅游接待过程中，地陪、全陪和领队有时同时在场，有时有两个在场，有时只有一个在场。地陪、全陪和领队的工作情况在很大程度上决定着旅游接待的质量。他们有着共同的服务对象和共同的服务目标，其基本服务环节有很多相同点。但他们毕竟代表不同的旅行社，有着各自的利益，工作职责及权限范围也有所不同。因此，我们将地陪、全陪、领队的工作程序分别进行介绍。

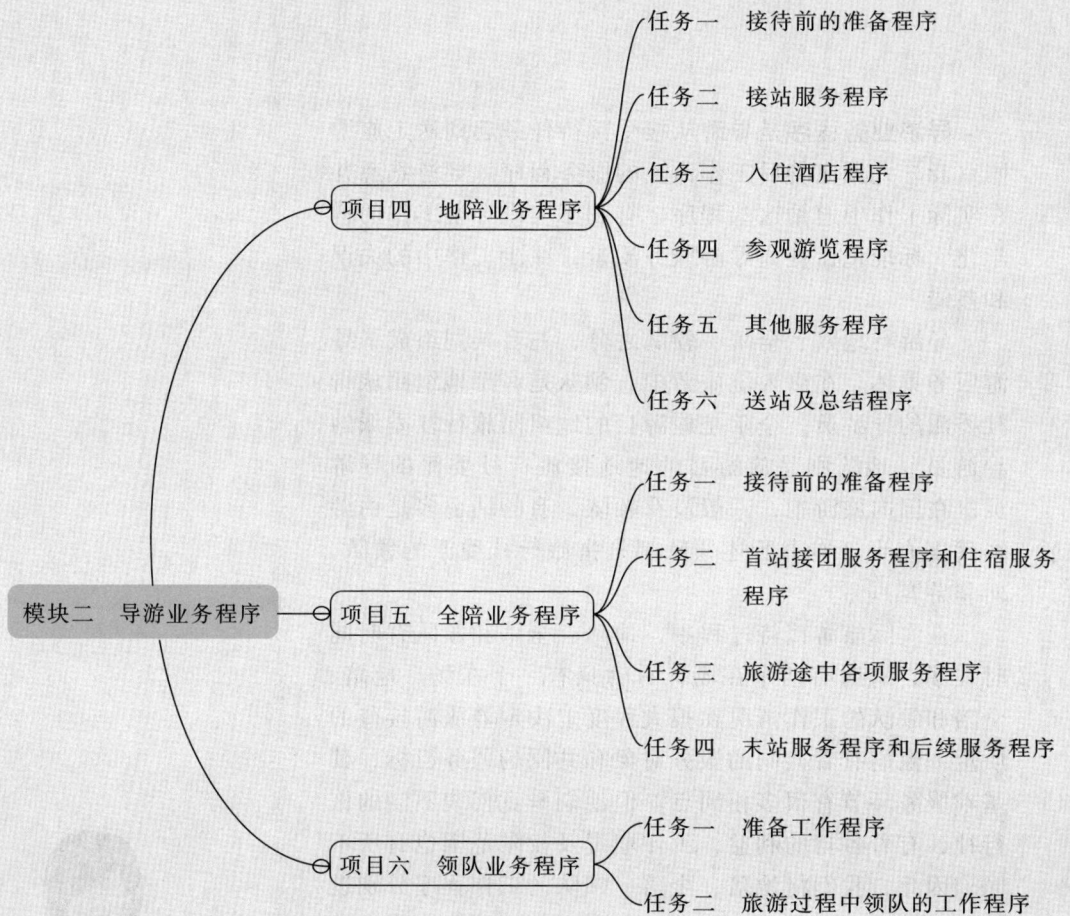

模块二　导游业务程序

项目四　地陪业务程序
- 任务一　接待前的准备程序
- 任务二　接站服务程序
- 任务三　入住酒店程序
- 任务四　参观游览程序
- 任务五　其他服务程序
- 任务六　送站及总结程序

项目五　全陪业务程序
- 任务一　接待前的准备程序
- 任务二　首站接团服务程序和住宿服务程序
- 任务三　旅游途中各项服务程序
- 任务四　末站服务程序和后续服务程序

项目六　领队业务程序
- 任务一　准备工作程序
- 任务二　旅游过程中领队的工作程序

项目四

地陪业务程序

■ 学习目标

掌握地陪接待工作的六大程序；

熟悉每个程序的具体工作要求；

能根据客观情况的变化灵活调整接待程序；

培养学生知行合一的职业素养。

地陪的全称是地方陪同导游人员，是指受接待社委派，代表接待社实施接待计划，为旅游团（者）提供当地旅游活动安排、讲解或翻译等服务的导游人员。地陪业务程序是指地陪从接受接待旅行社下达的旅游团接待任务起，到旅游团离开本地并做完后续工作止的工作程序。

地陪服务是确保旅游团（者）在当地的参观游览活动顺利，并充分了解和感受参观游览对象的重要因素之一。地陪应按时做好旅游团（者）在本站的迎送工作；严格按照接待计划，做好旅游团（者）参观游览过程中的导游讲解工作和计划内的食宿、购物、文娱等活动的安排；妥善处理各方面的关系和出现的问题。

在地陪、全陪和领队三者中，地陪作为当地活动的组织者和一切事宜的主要处理者，处于较为中心的位置，工作程序繁多而细致。本章从地陪业务规律出发，将地陪业务分解为密切相关的六大程序，见图4-1。

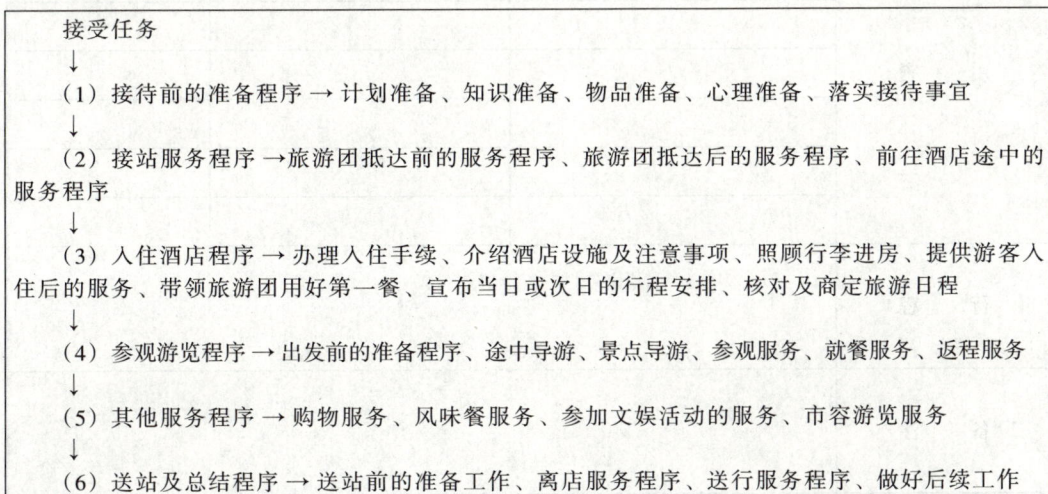

接受任务
↓
（1）接待前的准备程序 → 计划准备、知识准备、物品准备、心理准备、落实接待事宜
↓
（2）接站服务程序 → 旅游团抵达前的服务程序、旅游团抵达后的服务程序、前往酒店途中的服务程序
↓
（3）入住酒店程序 → 办理入住手续、介绍酒店设施及注意事项、照顾行李进房、提供游客入住后的服务、带领旅游团用好第一餐、宣布当日或次日的行程安排、核对及商定旅游日程
↓
（4）参观游览程序 → 出发前的准备程序、途中导游、景点导游、参观服务、就餐服务、返程服务
↓
（5）其他服务程序 → 购物服务、风味餐服务、参加文娱活动的服务、市容游览服务
↓
（6）送站及总结程序 → 送站前的准备工作、离店服务程序、送行服务程序、做好后续工作

图4-1 地陪业务程序

任务一　接待前的准备程序

从地陪接到旅行社下发的接待计划书开始，到前往接站地点之前，均为准备阶段。做好准备工作是地陪提供良好服务的重要前提。俗话说，"磨刀不误砍柴工""好的开始是成功的一半"，这些话对地陪业务来说也是非常适用的。充分的准备工作可以帮助地陪有计划、有步骤地开展各项服务工作，做事得体，处变不惊，确保导游服务工作圆满完成。

一、计划准备

（一）熟悉接待计划

导游带团时，必须持有旅行社下发的接待计划书或接待通知单（见表4-1）。接待通知单是组团社委托各地方接待旅行社组织落实旅游活动的契约性文件，是导游了解该旅游团的基本情况和安排活动日程的主要依据。

表4-1　　　　　　　　　　接待通知单

客情简况	团号		组团单位	
	人数：　　人　其中：2~12岁　　人 　　　　　　　　　12岁以上　　人 　　　　　　男：　人　女：　人		全陪姓名	
抵、离时间地点	月　日乘　　抵 　月　日乘　　离　　赴			
旅行等级			收费办法	
酒店住房	客人：套房　间，双人房　间，单人房　间，　床 陪同：套房　间，双人房　间，单人房　间，　床			
市内用车				
用餐	时间	标准		地点
行程				
备注				

接待部门：　　　　　　地陪：　　　　　　联系电话：

　　地陪应事先对接待通知单进行认真分析、研究，有条件的话，还应将所要接待的旅游团的外联函件找来看一看，以做到心中有数。只有这样，才能因团、因人而异地提供有针对性的服务，确保服务质量。地陪主要应弄清下面一些情况：

　　（1）组团社名称、组团社联系人姓名及联系方式、全陪姓名及联系方式。

　　（2）旅游团名称、代号，旅游团国别及使用语言，收费标准（豪华、标准、经济），领队姓名。

　　（3）旅游团成员的基本情况，包括：团队人数（单男单女、夫妇）、年龄（最大、最小及平均年龄）、姓名、职业、宗教信仰等；如果旅游团中有小孩，还应了解小孩是否收费、收费标准如何等。

　　（4）旅游团来访目的，全程旅游路线，出入境地点。

　　（5）所乘交通工具情况：抵、离本地时所乘交通工具的班次、时间和乘坐地点。

　　（6）交通票据情况：下一站的交通票据是否办妥，有无返程票，有无国际机票国内段等。

　　（7）特殊要求和禁忌：该团在参观、游览、住房、饮食、用车等方面有无特殊要求，如是否要求单间、是否有饮食禁忌等；该团是否要求有关方面负责人出面迎送、会见、宴请等；该团是否有老弱病残等需要特别照顾的客人。

　　（二）拟定日程安排

　　在分析并熟悉接待计划后，地陪应着手拟定旅游团在本地的活动日程，也即具体的接待方案。一份详细的活动日程表应包括旅游团的团名、团号、所住酒店、叫早时间、用餐时间、集合出发时间及地点、游览点、购物点、出行李时间及旅游团离开当地的时间等。

　　在拟定活动日程时，地陪应注意以下几个方面：

　　1.多从游客的角度考虑问题

　　地陪应本着"宾客至上"的原则，多从游客的角度考虑问题，切忌主观、片面，反对将个人的兴趣爱好强加于游客，更反对为达到个人目的，千方百计鼓动游客去一些购物及娱乐场所，这些行为都会引起游客反感，对树立导游人员的良好形象是不利的。

　　2.避免旅游活动项目雷同

　　旅游活动是一种"求新、求异、求奇、求乐"的审美活动，因此地陪在安排旅游项目时，要尽量做到丰富多彩，如人文景观与自然景观的游览交叉进行，游览与休闲、购物相结合，使游客始终有"新、异"的感觉，始终保持高昂的游兴。

　　3.突出重点，点面结合

　　如今的游客多以游览名胜古迹和领略风土人情为主，因此，当地有代表性的名胜古迹是一定要安排的。例如，去北京的游客，地陪不安排去长城或故宫是说不过去的；去西安的游客，地陪不安排去看兵马俑也是说不过去的。对于这些景点，地陪可以将时间安排得充裕些。同时，地陪还应安排一些能反映本地基本面貌的参观项目，做到"点"和"面"相结合。

4.针对游客特点安排游览项目

有经验的导游都知道，不同的旅游团的兴趣点是不一样的。例如，日本和东南亚的游客对古迹和寺庙感兴趣；英国、法国等西欧游客对古迹和艺术品感兴趣；美国游客对风景名胜和家庭访问感兴趣。地陪如果能真正做到针对游客的特点安排游览项目，就为整个旅游过程的顺利进行打下了一个良好的基础。

5.活动日程要留有余地

"计划赶不上变化"，这常常是导游所面临的问题。因此，地陪在制定活动日程时，应注意不能太满，要留有一定的余地。一般来说，对于写进活动日程表的游览项目，如果取消了，游客就会感到遗憾；对于未写进活动日程表的游览项目，如果临时增加，游客会感到很高兴。因此，活动日程表不要包罗万象，有些次要活动可以不必列入表中，这样安排活动，地陪就会有主动权。

二、知识准备

导游服务工作是一项复杂的脑力劳动，涉及大量的知识。一方面，导游要注重平时的知识积累；另一方面，导游也不能忽视"临时抱佛脚"的作用。地陪在接团前，花一些时间去了解、巩固相关的知识是非常必要的。

（一）了解、巩固将涉及的参观项目的知识

地陪应对照日程中所涉及的项目，检查一下自己的知识储备是否够用。对一些需要记忆的重要的年代、数据、事件，最好先在脑海中过一遍，有记不清楚的地方应及时查阅资料。

（二）了解游客的相关情况

所谓"知己知彼，百战不殆"。地陪应了解游客的职业、身份、性别、居住地等情况，从而做好充分的准备。如果游客来自国外，地陪还应事先了解客源国的基本情况，如地理、历史、人口、经济、首都、政体、民族、宗教信仰、气候、物产、名胜古迹、风土人情、文化名人、对外政策以及与我国的关系等。了解了游客的相关情况，地陪在导游过程中更容易找到双方感兴趣的话题，增强双方的信任感。

（三）了解一些时事知识

旅游团在外短则一天，长则数天，地陪事先了解一些当前的热门话题、国内外重大新闻等，既可以丰富讲解内容，也有助于找到与游客的共同话题。

课堂互动4-1

答案提示

课堂互动4-1

有的导游说，对游客问的任何问题，导游都不能说"我不知道"。

问题：你赞同这位导游的说法吗？你觉得导游应怎样避免"不知道"？

三、物品准备

物品准备即准备好导游服务必备的一些物品，主要包括：接待通知单或接待计划书、导游证及导游身份标识、身份证、接待社社旗（团队10人以上必须有接待社社旗）、接站牌、游客意见反馈表、扩音器、记事本（接待日志）、手机充电器、返程车票、导览图、结算单、支票、入场券等。这些物品很琐碎，但对保障旅游活动的顺利进行很重要，因此地陪应耐心、细致地加以准备。此外，导游接团前还要准备合适的衣物，保证接团时仪表、着装整洁。

导游小常识4-1   **导游证的形式**

自2018年1月1日起施行的《导游管理办法》规定，导游证采用电子证件形式，由文化和旅游部制定格式标准，由各级旅游主管部门通过全国旅游监管服务信息系统实施管理。电子导游证以电子数据形式保存于导游个人移动电话等移动终端设备中。导游在执业过程中应当携带电子导游证、佩戴导游身份标识，并开启导游执业相关应用软件。旅游者有权要求导游展示电子导游证和导游身份标识。

为了方便以后工作，地陪最好为每位游客准备一份日程表，写上每日的活动内容、导游姓名及手机号码、司机姓名及汽车车牌号等，这样既方便游客掌握行程，也能为导游省去不少麻烦。

导游小常识4-2   **导游的必带物品——电话号码本**

导游有一件关键东西是必须带在身边的，那就是电话号码本。电话号码本上应记载着一些关键电话，如旅行社各部门电话、餐厅电话、酒店电话、车队电话、剧场电话、购物商店电话、组团人员电话、其他导游者的电话等。有了这些电话，如果导游在外地遇到一些突发问题，联系起来也比较方便。

有的导游喜欢把电话号码存在手机中，这当然也是必要的。但是一旦遇到手机遗失、手机不在身边、手机电量不足等情况，或者遇到一些必须关闭手机的场合，导游将无法查阅电话号码。因此，电话号码最好有个备份，而电话号码本就充当了这一角色。

四、心理准备

旅游服务涉及的客人多、过程长、项目多，因此各种不确定因素也很多。有时候，无论导游做了多么充分的准备，也有可能会出现预料不到的事件，从而影响旅游行程；更有些时候，尽管导游已尽其所能地为旅游团提供热情周到的服务，但仍然不被其中一些游客理解，甚至会遭到无端投诉。因此，地陪要有面临艰苦复杂情况的心理准备，只有这样，当真正的困难到来之时，地陪才可能沉着应对，才可能以平和的心态面对暂时的不公，从而顺利完成接待任务。

五、落实接待事宜

旅游接待涉及众多人和事。受个人琐事、对业务不熟悉以及个人责任心不强等因素的影响，地陪在接待过程中极有可能出现差错。同时，地陪也不能期望所有人都能做到准确无误。因此，在旅游团抵达的前一天，地陪对交通、食宿等事项再进行一次确认是很有必要的。这项工作可以最大限度地减少工作中的失误，从而使地陪的工作更为主动。即使出现失误，也较易补救。

（一）落实接待车辆

与车队或旅游汽车公司联系，确认为该团在本地提供交通服务的车辆的车型、车号及司机姓名。了解车内的设施情况，如座位数、有无空调及扩音设备等。事先与司机联系，确定与司机的接头地点，并告知活动日程和具体时间。

（二）落实接待酒店

与接待酒店联系，核实游客所住房间的数目、级别是否相符。了解房间的楼层、房间号码、房内设施。有条件的话，还应在游客到达前检查一下房间，并与楼层服务员取得联系，介绍旅游团客人的特点，从而共同配合做好接待工作。

如果是首次入住的酒店，地陪还应事先了解酒店的地理位置、环境、服务项目、电话总机以及酒店内部的餐厅、商店、酒吧、理发室等的营业时间。

（三）落实用餐安排

与各有关餐厅联系，确认旅游团日程表上每次用餐的情况，包括团号、人数、餐饮标准、日期、特殊要求等。

（四）掌握不熟悉的旅游景点的情况

对于不熟悉的旅游景点，地陪应事先了解其情况，包括景点开放时间、最佳行车路线或游览路线、游览方式、厕所位置、休息场所、停车场位置、注意事项等。

（五）了解落实团队的行李运送安排

旅游团一般不配备行李车。如果配有行李车，地陪应提前和行李车司机、行李员联系，使其了解该团抵达的时间、地点，以及住哪一家酒店。

任务二　接站服务程序

接站服务是指地陪从准备去机场（车站、码头等）迎接旅游团起至接到旅游团并带他们前往下榻酒店的整个过程的服务。接站服务是地陪工作的重要一环，因为这是地陪第一次与游客直接接触。而接站过程中地陪给游客留下的"第一印象"，在很大程度上影响了整个旅游过程中游客对地陪的评价，同时也影响了游客对整个旅游行程的满意度。

一、旅游团抵达前的服务程序

（一）确认旅游团所乘交通工具抵达的准确时间、地点

一般来说，如果旅游团乘飞机抵达，则地陪应在旅游团抵达前2小时确认航班是否正点抵达。如果旅游团乘车（船）抵达，则地陪应在旅游团抵达前1小时确认。若飞机（车、船）晚点很长时间，则地陪应通知有关接待部门做出相应的调整。

（二）提前抵达接站地点

地陪和司机应提前30分钟到达接站地点。到达后，地陪应确认旅游车停放处并向司机介绍该团的日程安排，然后持导游旗或接站牌在出口处的醒目位置迎候旅游团。如果持接站牌，则接站牌上要写明旅行社名称、领队或全陪姓名、游客来源地等信息；接小型旅游团或无领队、全陪的旅游团时，要写上游客的姓名。

课堂互动4-2
地陪小李明天将要接待一个来自陕西西安的旅游团，组团社是西安的A旅行社，全陪导游叫李娟。旅行社让小李自己制作接站牌。
问题：小李的接站牌上该写些什么呢？

二、旅游团抵达后的服务程序

（一）主动认找旅游团

旅游团出站后，地陪应尽快找到自己的团队。一方面，地陪应持导游旗或接站牌在出口处的醒目位置迎候旅游团，以方便旅游团找到自己。需要注意的是，地陪在迎

候旅游团时，不应扛着导游旗，这一姿势既不雅观，也容易给人留下不好的印象。在带团的过程中，地陪也要避免扛着导游旗讲解。另一方面，地陪应凭借自己敏锐的判断力，根据团队人数、旅游团特征（如团员籍贯或国籍、男女人数、职业）、组团社的徽记等进行初步判断，然后主动上前联系，并与全陪或领队接头，问清旅游团的客源地、团名、团号、大致旅游路线、全陪或领队的姓名等。这些工作是避免接错团的必要程序，地陪必须做好、做细。

（二）核实人数

接到旅游团后，地陪必须与全陪或领队核实旅游团人数。如果所接旅游团的实际人数与计划人数不符，地陪应及时通知旅行社，向酒店退掉多余房间或增订房间，并调整接待方案。

（三）集中清点行李

接到旅游团后，地陪应提醒游客提取行李、核对行李件数、检查行李是否完好。如果行李还没有到或行李有破损，地陪应协助当事人到机场登记处或其他有关部门办理行李丢失或赔偿申报手续。

如果团队是集体托运行李，地陪在接团后，应向全陪或领队索取行李票，交行李员办理行李提取手续并送至下榻酒店。

（四）带游客上车

完成上述程序后，地陪应引领游客去旅游车停放处。行进时，步子不宜太快。要让游客先上车，自己站在车门一侧，同时做到以下两点：一是面带微笑，对游客的到来表示欢迎；二是搀扶或协助年老体弱者、孕妇、儿童、残疾人上车，帮助行李较多、较重者顺利上车。

课堂互动4-3

　　地陪小张将要接待一个来自四川的旅游团。他提前20分钟来到火车站出口，发现这里挤满了人。于是小张站在一个人少的地方等待。

　　问题：小张这样做对吗？如果你是地陪，你将如何认找自己的团队？

课堂互动4-3

答案提示

三、前往酒店途中的服务程序

（一）清点人数

游客都上车后，首先要做的是清点人数。清点人数的方法有三种：一是在车内过道处一一点数；二是站在前头一一点数；三是专点空座位数，一般旅游车的空座位数大大少于客人座位数。但不管采用哪种方法，都应注意礼貌点数，采用默数或领首数的方式，不能用手指一个一个点着数。

（二）致欢迎辞

欢迎辞好比一场演出的序幕，它是地陪整个接待服务的开场白。一个好的欢迎辞不仅能很好地调动游客的情绪，而且能很快消除导游与游客之间初次见面的拘谨与陌生，迅速建立起主客双方良好的合作关系，给游客留下深刻而美好的印象。因此，地陪应特别注重欢迎辞的表达。

1.致欢迎辞的时机

致欢迎辞一般应在到达酒店前进行。如果一个旅游团人数很多，需要分乘几辆车运送，每辆车又不能保证有一位导游陪同，这种情况下在机场（车站）致欢迎辞比较好。一般情况下，地陪应在前往酒店的路上致欢迎辞。

2.注意事项

致欢迎辞时，地陪应面对游客，站在车厢的前部（或坐于"导游专座"上，侧身面对游客），这样不仅地陪能看到游客的表情和反应，游客也能看到地陪；身体不可摇摆抖动，不要把手插在裤、衣兜里，或者做一些不协调的动作（如抖肩、抓痒等）。

无论是在车上致欢迎辞还是进行其他讲解，地陪都要注意让坐在最后面的游客也能听得清楚。因此，导游的语速不宜太快；话筒的音量应适中，不能太大，太大了前面的游客会感到刺耳，太小了后面的游客会听不到；话筒不能离嘴太近，太近了容易产生杂音；话筒不要遮住嘴部，这样容易分散游客对地陪的注意力。此外，地陪还应避免在高速公路或者危险路段站立讲解。

导游小常识4-3

《导游管理办法》第29条规定，旅行社应当提供设置"导游专座"的旅游客运车辆，安排的旅游者与导游总人数不得超过旅游客运车辆核定乘员数。导游应当在旅游车辆"导游专座"就座，避免在高速公路或者危险路段站立讲解。

3.内容要求

致欢迎辞是一个导游在气质、学识、语言方面的重要体现。致欢迎辞的基本要求是：真挚热情、简明扼要、因团（人）而异。

欢迎辞的内容一般包括以下四个方面：

（1）代表地接社、本人及司机欢迎游客光临本地旅游。

（2）介绍自己和司机，并告诉游客自己的联系方式和接待车辆的车牌号。

（3）表明自己和司机诚挚的服务愿望。

（4）预祝游客旅游活动顺利。

下面是一例欢迎辞：

各位游客，大家好！我叫王意，是服务于××旅行社的导游，是你们这次南京之行的地陪；这位师傅（手指司机）叫陈稳，陈师傅有多年驾驶经验，大家可能已经感受到了，他开的车，正如他的名字一样，又快又稳。（介绍自己和司机）

请允许我代表××旅行社、我本人及我们这辆车的司机，欢迎各位来到南京参观游览。南京有"六朝古都"之称，既有山水之美，又兼古迹之胜，旅游景观遍布城内外。（代表地接社、本人及司机欢迎游客光临本地旅游）

各位在南京的这两天，我和陈师傅将尽全力为大家提供热情周到的服务，满足大家的不同需要，使大家不虚此行。（表明自己和司机的服务热情以及诚挚的服务愿望）

预祝各位在南京玩得愉快！（预祝游客旅游活动顺利）

（三）首次沿途导游

游客初来乍到，对所到的地方及沿途所见的一切均有强烈的好奇心。因此，首次沿途导游对游客来说非常重要，对地陪来说也是一项重要的服务内容。

首次沿途导游的内容一般是介绍当地概况、主要行程、沿途风光、下榻酒店的情况，以及宣布集合地点及停车地点。沿途讲解的内容应与实地游览过程中讲解的内容相互呼应，并且应避免出现过多重复。

1.当地概况

地陪应概要地介绍当地的气候条件、人口、历史沿革、行政区划、社会生活、文化传统、土特产品、市容市貌等，使游客一踏上这片土地就对本地有所了解。

导游小常识4-4   首次沿途导游的内容

地陪在首次沿途导游中不可能将当地概况全部讲清、讲全，但主要内容应涉及。这里说的主要内容应是游客最关心、最感兴趣、在今后旅游途中最实用的知识。比如，游客来到江西，地陪不妨介绍一下"老表"的来历；游客来到陕西，地陪不妨介绍一下"陕西十大怪"；游客来到青岛，地陪不妨介绍一下青岛啤酒和青岛的海滨等。

如果地陪接待的是外国游客，下面一些情况一般应该事先向游客介绍：①我国与外国游客所在国的时差。请外国游客拿出手表，按北京时间进行调拨，并告诉外国游客以后按北京时间进行活动。②当地的旅行常识、乘坐交通工具的方法、当地的邮电情况等。③当地常用的交往、问候用语。④当地的土特产品是什么，去哪里购买；风味名菜是什么，有什么特色；当地主要的商业中心及营业时间。⑤兑换货币的地方，外国游客所携货币与人民币当天的比价。最好拿出人民币实物进行介绍，使外国游客认识我国的货币。⑥外国游客在当地旅游应遵守的规定。

知识拓展4-1

陕西十大怪

导游小常识4-5   部分城市与北京的时差

部分城市与北京的时差见表4-2。

表4-2   部分城市与北京的时差

城市名称	与北京的时差（小时）	城市名称	与北京的时差（小时）
美国夏威夷	−18	土耳其安卡拉	−6
美国洛杉矶	−16	埃及开罗	−6
美国纽约	−13	俄罗斯莫斯科	−5
巴西里约热内卢	−11	泰国曼谷	−1
英国伦敦	−8	菲律宾马尼拉	0
瑞士日内瓦	−7	朝鲜平壤	1
意大利罗马	−7	韩国首尔	1
法国巴黎	−7	日本东京	1
德国法兰克福	−7	澳大利亚悉尼	2
南非开普敦	−6	新西兰惠灵顿	4

2.主要行程

地陪应当对将在本地旅游中安排的食、住、行、游、购、娱等项目一一进行介绍，使全体游客做到心中有数。

3.沿途风光

地陪应对沿途风光进行介绍，介绍的内容应恰到好处，并有一定的灵活性，见人说人，见物说物，如大的机关、知名街道、著名建筑以及公园、博物馆、购物中心、体育中心等，最好与游客的观赏同步。

4.介绍旅游团下榻的酒店

游客出门在外，对所下榻的酒店是很关注的，因为这是他们"临时的家"，所以地陪事先对游客所住酒店进行概括性的介绍是有必要的。一方面，可以打消游客的疑虑；另一方面，利用途中游客注意力比较集中的时间，让游客了解酒店的一些基本情况和注意事项，有助于以后的工作。

5.宣布集合地点及停车地点

旅游车到达酒店后，地陪应在游客下车前向他们明确停车地点和集合时间，并提醒游客记住车牌号。

6.其他事项

首次沿途导游期间，地陪还可视情况向游客介绍旅游目的地的法律法规、宗教信仰、风俗禁忌、礼仪规范等内容。

课堂互动4-4

答案提示

> **课堂互动4-4**
>
> 有的旅行社规定，导游一上车，麦克风就不能离嘴。
>
> 问题：你认为这样做合适吗？

任务三　入住酒店程序

入住酒店程序是指地陪从旅游团抵达所下榻酒店到进入客房这段时间的服务程序。入住酒店包括以下几方面工作：

一、办理入住手续

旅游团到达后，地陪应与全陪或领队一起办理入住登记手续。将房卡（或房间钥匙）交给全陪或领队，并将旅游团的房间情况向他们进行介绍。地陪应尽量掌握全陪、领队及游客的房号，并将自己的房号、电话等告诉全陪和领队，以方便联系。

> **导游小常识4-6　　　　不能忽视"小事"**
>
> 一般来说，地陪将游客送入酒店后，有关酒店的介绍和服务工作按理应由酒店服务人员完成。但游客出于对地陪的信任，遇到问题时在很多情况下仍会找地陪。而且，我国有的酒店服务人员的外语水平较差，当旅游团成员为外国人时，他们往往更依赖地陪，许多看似不起眼的小事都要地陪来解决。但是，地陪不能忽视这些"小事"，如果这些"小事"做不好或做得不到位，"大事"做得再好也是没有用的。美国旅游界有几句口头禅，如"小事是重要的事""小事做不好，麻烦不会少""酒店无小事"，理解这几句话的深层含义对地陪来说是有益的。

二、介绍酒店设施及注意事项

在全陪或领队安排房间、分发房卡（或房间钥匙）时，地陪应将酒店的情况再进行一次有针对性的介绍，如餐厅、健身娱乐设施、商品部、外币兑换处、公共洗手间的位置，房间电话的使用，房间内的免费用品和需要付费的消费品，酒店提供的一些特殊服务项目等，并注意提醒游客保存好贵重物品。如果入住的酒店不提供一次性洗漱用品，或不提供免费电话服务，地陪应事先向游客告知并强调，以避免产生纠纷。如果入住的酒店存在收费的电视频道，地陪也应事先告知游客。

地陪应提醒游客爱护和正确使用酒店设施设备，维护客房的整洁卫生，尽量减少一次性物品的使用。提醒游客不在酒店禁烟区域抽烟，出入房间时应轻关房门，不大声喧哗，看电视时调小音量，不打扰其他客人休息。

三、照顾行李进房

如果旅游团配有行李车，地陪应等待本团行李送达酒店，负责核对行李，督促酒店行李员将行李准确无误地送到客人的房间。

四、提供游客入住后的服务

游客入住后，可能会对房间内的设施、环境等提出疑问和要求，还可能会针对房内物品的使用寻求帮助，而这些要求最有可能在游客入住后半小时内提出。因此，地陪在游客入住后的半小时内最好不要离开，以便及时提供服务，满足游客的要求。

导游小常识4-7   游客入住后可能遇到的问题

游客常会就下列问题向地陪求助：开不了门；不会使用有线电视；不会使用空调、淋浴器；浴室无热水；水龙头漏水；房间不干净；被单没有换；缺少浴巾、香皂、卫生纸等；行李没到或被人错拿；夫妻没有安排在同一房间等。

五、带领旅游团用好第一餐

游客进入房间前，地陪应介绍酒店内就餐的地点、时间、就餐形式及有关注意事项（如自助餐的用法、酒水是否自费等）。有的就餐环境对服装有特殊要求，地陪应事先告知游客，以便游客准备。游客用第一餐时，地陪应在餐厅所处的楼面电梯旁等候，并带游客进入餐厅用餐。地陪应将领队介绍给餐厅领班或主管等有关人员，并将团队的用餐要求、用餐标准、游客忌食、游客口味等情况介绍给相关人员。如果是自助餐，地陪应提醒游客适量点用，避免浪费，不把食物、饮料带离就餐区。

我国地域辽阔，各地的饮食口味差别很大。有人用八个字总结了我国各地在饮食口味上的差别，即"南甜北咸，东辣西酸"，虽不全面，但基本上能够反映各大区域在口味上的总体特点，至于具体的口味上的差别就更多了。了解游客的口味是导游一项重要的工作技能，要提高服务质量，导游就要与餐饮行业的员工一起，在研究游客口味上下功夫。虽说"众口难调"，但如果导游知难而进，让游客都吃得满意、吃得有乐趣，则必然会给游客留下美好的印象。

导游小常识4-8   部分外国人的口味特点

就世界范围而言，不同国家和民族的人在口味上的差异很大。下面是部分外国人的口味特点，了解这些特点，对导游日后的工作是有益的：

日本人一般喜欢吃清淡、味鲜带酸和微带辣味的菜。

韩国人一般喜欢吃清淡的菜，很多人爱吃辣椒。

俄罗斯人口味较重，喜欢酸、甜、咸和微辣的菜。

美国人喜欢咸中带甜、微辣微酸的菜。

新加坡人喜欢清淡、脆、鲜的菜。

菲律宾人在烹调中使用最多的是香辣调味品，但又不像泰国或印度尼西亚那样辣。

蒙古国人不喜欢吃加糖的菜肴和太辣的、带汁的、油炸的菜肴，喜欢用牛、羊肉烹饪的菜肴，以油腻为最佳。

英国人喜欢喝清汤、吃清炖的菜，不喜欢吃带浓汁的菜，菜的量不宜太多，但质量要精，讲究花样，不吃辣的。

泰国人喜欢辛辣的菜，多放鱼露，喜欢味精，但不喜欢酱油，不放糖，不吃红烧的菜。

澳大利亚人喜欢清淡的菜，不吃辣的食物，也有人不吃酸的食物。

加拿大人的口味与英国人、美国人相似，喜欢甜酸、清淡的食物。

德国人喜欢酸甜口味，不吃辣。

印度尼西亚人特别喜欢吃辣、脆、酥、香、酸、甜的食物。

法国人喜欢肥浓口味，菜要鲜嫩带生。

资料来源　梁杰．导游服务成功的秘诀［M］．北京：中国旅游出版社，2006：86—89．

在游客用餐过程中，地陪要巡视旅游团的用餐情况，解答游客在用餐时提出的问题，监督餐厅按预定标准提供服务。

六、宣布当日或次日的行程安排

地陪一般应当着旅游团全体游客的面宣布当日或次日的行程安排，如叫早时间、用餐时间及地点、集合出发时间及地点、行程和注意事项等。这项工作最好在来酒店的旅游车上完成，如果游客入住后还要安排集中就餐，那么这项工作也可以在就餐的时候完成。

课堂互动4-5

答案提示

课堂互动4-5

　　导游一般会在来酒店的旅游车上宣布当日或次日的行程安排。

　　问题：宣布当日或次日的行程安排为什么最好在来酒店的旅游车上完成？

七、核对及商定旅游日程

核对及商定旅游日程是地陪的一项重要工作。

一般来说，旅游团在某地的参观游览项目已明确规定在旅游协议书上，而且在旅游团到达前，旅行社已经安排好了该团在当地的活动日程，但这并不表明没有必要核对及商定旅游日程。事实上，这是地陪工作的必要程序之一。

（一）核对及商定旅游日程的时机

如果团队抵达后直接去景区游览，那么核对及商定团队旅游日程的时机一般可选择在车站或行车途中；如果团队先前往酒店，那么核对及商定团队旅游日程的时机一般可选择酒店入住手续安排好后的一个时间。

（二）需要核对的内容

需要核对的内容主要包括：地陪、全陪、领队手中的旅游日程有无出入；每天日程安排的具体内容；特殊活动的安排情况；向领队征求对地接社安排的详细日程的意见；离开本地时的交通工具、航班（车次）及时间；领队、全陪有无新的要求；征求领队对自费项目的安排意见。

（三）一些具体问题的处理

核对及商定旅游日程并不总是顺利的，有时可能会出现一些棘手的问题，这时地陪应沉着、冷静，针对不同情况，采取相应措施。

（1）地陪手中的旅游日程与领队或全陪手中的旅游日程有出入。这时地陪应立即向地接社汇报，查明原因，分清责任。如果是地接社的责任，地陪应代表旅行社赔礼道歉，并按正确的接待计划执行。如果是组团社或境外组团社的责任，而又不好向游客交代，地接社和组团社双方可重新商定调整行程，从而使双方都能接受。

（2）旅游团提出小的修改意见或增加新的游览项目。地陪应及时向旅行社有关部门反映，对合理而又可能的项目，应尽量予以满足，尤其要满足重要人物的个别要求、普通人物的特殊要求。涉及费用问题时，应该遵循明码标价和"先收费"的原则。对于确有困难而无法满足的要求，地陪应详细、耐心地加以解释。

（3）提出的要求与原日程不符且涉及接待规格。一般情况下应婉言拒绝，如果有特殊理由，并由领队提出时，地陪应请示旅行社有关部门，视情况而定。

> **课堂互动 4-6**
>
> 游客们都拿到了自己房间的门卡正要分散进入自己的房间时，地陪对游客说："请进到房间后就下来用餐！"
>
> 问题：你觉得这位地陪准确表达自己的意思了吗？

课堂互动 4-6

答案提示

任务四　参观游览程序

参观游览是多数旅游团最主要的内容，也是多数游客最关心的问题。因此，组织好参观游览活动是地陪服务工作的中心环节。

一、出发前的准备程序

地陪带团队参观游览前，主要的准备工作有以下几项：

（1）准备好接待计划、接待社社旗、话筒、必要的票证（如门票结算单）等。

（2）落实用餐。团队旅游一般是早出晚归，因此在出发前，地陪就应该对午餐和晚餐进行落实或确认。

（3）督促司机做好开车前的各项准备工作，如车况的检查、车内的清洁等。

（4）提前10分钟到达集合地点。一方面，可以与早到的游客适当寒暄，拉近与游客的距离，了解游客的真实想法；另一方面，可以在时间上留有余地，以应付一些意外情况。同时，地陪提前到达不仅能起到带头作用，而且能给游客留下勤勉的印象。

（5）提醒游客相关注意事项，如加减衣服、带好雨具和遮阳用具等。

（6）集合登车、清点人数。游客陆续到达后，地陪应招呼游客上车，然后清点人数，所有游客到齐后才能示意司机开车。如果有游客没有赶到，地陪应向其他游客进行了解，设法找到该游客；如果有游客生病不能参加活动，应劝其就医或在酒店休息，并通知酒店总台进行适当照顾，落实送餐服务；如果有游客不愿随团活动，地陪应问清情况并妥当安排。如果出发时间已过，又不知道游客在哪里，地陪应征求全陪、领队的意见，决定是否继续等候；如果决定不等候，地陪必须将当日的日程及用餐地点告诉总台及旅行社，以方便掉队的游客归队。

二、途中导游

（一）重申当日行程安排

每天出发时，地陪都应对当天的行程进行介绍，包括食、行、游、购、娱等方面，有时也包括住宿的变化，以便游客对一天的行程心知肚明。

（二）报告国内外重大新闻

游客出门在外，打破了原有的生活习惯，对时事新闻可能会一时"耳塞"，这时，地陪可视情况向游客进行介绍。

（三）介绍沿途风光

在前往景点的途中，地陪应进行沿途风光介绍，把沿途所见的有代表性的事物与车速同步进行概要介绍。如果在此之前还没有机会介绍本地的概况、风土人情，则地陪可抓住这一时机进行介绍。

（四）介绍景点概况

在即将到达景点时，地陪应对该景点的总体情况进行概括性介绍，如景点名称的由来、历史价值（意义）、成因、景观特征等，以使游客对景点有一个总体认识。有时，地陪还可有意制造一些"悬念"，激发游客游览的愿望。这些概括性介绍如果完全放在景点门前进行是不太恰当的，一是耽误游客在景点的游览时间，二是可能会造成景点门前拥堵，带来不安全因素。

（五）活跃气氛

若乘车时间较长，地陪还可以视情况在车内开展一些娱乐活动，如唱歌、讲故事、讲笑话、猜谜语等。这时，地陪不应只满足于当一个"演员"，还应是一个好的"导演"，地陪应设法让全体游客都参与其中。

三、景点导游

（一）交代游览注意事项

到达景点下车前，地陪要讲清楚游客在该景点旅游时应注意的事项，并提醒游客记住停车地点、车辆特征、车牌号码以及游完景点后集合的时间、地点。然后，地陪第一个下车，在车门一侧招呼、组织游客下车。

课堂互动4-7

课堂互动4-7

答案提示

导游小王带着20个游客进了某景区。开始游客还能集中到一起，边听小王的讲解边游览，后来陆续有游客走散了，因景区人多，小王也无法把走散的游客聚集起来。讲解完毕后，小王告诉剩下的游客自由游览，1个小时后到旅游车上集合。1个小时后，大部分游客已在旅游车上等候，还有3个游客始终不见踪影。大概又过了40分钟，最后3个游客才来到车上。没等小王开口，3个游客就指责小王不通知集合时间，走散了也不想办法找他们。

问题：小王怎样做才能避免出现这种情况呢？

（二）景点导游讲解

在景点讲解时，地陪应手举导游旗走在旅游队伍前面，一边引路，一边讲解，任何"游而不讲"或"放羊"的做法都是不负责任的表现。讲解时，地陪应面向游客，站在距游客约1.2米、与景点成60度角的位置上。

讲解景点时，地陪应注意以下几个方面：

（1）讲解内容要正确无误，尤其是讲解人文景观时，要有根有据。

（2）讲解方法要有针对性，因人而异，因时间而异。

（3）内容安排要有艺术性，就像讲一个生动的故事，有开始，有发展，有高潮，有结局。

（4）讲解语言要丰富生动。

（5）讲解时别忘了引导游览，应让游客在计划的时间与费用内能够充分游览和观赏。

（6）对游客的拍照时机进行适当引导，尽量提前宣布照相时间，以免游客只顾照相而耽误了听讲解。

（三）密切注意游客的动向

在景点，全陪、领队一般跟在队伍后面关注旅游队伍的情况。地陪在前面讲解时，也应时刻留心游客的动向，以免游客走失或发生安全事故。地陪还应特别注意照顾老弱病残游客。

导游小常识4-9　　　　　地陪清点人数的方法

为避免游客走失，或走失后能及时被发现，在游览景点时，地陪有必要清点人数，但在景点清点人数比在车上要难得多。这时地陪可采用以家庭为主的清点方法，因为多数旅游团都是由若干家庭组成的，而家庭数目总是少于全团人数；点完家庭数目后，再点单个游客数，全团人数就清楚了。地陪在清点人数时，以下游客应特别注意：已有过迟到记录的游客；头一回旅游的人；爱随时购买饮料或去卫生间的游客；独自出门的游客；容易迷路或走失的游客。

四、参观服务

若安排旅游团到工厂、农村、学校、社会福利机构等单位去参观，地陪一般都要事先做好联系落实工作。参观时，一般先由主人介绍情况，然后引导参观并回答游客的提问。这时，地陪的主要任务是翻译。当然，这主要是针对国外旅游团而言的，国内旅游团通常不存在这方面的工作。

五、就餐服务

在参观游览过程中，多数情况下需要安排就餐。就餐的地点可以是下榻酒店，也可以是社会餐馆。餐馆的选择应以方便游客的游览活动为原则，切不可西线游览东线就餐，这样会浪费游客宝贵的游览时间。安排就餐时，地陪应做到以下几点：

（1）提前预订并告知用餐要求，如用餐标准、时间、人数、忌食、口味等。

导游小常识 4-10 掌握游客的忌食

地陪掌握游客的忌食比掌握口味更重要，若旅行社安排的餐饮服务中不小心提供了游客的忌食，很可能会引起游客的不满，导致投诉。例如，色味俱全的回锅肉对多数四川人来说是美食，但对回族同胞和信仰伊斯兰教的游客来说就是忌食。

导游掌握下面一些基本知识是必要的：西方人通常不食动物内脏、动物四肢、家庭宠物、珍奇动物；印度人、尼泊尔人不食牛肉；信仰伊斯兰教的人不食猪肉等。

（2）引导游客到餐厅入座，与餐厅负责人联系，做好就餐前的准备。

（3）上菜后，地陪要征询游客对食物的意见，如有问题应及时解决；同时，应注意餐厅是否按预定标准提供服务。

（4）按照实际用餐人数、标准与餐厅结账。

🚩 素养提升 4-1 旅游者需要什么样的餐饮服务

俗话说："兵马不动，粮草先行。"在旅游途中，游客的体力消耗很大，若没有营养、卫生、可口的食物补充体力，"美妙的旅游经历"就是一句空谈。此时，若能让旅游者在优美的用餐环境里，在享受到餐厅服务员热情服务的同时，吃到色、香、味俱全的佳肴，也是旅游生活中的一大乐事。

因此，旅游者要求的餐饮服务应该是好的食品加上好的服务。

针对上述内容，请谈谈你的感想。

六、返程服务

在参观游览结束的返程中，地陪应做好以下工作：

（一）回顾当天行程

返程途中，地陪应回顾总结当天参观游览的内容，必要时可作一些补充讲解，并热情回答游客的询问。

（二）沿途景观介绍

有可能的话，返程应尽量不走原路。如返程的路与原路不同，导游还要进行沿途风光介绍。若返程走的是原路，导游可在原有介绍的基础上补充介绍。

（三）调节气氛

返程时，若路途较长，游客也不太累，导游可组织一些娱乐活动调节气氛，但要注意适可而止。如果部分游客已昏昏欲睡，则导游可让游客小憩或自由观景。

（四）宣布次日的行程安排

在即将到达下榻酒店时，地陪要宣布次日的行程安排，包括叫早时间、早餐时间和地点、出发集合时间和地点及其他有关事项。下车时要提醒游客带上随身物品。

课堂互动 4-8

答案提示

课堂互动 4-8

导游带领游客参观景点的时候，经常会出现这样的情况：导游在认真讲解，游客呢，有的在听，有的忙着拍照。结果可能是：相也没拍好，听也没听全。

问题：如果你是导游，你怎样避免这样的情况出现？

任务五 其他服务程序

地陪的其他服务工作主要包括购物服务、风味餐服务、参加文娱活动的服务及市容游览服务等。

一、购物服务

旅游购物是游客旅游行程中的重要内容。旅游购物品不仅具有实用价值，而且具有纪念和欣赏价值；不仅能够满足游客物质上和精神上的需求，而且能够提升旅游的质量。大多数游客都会在游程中购买一些风物特产、工艺美术品等，或自用，或留作纪念，或馈赠亲友，还有部分游客把购物当成旅游的一大目的。因此，提供购物服务也是地陪的一项重要工作。地陪应安排好此项活动，恰到好处地宣传、推销本地的旅游商品，做到既符合游客的意愿，也符合导游工作的要求。

购物服务的程序主要包括：

（1）选择恰当的购物时机。购物一般选在白天，最好安排在所有游览项目都结束了以后，这样既是对游览过程的一种调剂，又不至于增加行李负担，影响游览。如果行程有数日，购物安排应尽可能排在最后一日。此外，游览中的购物次数不能太多。

（2）在旅游车上应事先向游客介绍本地商品的特色，购买商品时应注意的事项，使游客事先有所准备。比如，提醒游客最好结伴而行；对小贩销售的小商品，若无兴趣就不要问价，若无购买打算就不要还价，若无购买的决定就不要用手摸；试吃试用商品前应征得同意；尊重购物场所购物数量的限制等。

（3）下车前，讲清停车地点和停留时间。

（4）当好游客的购物顾问，热情介绍商品，不做误导性宣传。

（5）随时提供游客所需的服务，如翻译、介绍托运流程等。

地陪是游客的购物顾问，不是商品促销员。因此，地陪带游客购物时应坚持"游客自愿购物"的原则，不得欺骗游客或强行要求游客购物。当商家存在不法行为时，地陪应站在游客一边，维护游客的正当权益。

> **课堂互动 4-9**
>
> 《中华人民共和国旅游法》是为了保障旅游者和旅游经营者的合法权益、规范旅游市场秩序、保护和合理利用旅游资源、促进旅游业持续健康发展而制定的，于 2013 年 4 月 25 日第十二届全国人民代表大会常务委员会第二次会议通过，自 2013 年 10 月 1 日起施行。根据 2018 年 10 月 26 日第十三届全国人民代表大会常务委员会第六次会议《关于修改〈中华人民共和国野生动物保护法〉等十五部法律的决定》第二次修正。
>
> 问题：《中华人民共和国旅游法》实施后，旅行社和导游还能安排游客购物吗？

课堂互动 4-9

答案提示

二、风味餐服务

旅游团队的风味餐有计划内和计划外两种。计划内风味餐是指包含在团队计划内的风味餐，其费用已包含在团款中。计划外风味餐则是指未包含在计划内的风味餐，是游客临时增加的，其费用需要事先收取。

计划内风味餐的服务程序与前面提到的就餐服务程序基本相同。唯一不同的是，地陪应对风味餐进行较为详细的介绍。风味餐作为当地的一种特色餐食，是当地传统文化的重要组成部分。因此，地陪应对餐馆的历史、特点、名气等进行介绍，对所上的每一道菜的菜名、特色、内涵等也应尽量予以介绍。例如，在吃北京烤鸭时，地陪应向游客介绍北京烤鸭选用的鸭子是如何育成的、如何烤制的；在吃宫保鸡丁时，要告诉游客这道菜名字的由来。

对于计划外风味餐，地陪应先收取费用，然后向餐馆预订；或者向游客推荐风味餐馆，告知游客去餐馆的路线，由游客自己前去。受游客邀请一起用餐时，地陪应处理好主宾关系，不能反客为主，但也不能纯粹作为一个客人，应主动向游客介绍风味餐的一些情况。未受游客邀请，地陪不应参加。

三、参加文娱活动的服务

游客参加文娱活动也有计划内和计划外两种情况。计划内文娱活动是指包含在团队计划内的文娱活动，其费用已包含在团款中，地陪按团队计划安排即可。计划外文娱活动是指未包含在计划内的文娱活动，是游客自愿要求增加的，地陪应在保证完成正常游览计划的前提下安排，并先向游客讲好价格和收取费用，还要提供给游客票据。

不论是计划内还是计划外的文娱活动，地陪都必须陪同前往，其基本程序如下：

（1）利用途中时间向游客介绍要观看的文娱节目属于什么剧种，该剧种的特征（如唱、念、做、打等艺术手段，服装和欣赏方法等），所要观看的节目的剧情大意。

（2）始终和游客在一起观看，并注意留心游客动态，随时准备提供帮助。

（3）剧场休息时，提醒游客注意安全，不要走散。

（4）演出结束后，提醒游客带好随身物品，组织游客上车并返回酒店。

需要注意的是，地陪不可以带领旅游团涉足一些格调低下甚至色情的表演场所。

导游小常识4-11　　旅游过程中应注重了解当地人的生活

游客出门旅游，主要是为了享受当地的文化。因此，除了探访名胜古迹之外，相当多的游客还希望全方面了解当地人的生活。曾有外国人评价，来中国旅游是"白天看庙，晚上睡觉"，如今，这种状况已大为改观。影院、剧院、酒吧、歌舞厅、茶楼等在各地大量涌现，既丰富了当地百姓的生活，也丰富了外地游客的生活，自然也促进了旅游业的发展。

四、市容游览服务

市容游览，俗称"逛街"，是游客认识和了解一个城市风貌的重要方式，也是部分游客喜爱的一种休闲手段。市容游览的方式有两种：一种是乘交通工具；另一种是徒步。乘交通工具的导游方法与前面提到的沿途风光导游相似。地陪带领游客徒步进行市容游览时，应注意以下几个方面：

（1）选择最能代表当地特色、最能吸引游客注意力的游览地。

（2）去该地的路上应做一些介绍，包括此地的基本情况、街道特色、注意事项等。

（3）地陪不一定要带领游客逛街，但一定要告知游客旅游车的停车方位、集合时间，并告知游客逛街期间，自己所处的位置和自己的电话，以便游客寻找，解决可能发生的突发事件。

（4）提高警惕，注意游客周围环境的变化，当好游客的安全保卫员。

课堂互动4-10

　　一位游客在购物时，突然发现钱没有带够。这时，导游主动说："缺多少？我借给你！"

　　问题：这位导游的做法妥当吗？

课堂互动4-10

答案提示

任务六　送站及总结程序

　　送站服务是导游接待工作的尾声。如果说接站时地陪给游客留下的第一印象是重要的，那么送别时地陪给游客留下的最后印象则是深刻的、持久的。送站服务既是把全程服务推向高潮的机会，也是对前段服务工作不足的一个补救机会。因此，在这一阶段，地陪仍应保持积极的工作状态，善始善终，处理好送站的每一项工作。

一、送站前的准备工作

（一）核实交通票据

　　旅游团离开本地前，地陪应再次核实、确认团队离开的交通票据，如航班号（车、船次）、离港（站）时间及具体机场（车站、码头）等。如有变更，地陪应及时提醒旅行社有关工作人员或通知下站接待单位，以免漏接。

（二）商定集合及出发时间

　　一般由地陪与司机商定出发时间，因为司机对路况、路程较熟。但为了确保安排合理，地陪还应与全陪、领队或游客商议，并将确定后的集合及出发时间及时告知游客。

　　在确定离开本地的时间时，下列时间段应包含在内：

　　（1）旅游车在途中行驶的时间。

　　（2）提前抵站办理相关手续的时间（乘国际航班一般应提前2小时到达机场，乘国内航班一般应提前1.5小时到达机场，乘火车一般应提前1小时到达车站）。

　　（3）20分钟左右的机动时间，用来应对途中的突发事件。

（三）出行李

　　如果团队有大件行李需要托运，地陪应在离开本地的前一天与全陪或领队商量好出行李的时间，并通知游客及酒店行李员，同时提醒游客行李打包的有关注意事项。出行李时，地陪应与全陪和领队、行李员一起清点件数，检查行李是否上锁、捆扎是否牢固、有无破损等，最后在酒店行李交接单上签字。

（四）商定叫早和早餐时间

　　地陪应与全陪、领队商定叫早和早餐时间，并通知酒店有关部门和游客。如果旅游团早上离店时间较早，地陪应与酒店协商，请酒店做好结账准备，并做好早餐准备。如果用早餐的时间太早，地陪也可与酒店和游客协商，请酒店准备好早餐外带。

（五）协助酒店办理与游客的结账手续

　　地陪应及时提醒游客与酒店结清费用，主要包括长途电话费、洗衣费、房间内的酒水及饮料费等。在离开前，地陪应从酒店收款处了解自己团队这些费用的情况，并通知游客及时结账。若游客不小心损坏了客房设备，地陪应协助酒店和游客双方处理赔偿事宜。

（六）与全陪按规定办理好结账手续

地陪应在旅游团离开前一天与全陪按规定办理结账手续，核清旅游团实际发生的费用，妥善保管好钱款和单据。

（七）请全陪、领队、游客填写意见反馈表

地陪应在旅游团离开前，请全陪、领队、游客填写意见反馈表，了解大家对导游服务工作的评价。对于中肯的意见，地陪应积极听取，并对游客致以谢意，进而在日后的工作中改进。

二、离店服务程序

（一）办理退房手续

地陪应在酒店规定的退房时间以前到总服务台办理退房手续，核对用房实际情况后按规定签字结账。如果是清晨离店，地陪也可在头一天晚上办理好结账，从而为早上节省出一些时间。游客退房时，地陪应提前到达酒店前台，收集游客的房卡（或房间钥匙）交到前台，也可督促游客自己把房卡（或房间钥匙）交到前台。如果早餐在酒店吃，地陪可以要求游客先把房卡（或房间钥匙）交到前台，再去餐厅吃饭，从而为酒店查房和解决退房遗留问题留出时间。

（二）集合登车

所有离店手续办好后，地陪应带领游客上车。出发前，地陪应询问游客是否结清个人费用，提醒游客勿将物品忘在酒店，尤其是护照、钱包、摄像机等重要物品。必要时，地陪可亲自到各个房间巡视一遍。地陪自己也应检查是否保留了游客的证件，最后清点人数。

三、送行服务程序

（一）送站途中的讲解

如果说地陪的导游服务是一次"演出"，那么送站途中的讲解就是这次演出的压轴戏。通过这出压轴戏，地陪应对整个行程进行总结，并力图使游客对旅游地产生一种留恋之情，加深游客不虚此行的感受。

送站途中的讲解主要由以下几部分内容组成：

1.行程回顾

在去机场（车站、码头）的途中，地陪应该对旅游团在本地的行程，包括食、住、行、游、购、娱等方面做一个概要的回顾，目的是加深游客对这次旅游经历的体验。讲解方式可采用归纳式和提问式，讲解内容可视行车时间长短而定，主要应突出以下两个方面的内容：①总结归纳所游景点的特点，加深游客的印象；②总结旅游过程中发生的感人故事和一些趣事，引发游客的情感共鸣，给游客留下美好的回忆。

2.致欢送辞

与致欢迎辞一样，致欢送辞也是地陪必不可少的一项工作程序。好的欢送辞会使游客难以忘怀，加深游客与地陪之间的情感。欢送辞的基本内容包括以下几个方面：

（1）回顾旅游活动，对全陪、领队、游客及司机的合作表示谢意。

（2）对旅游服务中的不足之处表示歉意。

（3）表达友谊和惜别之情。

（4）表达美好的祝愿。

地陪在致欢送辞时应做到感情真挚，还要注意把握好时机，一般应在即将抵达机场（车站、码头）时开始。

下面是一例欢送辞：

时间过得真快，一眨眼的工夫，我们这两天的厦门之旅已接近尾声。这几天，我们游览了精巧玲珑、风光秀美的鼓浪屿，登上日光岩欣赏了厦门全貌，参观了厦门的绿色玉带和山水长廊——环岛路，还参观了集美、海沧大桥，品尝了由各类海鲜烹制的美味佳肴……一路上留下了我们太多的欢声笑语。总体来说，我们这次厦门之旅取得了圆满成功。（大致回顾旅游活动）

这首先要感谢各位，正是你们的宽容和随和，才使我们的旅途充满了欢乐，也使我的工作变得轻松。我还要感谢我们的全陪，没有她的支持和配合，我们的行程不会如此圆满和顺利。我也要感谢我的同事——司机何师傅，正是他，保证了我们行程的安全和准时。（对游客、全陪及司机的合作表示谢意）

由于我的能力有限，这两天的活动安排还存在令大家不太满意的地方，在此，我向各位表示歉意，请大家多多谅解。（对旅游服务中的不足之处表示歉意）

在即将与大家分别的时刻，我心里真有点舍不得。但天下没有不散的筵席，尽管心里不愿意，但我还是不得不和大家说再见了。茫茫人海中，希望我们能再次相逢，重温友谊的温暖和惬意。（表达友谊和惜别之情）

最后，我祝大家身体健康、工作顺利、心想事成！（表达美好的祝愿，如果后面还有其他游览景点，可以一并表示祝福）

3.其他事项

地陪在送行途中，还可向游客介绍一些注意事项，如乘机（车、船）限带或禁带的物品，检票、安检、托运行李的相关规定，候机（车、船）的有关规定等。如果乘坐的廉价航班上不提供免费餐饮，地陪应事先告知每一位游客，让游客有相应的准备。

（二）办理离站手续

1.移交行李

到达机场（车站、码头）后，地陪应与行李员取得联系。行李送到后，地陪应与全陪、领队、游客清点、核实行李，办理交接。

2.协助办理登机（车、船）手续

地陪应协助全陪、领队、游客办理登机（车、船）手续及行李托运手续。如果游客中有老人、未成年人、孕妇、残疾人，地陪应优先提供帮助。

3.送别

地陪应主动与游客握手告别，说几句祝福语；同时，可以帮助游客提拿行李，表示出好客的一面，当然这是在游客允许和愿意的情况下。旅游团乘坐的交通工具顺利离开后，地陪方可离开。

地陪服务的时间要求及具体工作见表4-3。

表4-3　　　　　　　　　　　　地陪服务的时间要求及具体工作

服务内容	时间要求	具体工作
接站	提前1~2小时	与交通站取得联系，确认旅游团到达本站的时间
	交通工具到达前30分钟	到达交通站
每次游览出发	提前10分钟	到达出发集合地点
旅游团离站	提前1天	核实交通工具、时间、地点
送国内航班	提前90分钟	到达机场（飞机起飞后方可离开）
送国际航班	提前120分钟	到达机场（旅游团进入海关后就可离开）
送火车、轮船	提前60分钟	到达车站、码头（火车、轮船启动后可离开）

课堂互动4-11

答案提示

课堂互动4-11

　　某旅游团计划乘下午3点的飞机去上海，从该旅游团下榻的酒店到达机场需要40分钟。

　　问题：旅游团最晚应几点起程？

四、做好后续工作

　　送走旅游团后，地陪的工作并未就此结束，地陪还应做好一些后续工作：

　　（一）处理有关遗留问题

　　下团后，地陪应妥善处理好旅游团在当地旅游期间的遗留问题，按有关规定办理好游客委托的各项事宜。

　　（二）做好收尾工作

　　地陪应按旅行社的要求，在规定的时间内尽快整理相关资料，结清相关账目，归还所借物品。具体包括：

　　（1）及时归还所借的旅行社物品。

　　（2）整理、归档旅游团的有关资料。

　　（3）对相关接待账单及费用进行整理，尽快去财务部门报账。

　　（三）做好总结工作

　　总结工作既是地陪完成一项任务必不可少的程序，也是提高导游人员工作效率和服务质量的必要手段。

　　1.写好工作小结

　　导游接待工作结束后，写好工作小结是非常必要的。一方面，地陪可以总结工作中的得失；另一方面，小结材料可作为旅行社的档案材料，供日后查用。工作小结应包括下列内容：

　　（1）旅游团的名称、人数、抵离时间、旅游路线等。

　　（2）旅游团成员的基本情况，以及在旅游期间的表现。

　　（3）各项服务的安排落实情况，有无出现意外事故或失误。

　　（4）接待过程中发生的重大事件及其处理办法。

（5）游客对地陪接待工作的看法。

（6）地陪对这次接待工作的体会及今后做好工作的建议。

需要注意的是，如果旅游过程中有重大事件发生，如伤亡、走失、疾病、盗抢等，一定要收集足够的证据材料。当遇到投诉或有关机关进行调查时，这些证据材料是非常有用的。

2.弥补欠缺的知识

地陪应回忆接待过程中存在的问题，如讲解不清楚的地方、回答可能不准确的地方、回答不上的地方等，从而了解自己欠缺的知识，并根据这些不足进行有针对性的弥补，以便提高今后的导游服务水平。

3.总结经验教训

地陪在工作中出现一些失误在所难免，重要的是不能再次出现同样的失误。因此，地陪事后总结经验教训很有必要。无论是成功的经验还是失败的教训，地陪都要认真总结，以使今后的导游工作更加完善，接待服务水平不断提高。

课堂互动4-12

如果旅游团当日要离开本地，有经验的导游会对这一天的日程进行特别安排，如安排游客在范围小、与机场（车站、码头）邻近的景点游览。若安排游客购物，导游会安排游客去专卖店或有固定范围的商场。

问题：导游为什么要这样安排？这对你今后安排行程有何启示？

课堂互动4-12

答案提示

■ **项目小结**

本章介绍了地陪接待工作的六大程序，即接待前的准备程序、接站服务程序、入住酒店程序、参观游览程序、其他服务程序、送站及总结程序。这六大程序密切相关，导游应熟悉每一个程序的具体工作要求，并在实际工作中灵活运用。

■ **主要概念**

导游业务程序　地陪　地陪业务程序　接待通知单　接站服务　入住酒店程序

■ **基础训练**

□ **选择题**

1.接待前地陪应做好（　　　）。

A.计划准备　　　　B.知识准备　　　　C.物品准备　　　　D.心理准备

2.组织参观游览前，地陪应做好的准备工作有（　　　）。

A.提前半小时到达集合地　　　　　　B.落实用餐

C.带好导游证　　　　　　　　　　　D.清点人数

3.送站前，地陪应做好（　　　）等准备工作。

A.提醒游客与酒店结清与其有关的费用

B.举行告别宴会

C.商定集合及出发时间

D.出行李

4.导游清点人数可采用（　　　）的方法。

A.在车内过道处——点数　　　　　　B.站在前头——点数

随堂测验4-1

选择题

C.用指头一个一个点着数　　　　　D.专点空座位数

随堂测验4-2

判断题

□ 判断题

1.游览点概况介绍最好在景点大门口进行。　　　　　　　　　　　　　（　　）

2.接到旅游团后，地陪若发现所接旅游团的实际人数与计划人数不符，应拒绝接团。　　　　　　　　　　　　　　　　　　　　　　　　　　　　（　　）

□ 简答题

1.组织游客入住酒店时，地陪应注意哪些问题？

2.地陪如何带领旅游团用好第一餐？

3.组织参观游览时，地陪应注意哪些问题？

4.地陪应如何做好接待工作总结？

□ 讨论题

有人认为，在欢送辞中，地陪应诚恳征求游客对其工作的意见和建议，你认为这样做的优缺点在哪里？如果你是地陪，你会这样做吗？

▶ 案例应用━━━━━━━━━━━━━━━━━━━━━━━━━━━━━━━━■■■

1.北京一家旅行社的导游陈某，在火车站送别游客后直接回了家。当她打开自己的手提包想整理一下票据时，发现一位游客的护照还在她包里。这时她的手机也响了，正是护照的主人打过来的，他已到上海，刚刚意识到护照还在地陪身上。这下可忙坏了陈某和旅行社，一场紧急送护照的行动开始了。在民航的大力帮助下，护照及时送到游客手中，总算没有耽误游客出境。

请问：

（1）这一事件的责任在谁？

（2）地陪应怎样避免类似事件发生？

2.有一位美国游客正在看一幅《嫦娥奔月图》，但下不了购买决心。此时，导游告诉他，华盛顿宇航馆内就有一幅《嫦娥奔月图》，图旁的说明是："在人类历史上，是谁第一个有到月亮上去的想法呢？是中国古代的嫦娥女士……"经导游这样一介绍，大多数游客就会购买了。

资料来源　王连义. 怎样做好导游工作［M］. 北京：中国旅游出版社，2005：96.

请问：导游这样介绍后，为什么游客会主动购买？

▶ 技能实训━━━━━━━━━━━━━━━━━━━━━━━━━━━━━━━━■■■

1.以自己所在的城市为接待地点，模拟一次实际接待过程，注意六大程序要完备。

2.乘坐一次公交车，仔细观察路边的风景，寻找游客可能感兴趣的景物，并思考如何对这些景物进行介绍。

3.某旅行社将要接待一个30人的旅游团，如果旅行社安排你做这个团的地陪，出团前，你应准备好哪些物品？请以表格的形式将这些物品列出。

项目五

全陪业务程序

■ 学习目标

掌握全陪接待工作的主要程序；

能根据客观情况的变化灵活调整接待程序；

培养学生知行合一的职业素养。

在接待服务过程中，地陪和全陪两个角色的工作侧重点不同，但二者并没有绝对的界线，他们的角色经常是互换的。因此，地陪的工作程序对全陪同样具有借鉴意义。为避免重复，本章着重介绍全陪独有的业务程序。

全陪的全称是全程陪同导游人员，是指受组团旅行社委派，作为组团社的代表，在领队和地方陪同导游人员的配合下实施接待计划，为旅游团提供全程陪同服务的导游人员。

全陪作为组团社的代表，应自始至终参与旅游团的全部旅游活动，负责旅游团活动中各环节的衔接，监督接待计划的实施，协调领队、地陪、司机等旅游接待人员之间的关系。全陪服务是保证旅游团的各项旅游活动按计划实施，保证旅游活动顺畅、安全的重要因素之一。

根据全陪的业务规律，全陪服务可分为密切相关的六大程序，见图5-1。

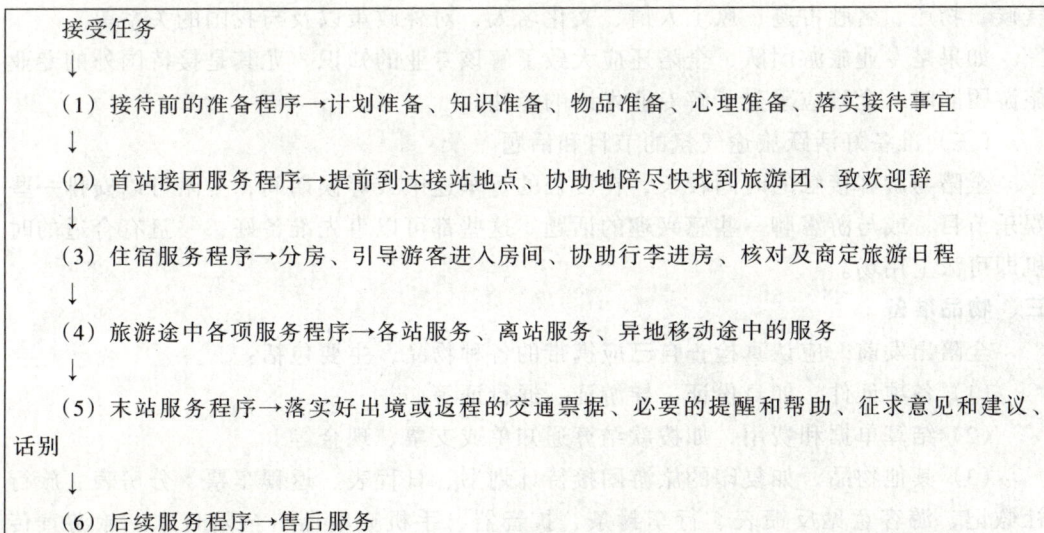

```
接受任务
  ↓
(1) 接待前的准备程序→计划准备、知识准备、物品准备、心理准备、落实接待事宜
  ↓
(2) 首站接团服务程序→提前到达接站地点、协助地陪尽快找到旅游团、致欢迎辞
  ↓
(3) 住宿服务程序→分房、引导游客进入房间、协助行李进房、核对及商定旅游日程
  ↓
(4) 旅游途中各项服务程序→各站服务、离站服务、异地移动途中的服务
  ↓
(5) 末站服务程序→落实好出境或返程的交通票据、必要的提醒和帮助、征求意见和建议、话别
  ↓
(6) 后续服务程序→售后服务
```

图 5-1 全陪业务程序

任务一　接待前的准备程序

一、计划准备

上团前，全陪应认真阅读接待计划及相关资料，了解所接旅游团的整体情况，掌握该团的特点，做到心中有数。计划准备的程序包括：

（1）听取旅行社领导和外联人员对接待方面的要求及注意事项的介绍。

（2）熟记旅游团的名称、代号，旅游团人数，了解旅游团成员的性别构成、年龄结构、宗教信仰、职业、居住地，是否有特殊游客（重要旅游者、记者、老弱病残者等）；如果是入境旅游团，还要掌握客源地组团社的名称、旅游团国别、使用的语言、领队姓名及联系方式。

（3）了解旅游团的收费标准（豪华、标准、经济）；如果旅游团中有小孩，还应了解小孩是否收费、收费标准如何。

（4）掌握旅游团的来访目的及全程旅游计划，包括旅游路线，旅游路线上各沿途站的抵离时间，所乘交通工具的班次、时间和乘坐地点，旅游团的出入境地点等。

（5）熟悉全程中各站的主要参观游览项目及各站安排的文娱节目、风味餐食等。

（6）了解并记录沿途各地方接待单位、地陪的电话和传真号码。

（7）了解旅游团有无特殊要求和禁忌，如该团在参观、游览、住宿、餐饮、用车等方面有无特殊要求。

二、知识准备

全陪的知识准备主要包括以下内容：

（一）沿途各站的知识

这包括有关沿途各站的地理、历史、经济、民俗风情及各游览点的概况。

（二）了解游客的相关情况

全陪应了解游客的风俗习惯、兴趣爱好。如果游客来自外国，那么全陪还应事先了解该国的基本情况，如地理、历史、人口、经济、首都、政体、民族、宗教信仰、气候、物产、名胜古迹、风土人情、文化名人、对外政策以及与我国的关系等。

如果是专业旅游团队，全陪还应大致了解该专业的知识。尤其是接待国外的专业旅游团队时，全陪应事先了解专业术语的译法。

（三）准备好活跃旅途气氛的节目和话题

全陪与游客接触的时间较长，在漫长的行车途中或等候期间，全陪可以安排一些娱乐节目，或与游客聊一些感兴趣的话题。这些都可以事先准备好，一旦有合适的时机即可派上用场。

三、物品准备

全陪出发前，应认真检查自己应携带的各种物品，主要包括：

（1）各项证件，如身份证、导游证、通行证等。

（2）结算单据和费用，如拨款结算通知单或支票、现金等。

（3）其他物品，如复印的旅游团接待计划书、日程表、返程车票、分房表、旅行社徽记、游客意见反馈表、行李封条、扩音器、手机充电器、全陪日志、旅游宣传品、纪念品、名片等。

四、心理准备

全陪的心理准备与地陪相同，此处不再重复。

五、落实接待事宜

在旅游团抵达的前一天，全陪应对交通、食宿等事宜再进行一次确认。如果这些工作是由地接社来做的，那么全陪应与地接社取得联系，互通情况，确认地接社相关接待事宜的落实情况，包括旅游车安排、接站安排、住宿安排、行李运送安排等。如果需要地接社代订返程车票或代订下一站车票，全陪还需要了解车票的落实情况。

全陪应事先与地接社商定首站接团的具体时间、地点。

> **课堂互动5-1**
>
> 　一位新导游担任了一个西班牙旅游团的全陪，在漫长的旅途中，西班牙游客感到气氛沉闷，要求这位全陪介绍一下我国的一些情况，这下可难住了这位全陪。全陪断断续续说了几句后，突然发现旅游车上有一份报纸，于是开始念报纸上登载的一些趣闻逸事，总算把这次"危机"应付过去了。
>
> 　问题：游客的正常要求为什么会成为这位导游的"危机"？

课堂互动5-1

答案提示

任务二　首站接团服务程序和住宿服务程序

一、首站接团服务程序

对国内旅游团来说，全陪一般在旅游合同中注明的集合地点（如车站、旅行社等）迎候游客并由此出发带团按计划出游，或者带着车辆在事先约定的地点沿途接游客上车，并由此出发带团出游。

对入境旅游团来说，如果全陪就是首站旅游地的地陪，则首站接团服务程序与地陪接站服务程序相同。如果组团社在首站安排了地接社，那么全陪要做的工作是：

（一）提前到达接站地点

全陪应至少提前半小时到达接站地点，并尽快与地陪会合。如果全陪也要从外地赶来，最好给自己留有充足的时间（如提前1天赶到或提前几个小时赶到），以免耽误接团。在等候时，全陪应密切注意飞机（火车、轮船）到达的准确时间，或去问讯处咨询。

（二）协助地陪尽快找到旅游团

全陪应协助地陪尽快找到旅游团，然后向领队进行自我介绍并介绍地陪，再与领队核实团队人数及有关情况。全陪还要协助领队向地陪交接行李。

（三）致欢迎辞

团队上车后，全陪应代表组团社和本人向旅游团致欢迎辞。全陪欢迎辞的内容与地陪欢迎辞的内容基本一致，主要包括：

（1）代表组团社表示欢迎。

（2）自我介绍（同时也应介绍地陪）。

（3）表示提供服务的真诚愿望。

（4）预祝游客旅游活动顺利、愉快等。

二、住宿服务程序

全陪应配合地陪，使旅游团尽快办理好住宿登记手续，入住客房，取得行李。

（一）分房

全陪和地陪一起到酒店总台领取房间钥匙，由领队分配住房。如无领队，而旅游团是单位的话，则请该团起负责作用的游客分房；如果是散客成团，则由全陪根据实际情况合理分房。旅行社对外公布的房间费用是双人间费用，如果旅游团出现单男单女，那么这个游客必须做好与他人合住的准备。若单个旅游者不愿与他人合住，可额外支付单间差价来住单间。全陪应掌握旅游团成员所住房间号（可要求总台复印住房分配表），并将自己的房间号告知游客。

> **导游小常识5-1**　　　　　　　　**分发酒店名片**
>
> 在领队分配住房的时候，全陪可以为游客做一件"小事"——将酒店名片分发给游客。在我国，一些较大的、正规的酒店都有酒店名片置于总台，客人可自由领取。名片上有酒店店名、地址、电话、乘车路线等。全陪分发酒店名片时可顺便告诉游客，逛街的时候注意安全，万一迷路，可向路人或出租车司机出示名片，这样就很容易回到酒店了。对来自异国他乡的游客来说，酒店名片还可作为旅游纪念品保存。

（二）引导游客进入房间

全陪应与地陪一起，热情引导游客进入房间，并及时向酒店反映和协助处理游客就客房设施、卫生条件等方面提出的问题。

> **导游小常识5-2**　　　　　　　**导游不要进入游客的房间**
>
> 除非确有工作上的需要，一般情况下，导游不要进入游客的房间，尤其是异性游客的房间。即使出于工作上的需要，也应尽量通过电话解决。

（三）协助行李进房

全陪应协助地陪与酒店行李员将游客的行李分送到游客房间。

（四）核对及商定旅游日程

安排游客住好后，全陪应与领队、地陪核对及商定旅游日程。全陪如有难以定夺的事情，应及时反馈给旅行社，并及时答复领队和地陪。

课堂互动5-2

答案提示

> **课堂互动5-2**
>
> 每天出发前，地陪都会将一天的行程安排提前告诉游客。
>
> 问题：在这种情况下，全陪还有没有必要将整个行程安排表发给游客呢？

任务三　旅游途中各项服务程序

在旅游途中，一般有多个旅游站点，还可能涉及几个接待旅行社。这些站点或接待社就像一颗颗珍珠，需要由全陪把它们连起来，帮助游客完成一次完美的旅行。

一、各站服务

各站服务是指全陪在各个旅游站点的服务工作。全陪各站服务的主要目标是：使接待计划得以全面实施，各站之间有机衔接，各项服务适时、到位，突发事件得到及时、有效处理，保护好游客的人身及财产安全。

（一）联络工作

全陪首先要做好旅游路线上各站之间，特别是上下站之间的联络工作，通报情况，落实接待事宜，保证旅游活动的顺利进行。

（二）协调工作

全陪应做好领队和地陪之间、游客和地陪之间的协调工作，及时把领队和游客的要求通报给地陪，以便地陪能够采取更主动、更有效、更有针对性的工作方法。

（三）协助和监督工作

一方面，全陪要给予地陪必要的协助，从而共同做好接待工作；另一方面，全陪作为组团社的代表，应代表组团社和游客的利益，一旦地接社或地陪的服务出现问题，全陪应及时提出并制止。

导游小常识5-3　　　　　　　　　监督地接社的工作

在接待工作中，多数情况下，地接社承担了主要的接待工作，游客在旅游过程中遇到的多数问题都与地接社的服务质量有关。但旅游活动是由组团社组织安排的，因此游客首先会投诉组团社，一旦遇到投诉，组团社的声誉就会受到影响。因此，全陪的一项重要工作就是监督各地接社执行旅游团计划的情况及各地接社的服务质量，将游客的意见和建议及时向地陪反映，指出地接社在接待过程中的不足并提出改进意见，必要时应向组团社汇报。

（四）保护游客的人身及财产安全

在游览过程中，全陪应始终注意保护游客的人身及财产安全。随时注意观察周围环境，发现危险因素及时向游客和地陪提出；协助地陪、领队清点人数；随时提醒游客不要遗忘随身携带的贵重物品（如钱包、手机、摄像机等）；随时准备为年老体弱者提供帮助；随时留意游客动向，避免游客走失或发生意外。一般情况下，当地陪在前面讲解、引路的时候，全陪应走在队伍的最后。

（五）当好游客购物顾问

全陪自始至终都与游客在一起，与地陪相比，全陪与游客的感情一般更为融洽一些，也更容易赢得游客的信任。因此，游客在很多方面更倾向于向全陪咨询，当然也包括购物。这时，全陪应从满足游客的实际需要和维护游客利益的角度出发，结合自己掌握的旅游商品方面的知识，为游客当好顾问。

导游小常识5-4　　　　　　　　　协助游客购物

很多游客把购物当作旅游途中的一大乐事，导游应当把协助游客购物当成一项工作，但当好游客的购物顾问并不是一件容易的事。首先，坚持游客购买自愿原则是导游购物服务的前提。其次，导游可考虑从以下一些方面给游客提供指导性意见：爱好与财力相结合；尽量购买此地独有的产品；尽量购买小巧的产品，便于旅途携带；尽量购买有当地特色的产品；少买吃的，多买用的；尽量购买有纪念意义的产品等。对于贵重物品、金银物品、珠宝玉器、大件物品、海鲜水产等，导游应提醒游客谨慎购买。

二、离站服务

离站服务是指旅游团离站前全陪的服务工作。旅游团离站前,全陪应做好以下工作:

(一) 确认各项事宜

离站前,全陪应提醒地陪落实离站的交通票据,清点票数;核实离站的准确时间和地点,确认交通工具运行的时间;协助地陪清点行李并与领队核对行李件数,办好行李托运手续,保管好行李托运票单。如果离站的交通工具、时间、人数出现变化,全陪应及时通知下站接待单位。

(二) 做好结算工作

全陪应按规定与地陪做好费用结算工作,并保管好相关票据,提醒游客结清与酒店有关的账目(如洗衣费、电话费、饮料费等)。

三、异地移动途中的服务

异地移动途中的服务既是全陪服务中的重要方面,也是全陪服务不同于地陪服务的主要表现之一。全陪应尽力做好异地移动途中的服务工作,为游客安排好途中生活。

(一) 组织游客顺利登机(车、船)

与分配酒店住房一样,全陪应请领队分发登机牌(车票、船票);如无领队,但旅游团有团队负责人的话,全陪可请这位负责人承担这一工作;如果是散客成团,无领队也无负责人,则由全陪分发登机牌(车票、船票)。需要注意的是,乘坐火车或轮船时,全陪应将老人、带幼儿者安排在下铺。

(二) 做好安全保卫工作

全陪应熟悉各种交通工具的性能及交通部门的有关规定,提醒游客遵守相关规定。在旅行途中,全陪应安排好游客的饮食和休息,提醒游客注意人身及财产安全。同时,全陪自己也要保护好团款、证件、车船票和相关单据。

导游小常识5-5   保证行车安全

为了保证行车安全,全陪可从以下几个方面加以注意:拒绝使用设备不达标的车;不随意与司机聊天;提醒司机不开快车;提醒游客不要把头、手伸出窗外;选择合适的时间和地点,适当满足游客停车观景的需要;汽车行驶2小时就应停一下,既满足了游客上卫生间的需求,也可以使司机适当休息一下。

(三) 讲解服务和文娱活动

对全陪来说,讲解服务不是主要的工作任务,但适当的讲解还是必要的,尤其是在上下两站之间和长途旅行过程中。全陪既可以向游客介绍沿途风光,还可以和游客谈一些大家感兴趣的话题。为了避免在长途旅行和长时间等候期间出现气氛沉闷的状况,全陪还可视情况组织一些文娱活动,尽量让所有游客都参与其中,努力使游客感到充实、轻松、愉快。

课堂互动5-3

有人说，在游览过程中，地陪在前面讲解的时候，全陪应走在队伍最后。

问题：你觉得这种说法对吗？为什么？

任务四　末站服务程序和后续服务程序

一、末站服务程序

末站（离境站）服务是全陪服务中最后的接待环节。与地陪服务一样，在这一阶段，全陪应继续一丝不苟地提供优质服务，使游客顺利离开末站，从而给游客留下美好的印象。在末站服务中，全陪要做的工作主要有：

（一）落实好出境或返程的交通票据

如果由地接社代订出境或返程交通票据，全陪应始终关心票据的落实情况，争取在离站的前一天拿到交通票据。

（二）必要的提醒和帮助

全陪应提醒游客结清各种费用，提醒游客带好自己的行李物品和各种证件，同时应与地陪一起为游客提供必要的帮助。

（三）征求意见和建议

全陪应请领队和旅游团成员填写"团队服务质量反馈表"（见表5-1）等，征求领队和旅游团成员的意见和建议。

表5-1　　　　　　　　　　　　团队服务质量反馈表

团名		人数		全陪	
地陪		车号		驾驶员	
项目	意见				
	非常满意	满意	基本满意	不满意	其他
日程安排					
导游服务					
餐饮质量					
住宿标准					
娱乐项目					
交通安排					
购物安排					
旅游安全					
其他项目					

旅游者签名：

（四）话别

在末站服务中，全陪可以选择恰当的时机，与旅游团成员话别，并致欢送辞（内容与地陪相同）。

二、后续服务程序

全陪服务的后续工作与地陪大致相同，但也存在差异。对国内旅游团来说，游客多数来自组团社所在地，如果组团社能够提供良好的售后服务，这对树立组团社的形象、改进组团社的工作、争取回头客都是非常有利的。从事售后服务工作的可以是全陪，也可以是组团社其他人员，但由于全陪与游客接触的时间较长，因此由全陪进行售后服务效果可能会更好。例如，游客到家后，全陪可在第二天打回访电话，回忆旅途生活，了解游客对旅途的感受；也可在方便的时候与游客联系，告知一些新的产品信息，或寄送一些宣传资料等。

导游小常识5-6　　　　　旅行社售后服务的内容及方式

旅行社售后服务的内容主要包括旅游投诉的处理、售后信息的反馈、对新产品的推介、对老顾客的问候等。售后服务的方式多种多样，主要包括：认真处理投诉；打问候电话；寄送意见征询单；书信往来；寄送明信片；举办以旅游者为主体的聚会；节日祝贺；寄送旅行社小报；组织旅行社开放日活动等。

课堂互动5-4

答案提示

课堂互动5-4
某旅行社要求全陪在旅游活动结束后参与售后服务工作。
问题：你认为全陪有没有必要参与售后服务工作？为什么？

■ 项目小结

本章根据全陪的业务规律，介绍了全陪服务中密切相关的六大服务程序，即接待前的准备程序、首站接团程序、住宿服务程序、旅游途中各项服务程序、末站服务程序和后续服务程序。全陪不仅要掌握全部工作程序，还应配合地陪工作，在实际工作中灵活履行全陪的工作职责。

■ 主要概念

全陪　各站服务

■ 基础训练

随堂测验5-1

选择题

□ 选择题

1.在各站服务中，（　　）属于全陪的主要工作。
A.协调　　　　　　B.联络　　　　　　C.讲解　　　　　　D.监督
2.在旅游团异地移动途中，全陪要做的工作主要有（　　）。
A.照顾游客的食宿　　　　　　B.适当讲解
C.提醒游客注意人身及财产安全　　　　　　D.组织游客上车

随堂测验5-2

判断题

□ 判断题

1.全陪和地陪的工作程序既有相同的地方，也有不同的地方。（　　）
2.全陪是地接社的代表，应自始至终参与旅游团的全部旅游活动。（　　）

□ 简答题

1.列举全陪的六大工作程序。

2.上团前，全陪应了解所接旅游团的哪些情况？

3.上团前，全陪应准备哪些物品？

4.在游客入住酒店的过程中，全陪有哪些工作要做？

□ 讨论题

有的导游认为，全陪是最好当的，凡事都有地陪挡着，全陪只要在一旁跟着就行了。果真如此吗？

■案例应用

在旅途第三天，始终坐在旅游车最后一排座位的一名游客终于抑制不住心中的不满，对全陪抱怨起来："最后一排座位既不舒服，也不便观景，导游说的话也听不太清。大家的团费都一样，凭什么让我连续几天坐最后一排？"游客的抱怨让全陪感到很棘手，旅游车很满，并没有空闲座位。全陪试着说服前面几位游客与后排游客对调座位，但没有成功，于是放弃了努力。

请问：

（1）如果你是全陪，遇到这样的问题你会怎么办？

（2）你觉得应怎样避免这种情况出现？

■技能实训

1.分析全陪的首站接团程序与地陪的接站程序有什么不同。

2.有一个美国旅游团从上海入境，旅游目的地是上海、北京、西安，如果你是全陪，你将如何做好接待工作？

项目六

领队业务程序

■ 学习目标

掌握领队工作的主要程序；

能根据客观情况的变化灵活调整服务程序；

培养学生知行合一的职业素养。

领队工作是导游工作的一种。《中华人民共和国旅游法》第39条规定，从事领队业务，应当取得导游证，具有相应的学历、语言能力和旅游从业经历，并与委派其从事领队业务的取得出境旅游业务经营许可的旅行社订立劳动合同。此外，根据相关规定，领队应取得大专以上学历，具备相应的语言能力，并有2年以上旅行社相关岗位从业经历。

领队的主要工作是为出境旅游团提供旅途全程陪同和有关服务；作为组团社的代表，协同境外接待旅行社完成旅游活动，以及协调处理旅游过程中的相关事务。

具体来说，出境游领队的主要工作职责有以下三项：

（1）维护游客的正当权益，保证团队在境外旅游的安全和服务质量。

（2）配合和监督境外接待旅行社导游的工作，协调境外接待旅行社导游和游客之间的关系。

（3）做好各段游程之间的衔接工作，保证游程顺利进行。

领队业务可分解为下列程序，见图6-1。

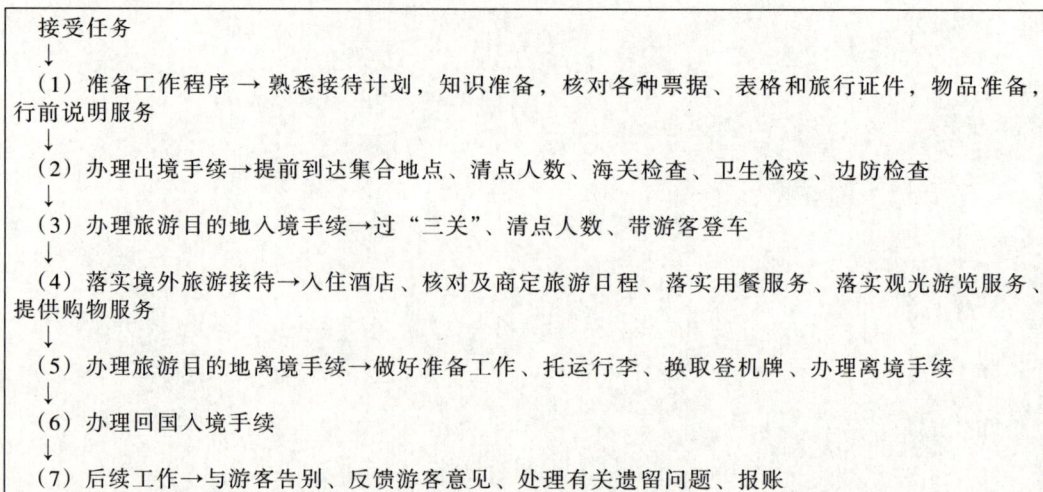

接受任务
↓
（1）准备工作程序 → 熟悉接待计划，知识准备，核对各种票据、表格和旅行证件，物品准备，行前说明服务
↓
（2）办理出境手续→提前到达集合地点、清点人数、海关检查、卫生检疫、边防检查
↓
（3）办理旅游目的地入境手续→过"三关"、清点人数、带游客登车
↓
（4）落实境外旅游接待→入住酒店、核对及商定旅游日程、落实用餐服务、落实观光游览服务、提供购物服务
↓
（5）办理旅游目的地离境手续→做好准备工作、托运行李、换取登机牌、办理离境手续
↓
（6）办理回国入境手续
↓
（7）后续工作→与游客告别、反馈游客意见、处理有关遗留问题、报账

图6-1 领队业务程序

导游小常识6-1　　　　　　领队需要取得领队证吗？

过去，从事领队工作不用取得导游证，但必须取得领队证。2002年颁布的《出境旅游领队人员管理办法》对领队证的取得和领队人员的管理做出了具体规定。2013年颁布的《中华人民共和国旅游法》也在多处提到了"领队证"，要求从事领队业务的人员必须取得领队证。2016年11月7日，第十二届全国人民代表大会常务委员会第二十四次会议通过了《关于修改〈中华人民共和国对外贸易法〉等十二部法律的决定》，其中涉及对《中华人民共和国旅游法》的修改，经过此次修改，实施多年的领队证从此退出我国旅游行业的历史舞台，领队从业不再需要取得领队证（但仍应取得导游证）。2016年12月6日，《出境旅游领队人员管理办法》被废止。

任务一　准备工作程序

一、熟悉接待计划

领队接到工作任务后，应向旅行社领取团队的相关资料，听取旅行社有关人员对接待方面情况及注意事项的介绍，熟悉了解下列内容：

（1）旅游路线、出入境口岸、游览景点和费用标准等。

（2）旅游团的基本情况，包括人数、成员姓名、性别、年龄、职业、有无需要特殊照顾的对象、旅游团的特殊要求等。

二、知识准备

领队在出发前，应事先了解出入境知识和国际旅游常识，还应根据团队计划线路，尽可能全面了解前往国家或地区的政治、经济和社会治安状况，签证规定，海关规定，医疗卫生条件以及有无传染病疫情等；尽可能了解各旅游目的地的历史、地理、文化、饮食、风俗习惯、旅游业状况及与我国的外交关系等，做到心中有数。

三、核对各种票据、表格和旅行证件

这是领队服务与地陪、全陪服务的一个重要的不同点。出境旅游不同于国内旅游，需要大量票据、表格和旅行证件。在出行前，领队要对这些票据、表格和旅行证件逐一认真核对，发现错误及时改正，以免耽误行程。需要核对的事项主要包括：

（1）护照与机票的核对，看护照与机票上的中文姓名、拼音姓名及前往国家（地区）是否相符。

（2）行程与机票的核对。

（3）护照与"中国公民出国旅游团队名单表"（以下简称"团队名单表"）的核对，要求护照与"团队名单表"记载的内容一致，实际出境旅游人数与"团队名单表"一致。

（4）护照内容的核对，包括正文页与出境卡项目一致，出境卡两页是否盖章，是否与前往国（地区）相符，签证的有效期、签证水印及签字等。

四、物品准备

领队出行前应带足必备物品，因为在境外一旦缺乏某种物品，要弥补起来较为困难。领队要准备的物品有：

（1）护照、签证、身份证、机票、已办妥手续的"团队名单表"、出境卡、海关申报卡，以及黄皮书（即国际预防接种证书，因其封面颜色是黄色的，所以人们习惯称其为"黄皮书"）。

（2）团队计划表、自费项目表。

（3）必要的团款或支票、汇票等。

（4）领队日志、客人房间分配表、游客意见反馈表等。

（5）领队证、旅行社社旗、名片、行李标签及发给游客的纪念品等。

（6）国内外重要联系电话、航班时刻表。

（7）领队随身日用品（如笔、纸、手机充电器、插头转换器等）。

（8）常用药品（如消炎药、感冒药、止泻药、晕车药、创可贴等）。

导游小常识6-2　　　　　　　　　　**"证件意识"**

领队应有比较强烈的"证件意识"。出境旅游不同于国内旅游，每个游客都应该证件齐全，特别是护照。在一定程度上说，护照比金钱更重要。一旦护照丢失，不仅丢失护照本人的行程会受影响，整个团队的行程安排也会受到影响。机票也是非常重要的，一旦丢失，会给旅途带来很大麻烦。因此，在旅游途中，领队最好将护照、机票统一保管。

五、行前说明服务

行前说明服务程序是出境旅游团队出发前的一个重要程序，也是一个必备程序。行前说明最直接的方式是召开行前说明会，但随着互联网技术的发展和信息沟通渠道的多样化，越来越多的旅行社通过电子邮件、QQ、微信等方式向游客发送行前说明，以此取代耗时耗力的行前说明会。尽管如此，召开行前说明会仍然是最有效果的行前说明方式。在条件许可的情况下，旅行社应尽可能通过会议的形式进行行前说明。

行前说明会有两大作用：一是将有关情况告知每一位游客；二是使游客之间互相熟悉，以便于今后的团队组织工作。行前说明会的组织和会上讲解既可由领队进行，也可由旅行社其他人员进行，重要的旅游团队可邀请旅行社负责人参加并讲话。

行前说明会的主要内容如下：

（一）致欢迎辞

欢迎辞的内容没有固定格式，但以下内容应包括在内：

（1）对游客表示欢迎和感谢。

（2）自我介绍。

（3）表达自己真诚服务的愿望。

（4）预祝游客旅游活动顺利。

（二）行程说明

（1）发放行程表，按行程表的内容逐一进行介绍，同时说明哪些属于自费项目。

（2）通知集合时间和地点。如果乘飞机，一般要求游客在飞机起飞前2～3小时到达机场指定位置集合；乘坐其他交通工具也应要求游客在发车前1小时到达指定位置集合。

（三）旅游目的地介绍

领队应在会上简要介绍旅游目的地的相关情况，包括旅游目的地的历史、地理、气候、风俗习惯等信息。

（四）落实有关事项

会上可以落实有关事项，如游客房间分配、是否有特殊活动要求、是否有特殊饮食要求等。

（五）说明有关注意事项

（1）要求游客注意统一活动，强化时间观念及相互之间的团结友爱。

（2）提醒游客带好相关物品：有效证件（身份证、护照、通行证等）；适合当地气候特点的衣物（最好是休闲装或运动装）、遮阳帽、太阳镜、雨具等；洗漱用品；常用药品，如感冒药、止泻药、消炎药、晕车药、镇痛药等，所带药品最好有处方说明；电话本、笔、纸等；手机、摄像机、电池、充电器等；其他用品，如多用插头等。

（3）提醒游客注意旅游目的地的相关法律法规、风俗习惯、宗教禁忌等，对容易因不了解而引起误会或争端的事项要特别予以强调。

（4）提醒游客每人可携带的现金数量。

（5）告诉游客有关出入境的程序和注意事项，境外旅游期间的财物保管及人身安全注意事项，国外酒店的设施、用品与国内酒店的差别等。

旅行社或领队应获取游客参与行前说明会的签字记录或其他形式的到场记录；如果是通过邮寄或互联网发送行前说明，领队也应向游客收取接收确认，以保证相关信息已送达游客。如果有游客因故未能接受行前说明服务，领队应采取必要的补救措施，如可在行程开始当天，在机场、车站、码头等公共区域临时进行行前说明，也可在前往旅游目的地的交通工具上进行行前说明。

导游小常识6-3　　　　国外酒店与国内酒店的不同

国外酒店与国内酒店在很多方面存在不同，因此，领队应事先将情况告知游客，让游客早做准备。例如，国外酒店使用的电压及电源插座可能与国内不同，一定要自带插头转换器，否则不能使用；国外酒店客房一般不配备牙刷、牙膏、梳子、拖鞋等一次性用品，应事先预备这些东西。

课堂互动6-1

问题：领队应具备哪些知识？

课堂互动6-1

答案提示

任务二　旅游过程中领队的工作程序

一、办理出境手续

领队应提前到达事先通知的集合地点，清点游客人数，将出境手续办理程序简要介绍给游客。具体包括：

（1）需要向海关申报的团员应持护照、海关申报单（一式两联）走红色通道，不需要向海关申报的团员走绿色通道。

（2）托运行李过安检，办理登机手续；统计托运行李件数，并保存好行李牌。

（3）过卫生检疫关，出示黄皮书。

（4）进行边防检查时，让游客按照"团队名单表"的顺序排好队，依次通过。将"团队名单表"交边检官检查，边检机关留存一份，另一份加盖边检章后由领队收存，入境时据此检查。

（5）过安检、候机、登机。

二、办理旅游目的地入境手续

（1）到达旅游目的地后，领队应带领游客办理入境手续，通常称为"过三关"，即卫生检疫、证照检查、海关检查。

（2）领队应事先填好入境卡及海关申报单。

（3）带团出机场时，从入境边检开始，接着取行李至海关检查，按顺序办理。

（4）海关检查完毕后，出关与当地接待人员联络，并将行李交其负责，然后清点人数，带游客登车。

三、落实境外旅游接待

到达旅游目的地后，领队的工作职责基本类似于全陪。但由于游客身处境外，对当地情况了解不多，加之语言上存在障碍，因此游客在食、住、行、游、购、娱等方面对领队有很强的依赖性，领队的工作也显得更加琐碎、细致。

（一）入住酒店

办完手续出关后，领队应立即与地接社导游接洽，清点行李与游客人数，与导游一起安排游客入住酒店。

1.分房

领队与旅游目的地导游一起到酒店总台领取房卡（或房间钥匙），然后领队按事先填好的房间分配表分配客房。

2.引导游客进入房间

领队应与地陪一起，将入住酒店应注意的事项告知游客，并引导游客进入房间，及时向酒店反映和协助处理游客就客房设施、卫生条件等方面提出的问题。

3.提供游客入住后的服务

游客入住后，可能会对房间内的设施、环境等提出疑问和要求，还可能会针对房内物品的使用寻求帮助，因此领队应将自己的房间号告诉每一位游客，在游客入住后的半小时内最好不要离开，以便及时提供服务。

导游小常识6-4　　　　　　　　**入住酒店前的提醒**

在入住酒店前，领队应与地接社导游一起，有针对性地将该酒店的具体注意事项告知游客。一般包括如下内容：

（1）酒店的防火安全设施情况，一般安全示意图会贴在酒店客房门的背后，应提醒游客熟悉。

（2）如何开房门和关房门。

（3）房间内是否供应开水。

（4）房间内电器插座的电压。

（5）房间内哪些物品和服务是免费的，哪些物品和服务是要收费的。一般来说，小酒吧和冰箱内的饮品、休闲食品、卫生间的保健药品都是要收费的，客房内的袋泡茶、袋装咖啡、袋装糖、一次性擦鞋布（纸）等是免费的；市内电话、长途电话一般收费，房间之间的电话免费（领队可提醒游客尽量不在酒店房间内打电话）；电视有收费节目和一般节目之分，要提醒游客注意看清说明；洗熨衣服一般收费；如果游客希望酒店送食物进客房，可提要求，不过要比在餐厅吃贵15%左右，而且小费要付现金。

（6）注意形象，文明住宿。不可用毛巾、浴巾、被单等物品擦皮鞋；酒店浴室一般有三条毛巾，最小的用来擦手，中等的用来洗脸，最大的用来浴后擦身；洗澡时应将挂帘布拉齐，避免洗澡水从浴室流至房间地毯上，否则酒店可能会要求客人赔偿损失；不要穿睡衣和拖鞋在走廊游走，不要在房门外大声喧哗；房内聊天，注意关上房门，以免影响他人；有的酒店浴室内有一根绳子，那是心脏病人突然发病时的报警装置，提醒游客不要乱拉。

（二）核对及商定旅游日程

安排游客住好以后，领队应与当地导游核对及商定旅游日程。如果当地导游要修改日程，除非客观情况发生了变化，否则领队应以旅游合同为依据，原则上予以拒绝。如有领队难以定夺的事情，应及时反馈给旅行社，并及时答复当地导游。

（三）落实用餐服务

境外用餐的习惯很多与国内不同，领队一方面应成为游客与地接社之间的桥梁，将游客的用餐要求、用餐习惯及时告知地接社，将当地的饮食规范告知游客；另一方面还应对沿途用餐进行监督，看是否符合预定标准，若有不符，及时向当地导游反映，要求改正。

导游小常识6-5　　　　　告知文明用餐习惯

很多游客是第一次出国，领队有责任把国外的文明用餐习惯告诉游客。例如，不大声喧哗，刀叉轻放；喝汤时，使用汤匙，不端起碗喝汤，不要边喝边说话；不要边吸烟边用餐；进餐途中暂离座位时，餐巾应放在椅子上，如果放在桌子上，会被误认为已用完餐；若是自助餐，应按顺序排队自取，次数不限，但每次不可使餐盘中堆得太多，以免有剩余，切不可将食品带出餐厅。

（四）落实观光游览服务

在境外观光游览过程中，领队应做好以下工作：

（1）注意游客的安全。时刻与游客在一起，经常清点人数；提醒游客注意各地时差（有些地方采用夏令时间）；时刻留意游客的动向，以防意外事故发生，经常提醒游客在当地旅游过程中的一些注意事项。在游览过程中，领队一般走在后面，并注意道路的交叉口和拐弯处。

课堂互动6-2

问题：领队如何避免游客迷路？

课堂互动6-2

答案提示

（2）与接待单位和导游人员密切配合，妥善处理各种事故和问题。对于导游推荐的自费项目，要征求全体游客的意见，再决定去或不去。如果导游随意加价或强迫消费，应以妥善的方式指出或制止，坚决维护游客的利益；情况严重时，应及时与接待社或国内组团社联络处理。

（3）做好上下站联络工作。

（4）办理所有旅游目的地国家或地区的出入境手续。

（5）支付小费。有的国家或地区对服务提供者有支付小费的习惯，这时领队应引导游客以礼貌的方式主动向服务人员支付小费。

（五）提供购物服务

游客在境外旅行，免不了要买些纪念品或当地特产。由于游客对当地环境不熟悉，加上语言不通，因此在购物的时候很需要领队的帮助，这时领队应热情地予以协助，并给予恰当的指导。例如，提醒游客购物应量力而行，应根据自己携带外币的情况决定购物总量；告知游客哪些商品不允许入境以及商品的减免税规定；提醒游客索要购物发票及购物凭证，以免出入境时遇到不必要的麻烦。但购物毕竟不是游客出游的主要目的，在当地导游安排购物次数过多或任意延长购物时间的情况下，领队应及时进行交涉。

四、办理旅游目的地离境手续

（一）做好准备工作

提醒、帮助游客做好所购物品的包装工作；检查游客的护照是否在身上；核对机票的航班、起飞机场和起飞时间等；提醒需要办理退税的游客在离开机场前办理完退税手续。

（二）托运行李

将游客的行李收集起来，在机场办理托运手续，并提醒游客保管好行李牌。

（三）换取登机牌

拿到登机牌后，领队应提醒游客核对自己的名字，看清自己的登机牌号码和自己的座位号。

（四）办理离境手续

在机场口岸柜台前，提醒游客在1米线外排好队，手持护照、出境卡、登机卡交工作人员检查。工作人员检查完毕并加盖出境公章后，会把护照和登机牌归还游客，而把出境卡留下。领队这时应提醒游客收好自己的护照和登机牌前往候机室候机。

领队应告诉每一位游客乘坐的航班号、登机门和登机时间。国外有些机场规模很大，领队一定要提醒游客准时赶往登机门。

五、办理回国入境手续

入境时所需的证件主要有护照、入境卡、健康申明卡、海关申报单（如有申报物品）等。领队应告诉游客听从工作人员指挥，持以上证件按顺序进行边防检查及海关检查。

六、后续工作

领队的后续工作主要包括：

（1）收回旅行社发放的意见征询表，与游客告别，提醒游客注意有关事项，如清点行李、注意安全等。

（2）对游客的一些较有价值的意见应及时反馈给旅行社领导。

（3）处理有关遗留问题。如游客有遗留或委托事项，领队必须依照有关规定认真妥善处理；及时归还所借的旅行社物品，填好领队日志并上交。

（4）报账。

⚑ **素养提升6-1**　　　　　　　　一些行为将被列入"旅游不文明行为记录"

2016年5月26日，《国家旅游局关于旅游不文明行为记录管理暂行办法》（以下简称《办法》）实施，目的是推进旅游诚信建设工作，提升公民文明出游意识。《办法》规定，中国游客在境内外旅游过程中发生的因违反境内外法律法规、公序良俗，造成严重社会不良影响的行为，纳入"旅游不文明行为记录"。这些行为主要包括：

（1）扰乱航空器、车船或者其他公共交通工具秩序；

（2）破坏公共环境卫生、公共设施；

（3）违反旅游目的地社会风俗、民族生活习惯；

（4）损毁、破坏旅游目的地文物古迹；

（5）参与赌博、色情、涉毒活动；

（6）不顾劝阻、警示从事危及自身以及他人人身财产安全的活动；

（7）破坏生态环境，违反野生动植物保护规定；

（8）违反旅游场所规定，严重扰乱旅游秩序；

（9）国务院旅游主管部门认定的造成严重社会不良影响的其他行为。

旅游从业人员在从事旅游经营管理和服务过程中因违反法律法规、工作规范、公序良俗、职业道德，造成严重社会不良影响的行为，也将纳入"旅游不文明行为记录"。这些行为主要包括：

（1）价格欺诈、强迫交易、欺骗诱导游客消费；

（2）侮辱、殴打、胁迫游客；

（3）不尊重旅游目的地或游客的宗教信仰、民族习惯、风俗禁忌；

（4）传播低级趣味、宣传迷信思想；

（5）国务院旅游主管部门认定的其他旅游不文明行为。

针对上述内容，请谈谈你的感受。

课堂互动6-3

问题：作为出境游领队，你觉得该怎样避免你的客人出现旅游不文明行为？

课堂互动6-3

答案提示

▇ **项目小结** ┈┈┈┈┈┈┈┈┈┈┈┈┈┈┈┈┈┈┈┈┈┈┈┈┈┈┈┈┈┈┈┈┈┈┈┈ ■ ■ ▫

本章根据领队的业务规律，介绍了领队的主要工作职责和领队业务的主要程序，包括：准备工作程序、办理出境手续、办理旅游目的地入境手续、落实境外旅游接待、办理旅游目的地离境手续、办理回国入境手续及后续工作。领队不仅要掌握工作程序，还应结合工作实际灵活履行领队的工作职责。

■ 主要概念

出境旅游领队人员　　领队业务

■ 基础训练

随堂测验6-1

选择题

□ 选择题

1.领队应主要了解旅游目的地的（　　　）。

A.科技水平　　　　　B.景区景点　　　　　C.风俗　　　　　　　D.历史

2.行前说明会的主要作用是（　　　）。

A.旅游团成员间相互熟悉　　　　　　　B.说明有关注意事项

C.收钱　　　　　　　　　　　　　　　D.行程说明

3.在境外观光游览过程中，领队应做好的工作有（　　　）。

A.注意游客的安全

B.上下站联络

C.妥善处理各种事故和问题

D.提醒游客注意在当地旅游应遵守的一些规则

□ 判断题

随堂测验6-2

判断题

1.行前说明会是出境旅游团队出发前的一个重要程序，也是一个必备程序。

（　　　）

2.领队的工作职责基本类似于地陪。　　　　　　　　　　　　　　（　　　）

3.当地导游要修改日程时，领队应尽量予以配合。　　　　　　　　（　　　）

□ 简答题

1.领队的主要工作职责有哪些？

2.出境前，领队要准备哪些物品？

3.出境前，领队应提醒游客注意哪些方面？

4.在境外观光旅游时，领队应做好哪些工作？

5.领队如何提供购物服务？

□ 讨论题

证件是出境旅游团队必备的重要物品。在实践中，出境旅游团队的证件保管方式不太一样。有人认为，证件是个人物品，应由个人保管。也有人认为，证件应统一由领队保管。你觉得哪种保管方式对领队完成接待任务更有利？为什么？

■ 案例应用

国内有位老导游，近年来常带团出境旅游。无论出入境，还是进酒店，在众多挤在大厅的团队中，他所带领的团队总是第一个办完手续，第一个进房间，这令其他团队的游客羡慕不已。其中，在办理酒店入住手续时，这位导游的做法是：首先，安排好游客。他在大厅找排椅子，让游客坐下休息，顺手拿来一些小册子，如酒店介绍、景点介绍，让游客看着。其次，在游客休息时，他同地陪一起将早已填好的住房名单交给前台服务员，服务员一看其他旅游团还在一片混乱中，而他的表格早已清晰打印好了，自然愿意先给他办，所以他能很快拿到房卡。拿到房卡后，他立即走到游客休息的地方，一边叫着游客的名字，一边发房卡，同时请地陪帮忙将房间号登记在游客名单上，以留存备用。最后，他将安排好的名单交给前台，复印三份，一份留给前台，一份留给地陪，一份留给自己。

资料来源 王连义. 怎样做好导游工作［M］. 北京：中国旅游出版社，2005：115-116.

请问：

（1）这位领队为什么能快速办好住宿手续，并让游客快速进入房间？

（2）这位领队的工作方式对我们有什么启示？

■技能实训 --

某旅行社将组织一批北京游客赴新加坡、马来西亚六日游。如果你是这个团的领队，在团队出发前，你应做好哪些准备工作？

　　景观，泛指可供观赏的景物。景观是旅游资源的组成部分，往往构成了旅游资源的精华和主体。对游客来说，景观往往是最具吸引力的旅游资源。由于旅游资源分为自然旅游资源和人文旅游资源两部分，因此景观也可分为自然景观和人文景观两部分。

　　自然景观是指一切具有美学和科学价值、具有旅游吸引功能和游览观赏价值的自然旅游资源所构成的自然风景，主要包括地貌景观、水体景观、生物景观、气象与气候景观四大类。这四大类景观不是孤立的，它们往往互相联系、互相映衬。正如人们所言，风景以山为骨架，以水为血脉，以草木为毛发，以云岫为服饰，它们共同组成了绚丽多姿的自然景观的整体。同时，许多自然景观又与人文景观相融合，这使得自然景观既具有诗画的意境，又具有文化的内涵，从而引得游人络绎不绝。

　　带领游客观赏自然景观，向游客讲解科学知识、传播文化精髓，既是导游义不容辞的责任，也是导游最主要的工作任务。

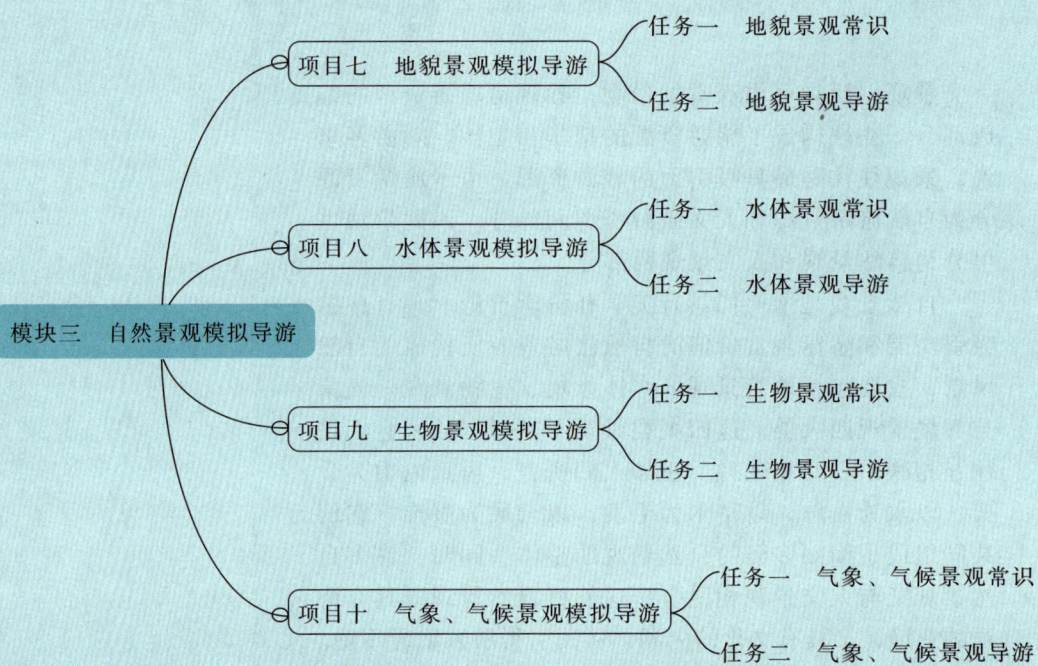

模块三　自然景观模拟导游

- 项目七　地貌景观模拟导游
  - 任务一　地貌景观常识
  - 任务二　地貌景观导游
- 项目八　水体景观模拟导游
  - 任务一　水体景观常识
  - 任务二　水体景观导游
- 项目九　生物景观模拟导游
  - 任务一　生物景观常识
  - 任务二　生物景观导游
- 项目十　气象、气候景观模拟导游
  - 任务一　气象、气候景观常识
  - 任务二　气象、气候景观导游

项目七

地貌景观模拟导游

项目七

■ 学习目标

熟悉地貌景观的成因和分类；

掌握地貌景观的美学特征和旅游价值；

掌握地貌景观导游的基本技能；

培养学生热爱祖国、技能宝贵的职业精神。

地貌是指地球表面的各种形态，也叫地形。地貌不仅对人类的生产生活具有重要的影响，也与旅游有密切的关系。地貌是自然风景的重要组成部分，它决定了风景的基调和气势；地貌还是旅游开发的重要环境条件，它影响了旅游资源开发的通达性和开发条件。

任务一　地貌景观常识

导游在进行地貌景观导游前，首先要了解一些必备的地貌景观常识。

一、地貌景观的成因

地貌是地球内营力和外营力相互作用的结果。这两种力量或相互配合或相互斗争，不断改变着地球的容貌。因此，内营力和外营力是地貌的"修剪师"。

地壳运动产生的强大挤压力，可以造成地壳运动、岩浆活动和地震等。这种强大的力来自地球内部，叫内营力。内营力的主要表现是：（1）岩浆作用，如岩浆的喷出和侵入；（2）变质作用，又分为接触变质作用、区域变质作用、动力变质作用；（3）构造运动，如地壳的水平运动、垂直运动、岩石圈的板块运动、地震等。内营力使地面变得高低不平，如出现山地与高原的隆起，甚至出现大陆的分离与合并，以及海洋的诞生与消亡。

外营力又称外动力，是由地球外部产生的改变地表形态、地壳构造和地壳岩矿成分的动力。这种动力主要来源于太阳辐射能及其通过大气、水、生物等所产生的各种能量，还来源于日月引力能以及重力能等。外营力的主要表现是：（1）风化作用，即在地表或近地表的环境下，由于气温、大气、水及生物等因素的作用，使地壳或岩石圈的岩石和矿物在原地遭到分解或破坏的过程。风化作用又分为物理（机械）风化作用、化学风化作用、生物风化作用。（2）地面流水（片流、洪流、河流）、地下水、湖泊、海洋、冰川、风力等的剥蚀作用、搬运作用和沉积作用。（3）成岩作用，即使松散沉积物固结形成沉积岩石的作用，又分为压实作用、胶结作用和再结晶作用等。

导游小常识7-1   地球小知识

　　地球是人类共同的家园，是目前人类所知的唯一能够孕育生命的星球。地球已经存在了46亿年。

　　地球是太阳系八大行星之一，按离太阳由近及远的次序计，为第三颗行星。地球的形状像球形但略扁，赤道周长约40 076千米，赤道半径6 378.137千米，极半径6 356.752千米。地球表面积约51 000万平方千米，其中71%为海洋，29%为陆地。

　　地球在不停地自转，自转1周的时间正好是1昼夜（23小时56分4秒）；地球也在不停地围绕太阳公转，地球绕太阳1周的时间正好是1年（365天5小时48分46秒）。地球周围有大气层包围着，这对地球上的生命至关重要。

　　地球有一颗忠实的卫星——月球。月球距地球的平均距离是38.4万千米。月球绕地球1周的时间将近1个月（27天5小时5分43秒）。

　　地球内部分为地壳（qiào）、地幔（也称中间层）、地核三部分。在地核深处，温度高达6 000℃。

　　地球是宇宙中一颗普通的行星，但因为有了生命，所以地球又是一个非常特殊的星球。地球上的许多自然现象，如潮汐、日升日落及各种天气现象都起因于太阳系中各天体间的相互关系。

导游小常识7-2   一些常用的地理学名词

　　地壳是地球的表层部分，由坚硬的岩石组成，主要成分是氧、硅、铝、镁等，整个地壳平均厚度约17千米。

　　地层是指在地壳发展过程中形成的各种成层岩石的总称。从岩性上看，地层包括各种沉积岩、岩浆岩和变质岩；从形成时间上看，地层有新老之分。

　　断层又称断裂，当地壳运动造成的挤压力或拉张力超过了岩层所能承受的强度时，岩石最脆弱的部位便会突然裂开，裂口两侧的岩块会发生显著的位移和错动现象。

　　地壳运动时，水平岩层受到挤压而产生的一系列波状弯曲，称为褶皱，其中每个弯曲称为褶曲。

　　地震是由地球内部的变动引起的地壳的震动，按照发生原因可分为构造地震、陷落地震、火山地震、诱发地震和人工地震五种。

　　地震烈度是地震发生后在地面造成的影响或破坏程度。

　　地震震级是根据震源放出的能量大小确定的等级。释放的能量越大，地震震级越大。地震按震级的大小可分为弱震（震级小于3级）、有感地震（震级等于或大于3级、小于或等于4.5级）、中强震（震级大于4.5级、小于6级）、强震（震级等于或大于6级）。

　　地质作用是指由自然动力引起的使地壳组成物质、地壳构造及地表形态等不断变化和形成的作用。火山、地震、山崩、山洪、泥石流是突发性和灾变性的地质作用，湖泊的沉积、地表的沉陷、海岸的变迁等是极缓慢而安静的地质作用。

变质作用是指在地下特定的地质环境中，由于物理和化学条件的改变，使原来的岩石基本上在固体状态下发生物质成分与结构构造的变化，从而形成新岩石的作用过程。

地质遗迹是指在地球演化的漫长地质历史时期，由于内外动力的地质作用而形成、发展并保存下来的珍贵的、不可再生的地质自然遗产。

二、地貌景观的分类

地球上有很多种地貌。这些地貌主要有两种分类方式：一种是按地貌形态来划分，包括高原、平原、盆地、山地和丘陵等类型；另一种是按地貌成因来划分，包括花岗岩地貌、丹霞地貌、岩溶地貌、风沙地貌、雅丹地貌、海岸地貌、火山地貌、冰川地貌、地震地貌等类型。每种地貌都有一定的旅游价值，适宜开展不同的旅游活动。

三、主要地貌类型的景观特征

（一）花岗岩地貌

花岗岩是一种酸性侵入岩，是地球内部岩浆侵入近地表处逐渐冷凝而成的，主要由石英、长石、云母等结晶矿物构成，岩性坚固，抗蚀性强，基本不透水。由于地壳运动，有的花岗岩岩体露出地表，再加上外力的作用，从而形成了独特的花岗岩地貌。

花岗岩构成的山体主峰明显，群峰簇拥，陡峭险峻，气势宏伟，多奇峰、怪石、深壑。球状风化、浑圆的外表、"风动石"等为其典型的景观特征。我国的花岗岩名山很多，如泰山、华山、黄山、衡山、天柱山、九华山、普陀山、天台山、崂山、千山等。

（二）丹霞地貌

丹霞地貌是以陡崖坡为特征的红层地貌。这种地貌最早发现于广东仁化的丹霞山，故称"丹霞地貌"。其景观特点是碧水丹山、精巧玲珑，形成了诸多方山、奇峰、赤壁、岩洞等特殊地貌。

我国的丹霞地貌分布较广，主要集中在广东、福建、江西、云南、四川、甘肃等地。广东仁化丹霞山由680多座顶平、身陡、麓缓的红色砂砾岩石构成，灿若明霞，蔚为壮观。位于闽北的武夷山风景区，36座峰峦雄踞于九曲溪畔，形成了"曲曲山回转，峰峰水抱流"的丹霞山水和深邃、幽奇的洞穴景观。此外，安徽休宁的齐云山、江西鹰潭的龙虎山、甘肃天水的麦积山等也是著名的丹霞地貌名山。

（三）岩溶地貌

岩溶地貌是地下水和地表水对可溶性岩石如石灰岩，进行溶蚀、侵蚀等综合地质作用及由此产生的各种地貌的总称，又称喀斯特地貌。岩溶地貌主要发育在碳酸岩类岩石地区，主要岩石有石灰岩、白云岩、泥灰岩等。其景观特点是：山体高度不大，奇峰林立或孤峰突起，岩石嶙峋，造型丰富。地表常见有石芽、溶沟、石林、漏斗、落水洞、溶蚀洼地等岩溶形态，地下则发育着地下湖、地下暗河以及由石灰岩溶解沉淀而形成的石钟乳、石笋、石柱、石花等千姿百态的溶洞景观。

我国是世界上岩溶地貌发育最全、分布最广的国家之一，主要分布在广西和云贵高原。中国南方喀斯特是世界上最壮观的喀斯特景观之一。中国南方喀斯特一期由中国云南石林喀斯特、贵州荔波喀斯特、重庆武隆喀斯特共同组成，于2007年6月27日在第31届世界遗产大会上被评选为世界自然遗产并列入《世界遗产名录》。广西桂林、贵州施秉、重庆金佛山和广西环江组成中国南方喀斯特二期，于2014年6月23日在第38届世界遗产大会上通过审议，被评选为世界自然遗产，作为对中国南方喀斯特的拓展。

溶洞是我国岩溶地貌景观的重要组成部分。我国的溶洞分布范围广，很多溶洞已开发出来，著名的溶洞有桂林七星岩、芦笛岩、冠岩，辽宁本溪水洞，贵州安顺龙宫，浙江桐庐瑶林仙境，北京房山石花洞，广西荔浦丰鱼岩，重庆武隆芙蓉洞等。

（四）风沙地貌

风沙地貌是干旱地区或内陆地区由于强风、流沙和间歇性地表水等因素造成的风化、侵蚀和堆积地貌的总称，主要包括沙丘地貌、鸣沙和雅丹地貌。

1.沙丘地貌

沙丘的形态很多，常见的旅游价值比较高的是新月形沙丘和金字塔形沙丘。新月形沙丘的迎风面缓、背风面陡，往往相连成链，蔚为壮观。

2.鸣沙

鸣沙又名"响沙"或"会唱歌的沙子"。据考察，这种现象广泛存在于许多沙漠地带，全世界已发现100多处，我国已发现5处，分别是甘肃敦煌的鸣沙山、内蒙古鄂尔多斯的响沙湾、宁夏中卫的沙坡头、新疆的塔克拉玛干沙漠和古尔班通古特沙漠。

导游小常识7-3   鸣沙的发声原理

鸣沙现象让很多游客困惑不解，因而急于探究其发声原理。目前，人们对鸣沙发声原理的解释有很多，主要包括：

第一，电荷说。阳光照射下的石英沙粒会产生静电，带电的沙粒在外力作用下彼此摩擦会发出声音。

第二，共鸣说。沙丘的构成状态就像一个天然的共鸣箱，沙粒滚动所发出的声音在共鸣箱的作用下被放大。

第三，碰撞说。声音是由于沙粒彼此碰撞而发出的。

第四，吐气说。在夏日炎热阳光的烤灼下，沙层增温后，内部空气膨胀并顺着沙粒间隙向外排出，导致声响。

3.雅丹地貌

"雅丹"是维吾尔语，意思是"具有陡壁的小山包"。雅丹地貌是河湖中的地层经风化作用、间歇性流水冲刷和风蚀作用，形成的与盛行风向平行、相间排列的风蚀土墩和风蚀凹地（沟槽）地貌组合。这种地貌主要分布于青海柴达木盆地西北部、疏勒河中下游，新疆准噶尔盆地西部的乌尔禾、东部的将军庙，吐哈盆地的五堡、十三间房，塔里木盆地东缘的罗布泊北部、楼兰古城，北缘的拜城县克孜尔魔鬼城等地。其中，在罗布泊北部地区，雅丹地貌发育很典型。这里到处是形状奇异、大小不等、由东北向西南排列有序的又干又硬的土丘。这些土丘有的拔地而起，如柱，如树，如竹，如伞；有的匍匐在地，如狮，如虎；有的肃穆庄重，像城堡，像帐幔，像房屋，鳞次栉比，千姿百态。

（五）海岸地貌

我国有漫长的海岸线，沿海许多地方已形成滨海旅游胜地。滨海旅游的开展与当地的海岸地貌有密切关系。

海岸地貌是在地质构造运动、海浪与潮汐冲刷和堆积、生物作用以及气候因素等共同作用下形成的地貌形态，可分为海岸堆积地貌和海岸侵蚀地貌。海岸堆积地貌又可分为沙砾质海岸地貌、生物海岸地貌和淤泥质海岸地貌等。沙砾质海岸如果海滩坡度适宜、沙质纯净、沙粒粗细合适，一般都能成为良好的海滨浴场。生物海岸有红树林海岸、珊瑚海岸等之分。红树林海岸也可能成为良好的景观海岸，而珊瑚海岸往往是价值极高的潜水旅游胜地。

我国著名的滨海旅游地有大连金石滩，厦门鼓浪屿，三亚天涯海角，浙江普陀山海滨，河北的北戴河和南戴河，山东的青岛、烟台和威海海滨等。

（六）火山地貌

火山地貌是指地下深处的岩浆喷溢出地表并快速冷凝而形成的各种地貌的总称。这些地貌包括火山口、流纹岩、熔岩洞、火口湖、地下森林等。火山景观具有山形圆、拔地而起、点点分布、排列成阵、错落有致等特色。我国著名的火山地貌景观有长白山天池、黑龙江五大连池、云南腾冲火山等。

（七）冰川地貌

冰川地貌是指主要由冰川的侵蚀和堆积作用而形成的对游客有吸引力的地貌景观，包括现代冰川和冰川遗迹（如冰川作用形成的角峰、刃脊、冰窟、冰桌等）。现代冰川主要分布在高纬度和高山寒冷地区，冰川遗迹的分布则比较广泛。

四、山地景观常识

地球上的地貌有五种主要形态：高原、平原、盆地、山地和丘陵。毫无疑问，在这五种形态中，山地是旅游资源最集中的地方，因而山地是最有旅游价值的自然旅游资源。即使在今天，人们也常把旅游等同于"游山玩水"，可见"山"在人们心中的地位。

课堂互动7-1

问题：想一想，为什么山地能成为旅游资源最集中的地方？

课堂互动7-1

答案提示

（一）山和山地的概念

山都有一定的海拔高度，但并不是所有高的地方都叫山。通常认为，山是指陆地上海拔高度在500米以上、相对高度在200米以上的，由山顶、山坡和山麓组成的隆起的高地。由山峰、山岭和山谷组成的地区统称为山地。高大的山体又可称为"山岳"，呈条形脊状延伸的可称为"山岭"或"山脉"。山有明显的山顶和山坡，这使它有别于高原；山又有一定的高度，这使它有别于丘陵。有时，我们也把山和丘陵统称为山。

（二）山（山地）的分类

山（山地）的分类有很多种，下面是一些常用的分类方法：

1.按海拔高度划分

根据山的海拔高度不同，山可以分为极高山（海拔 5 000 米以上）、高山（海拔 3 500~5 000 米）、中山（海拔 1 000~3 500 米）和低山（海拔 500~1 000 米）。其中，中山和低山因海拔低，往往有丰富的植物和动物，而海拔在 3 500 米以上的高山往往险峻陡峭，有的山峰还终年积雪。这些高山由于风光奇异，是登山探险旅游和科学考察旅游的理想去处，并且日益成为广大旅游者向往的旅游目的地。比较著名的高山景观有云南的玉龙雪山、四川的贡嘎山、新疆的天山等。

2.按山的成因划分

根据山的成因不同，山可以分为构造山、侵蚀山和堆积山。

3.按山的旅游功能划分

根据山的旅游功能不同，山可以分为历史文化名山、宗教名山、风景名山、疗养名山、体育活动名山等。

4.按组成山体的主要岩石划分

根据组成山体的主要岩石不同，山地可以分为以下几种：

（1）花岗岩山地。

（2）石灰岩、白云岩山地（喀斯特山地）。

（3）丹霞山地（红砂岩山地）。

（4）火山流纹岩山地。流纹岩是一种火山酸性喷出岩，常呈现流纹状的构造。由流纹岩构成的山峦景观奇特，造型丰富逼真，而且在不同的时间、从不同的角度进行观赏，流纹岩山峦景观会呈现出不同的形象。浙江的雁荡山、天目山都是典型的流纹岩山地景观。

（5）砂岩山地。砂岩山地发育在纯石英砂岩构成的山区，其景观特点是奇峰林立、造型生动、沟谷纵横、植被茂密。以张家界森林公园为代表的武陵源风景区是独特的砂岩峰林峡谷地貌，是砂岩山地景观的突出代表。

导游小常识7-4　　　　　　武陵源风景名胜区

赏美景7-1

武陵源
风景名胜区

武陵源风景名胜区位于湖南省西北部武陵山脉中，由张家界市的张家界森林公园、慈利县的索溪峪自然保护区和桑植县的天子山自然保护区组成。其中，张家界森林公园是我国第一个国家级森林公园，常作为武陵源景区的代表。武陵源峰峦险峻，颇具象形之美，其独特的石英砂岩峰林地貌举世罕见，是世界著名的地质奇观。武陵源于1992年入选世界自然遗产。

（三）山体景观的美学特征

我国幅员辽阔，疆域广大，众多山脉巍峨耸立，或雄奇伟岸，或险峻挺拔，或俏丽秀美，或绵延磅礴，有着无与伦比的美感。概括说来，山体景观有四大美学特征：

1.高大雄伟

山体占地广阔，体量巨大，又有一定的海拔高度，因此给人以高大雄伟、气势磅礴的感觉。在大山面前，人们能深刻感觉到大自然的神奇与力量，从而受到心灵的震撼。

导游小常识7-5　　　　　　　泰山

　　泰山位于山东省泰安市，古称"岱宗"，被视为五岳之首。古代有多位帝王在登基之初和太平之年来泰山封禅，在泰山留下了不少古迹。历代文人也喜欢登临泰山，并留下了大量诗文。泰山脚下的岱庙是历代帝王封禅时举行大典的场所，岱庙与北京故宫、承德避暑山庄、曲阜"三孔"并称为中国四大古建筑群。1987年，泰山入选世界文化与自然双重遗产。

　　泰山最突出的景观特征就是"雄伟"。泰山是山东丘陵中最高大的山脉，群峰耸立，巍峨挺拔，主峰玉皇顶海拔1 545米，比周边山体普遍高出300~400米，因此古人有"登泰山而小天下"之说。

赏美景7-2

泰山

2.险峻神秘

　　山体高耸突兀，形成了许多悬崖峭壁，给人以险峻之感。由于险峻，人们难以攀登，山中植物丛生、动物出没，又给人以神秘之感。陕西华山就是以"天下险"而著称的名山。

导游小常识7-6　　　　　　　华山

　　华山位于陕西省华阴市，南依秦岭，北环渭水，东、西、南三峰呈鼎形相依，为华山主峰，中峰、北峰相辅。东峰适宜观日出；西峰是华山最秀奇的山峰；北峰峰顶平坦，如云中之台，故称"云台峰"，是"智取华山"故事的发生地；南峰是华山最高峰，海拔2 154.9米，也是五岳最高峰。

　　华山自古以"险"著称，到处是悬崖绝壁，有"自古华山一条路"之说。华山古迹名胜众多，著名的有玉泉院、真武殿、西岳庙等。

赏美景7-3

华山

3.景色秀丽

　　山体一般都有良好的植被覆盖，有植物就有动物，植物茂盛也有助于涵养水源。因此，山体景观一般都满目葱茏，生机盎然。由于山有一定的海拔，因此形成了从低到高、错落有致的植物群落，而缭绕山间的淡云薄雾又给群山增添了不少美感，给人以完美的视觉享受。

4.文化内涵丰富

　　我国众多的名山在历史的长河中积淀了深厚的文化，如山与祭礼、山与宗教、山与儒学、山与神话、山与归隐文化等。山在中国文化中具有多元功能，文化也往往是一座山的灵魂和精神。因此，中国的山水并不是自然的山水，而是文化的山水。

（四）山的旅游价值

　　山是有很高旅游价值的旅游资源，其旅游价值主要表现在以下几个方面：

　　（1）由于岩石各部位硬软性质的不同和外力作用强度的不同，因此产生了形形色色的小景点，形成了千奇百怪、惟妙惟肖的象形美，如江西庐山的"五老峰"、青岛的"石老人"。

　　（2）由于岩石自身的物理性质和化学性质不同，因此形成了特殊的地貌景观，整个山势显示出了不同的形象美，如泰山的雄、华山的险、峨眉山的秀、青城山的幽、黄山的奇。

（3）我国的很多山是宗教活动场所，并形成了"佛教四大名山""道教四大名山"的说法，也出现了诸如"天下名山僧占多"的俗谚。

（4）很多山是重大历史事件的发生地、重要历史人物的活动场所，历史文化遗存非常丰富。

（5）山与水、植物、动物、气象、气候的配合，形成了多姿多彩的景观，如泉流、瀑布、积雪、冰川、云海等。

（6）在地球表面，高度每上升1 000米，气温就会下降6℃，因此，山岳地区的气温一般低于同纬度的平原地区，山岳地区往往是避暑胜地。

（7）山岳地区一般远离城市和工业中心，环境污染少，植被保存良好，空气清新，能给人安静、舒适之感，有利于身心健康。

导游小常识7-7　　　　　　　　佛教四大名山

佛教四大名山指的是山西五台山、浙江普陀山、四川峨眉山、安徽九华山，相传是佛教四位菩萨分别显灵说法的道场，故亦称"四大道场"。

五台山位于山西省忻州市，由五座山峰环抱而成，峰顶平坦宽阔如台，分别以东、西、南、北、中命名，故称"五台山"。五台山最低处海拔仅624米，最高处北台顶海拔3 061.1米，素有"华北屋脊"之称。山中气温较低，故又名"清凉山"，号称"清凉佛国"。东汉以来，五台山就是我国的佛教中心之一，是文殊菩萨的道场。显通寺是五台山历史最悠久、最负盛名的寺院。

普陀山位于浙江舟山群岛中的一个小岛上，五代后梁时期佛教就传入该岛，并供奉观音菩萨，因此普陀山是观音菩萨的道场，被称为"海天佛国"。普陀山自然景色优美，加之佛教建筑与之巧妙结合，形成了寺院、金沙、奇石、潮音、幻景"五绝"。

峨眉山位于四川省西南部，因山势逶迤似峨眉，故名"峨眉山"。峨眉山胜景如云，有"峨眉天下秀"之称，其中日出、云海、佛光被称为峨眉山三大奇观。峨眉山从东汉明帝时就建有佛寺，后经历代增建，至明清时，佛寺已达百座。峨眉山是普贤菩萨的道场，有"仙山佛国"之称。

九华山位于安徽省青阳县境内，群峰竞秀，景色清幽，素有"东南第一山"之称。九华山自东晋以来始建佛寺，唐末辟为地藏菩萨道场，一时僧尼云集，成为佛教名山，有"仙城佛国"之称。

赏美景7-4

佛教四大名山

任务二　地貌景观导游

地貌景观导游是自然景观导游的重要组成部分。导游在进行地貌景观导游讲解时，不仅应掌握基本的地貌景观常识，还应掌握基本的地貌景观的游览程序、方式及地貌景观导游讲解技能，在实际导游讲解中做到传播知识、引导审美及体验文化相结合。

一、地貌景观导游的基本要求

地貌景观导游的基本要求如下：

（1）熟悉旅游路线。地貌景观一般面积较大、地形复杂，因此导游应熟悉并掌握最佳的旅游路线。

（2）掌握必要的自然科学知识。地貌景观是大自然留给人类的杰作，导游应掌握与地貌景观的形成、演变有关的知识，如一定的地质知识、水文知识、生物知识、气象与气候知识等。

（3）掌握相关文化知识。地貌景观与文化密不可分、相辅相成。导游应不断提高自己的文化素养，这样才能真正体验中国山水文化的精髓。

（4）提高对地貌景观的审美能力。对地貌景观的审美有一个不断提高的过程，导游应该掌握科学的观景方法，具有较强的审美能力，这样才能更好地引导游客观赏地貌景观。

（5）灵活运用导游方法。地貌景观导游的方法多种多样，导游应掌握各种导游方法并灵活运用，做到因时、因地、因人而异。

二、山地景观导游技能

山地景观是地貌景观中最有旅游价值的部分。导游的地貌景观导游技能集中体现在山地景观导游技能之中。

山地景观导游技能大体可分为两项：一是科学安排参观游览；二是山地景观讲解技能。

（一）科学安排参观游览

山地景观一般都有很大的面积，游客往往不能将所有景点全部游览到，因此科学安排游客的参观游览活动就显得非常重要。导游在安排山地景观的参观游览活动时应注意以下几点：

1.制定合理的游览路线

去任何一个景观游览，导游都应事先想好一条游览路线。对于面积庞大的山地景观来说，合理的游览路线更显得必要。在制定游览路线时，导游首先应对整个景区有一个全面的了解，归纳出其中的游览要素，然后根据游览时间的长短和游客的人员组成情况、身体状况，选取最具代表性和最具特色的游览要素，并将这些要素组合成一条游览路线。合理的游览路线具有以下特点：①点、线、面相结合；②景观观赏有张有弛，行进速度有急有缓；③尽量做到不走回头路；④游客的安全能得到保障。

2.选择合适的游览时间

山地景观千变万化，不同的时间段有不同的景观。清晨可看日出和朝霞，傍晚可看日落和晚霞；春天可看百花盛开，夏天可看绿色葱茏，秋天可看红叶，冬天可看雪景；雨天有雨景，阴天有云雾景，阳光明媚时可看景观随着太阳光照射角度的不同而发生的变化。导游应分析将要参观的山地景观的优势或重点旅游项目，然后对参观时间进行取舍，尽量保证优势或重点旅游项目的参观游览。比如，游客想看红叶，就应选择有红叶的时候去；游客想看日出，就一定要保证看日出的时间。如果可能，导游应尽量避开该景观的旅游高峰期，从而让游客充分感受到大自然的意境美。

3.选择合适的观赏位置和角度

山地景观的观赏需要选择合适的观赏位置和角度。苏东坡描写的庐山——"横看成岭侧成峰，远近高低各不同"，说的正是这个道理。导游应了解山地景观最好的观赏位置和角度，并引导游客在恰当的位置和角度观景。

课堂互动7-2

下面一组图片（见图7-1）是江西三清山的著名景点"巨蟒出山"。

课堂互动7-2

答案提示

图7-1　江西三清山景点之"巨蟒出山"

问题：仔细观察，判断哪一个角度拍摄的照片最美。

4.结合导游讲解，引导游客审美

山地景观不仅面积大，而且景点多，构景要素多。游客初次来到一个山地景观，很难抓住山地景观的重要构景要素，从而可能错过不少美景，导游有义务引导游客进行山地景观的审美。

导游的引导可从以下几个方面进行：①引导游客观赏山体之形，体验山地景观的"雄、奇、险、秀、幽、奥、旷"等形象特征；②引导游客观赏山体颜色上的变化，体验山地景观的色彩美；③引导游客观赏山体的动态变化，如飞瀑、流水、浮云等的变化，体验山地景观的动态美；④引导游客关注山地中的声音美，如鸟鸣春涧、泉水叮咚、林海松涛、雨打芭蕉等，使游客得到听觉上的享受；⑤引导游客嗅山之气息，领略山地景观的嗅觉美，如山地中洁净空气的气息、山上泥土的芳香、树木花草发出的自然的气息等，都可以给游客带来嗅觉上的美感。

模拟训练7-1

训练要求：南昌某旅行社组织30名游客游览庐山，时间为3天，必看的景点为：锦绣谷、大天池、龙首崖、三宝树、黄龙潭、乌龙潭、庐山会议旧址、庐山博物馆、五老峰、含鄱口、植物园、美庐别墅（自费）、白鹿洞书院（位于庐山山脚），并有半天的时间在牯岭镇逛街。查看天气预报可知：第一天阴天，第二天晴天，第三天全天大雨。同时景区规定，游客往来庐山景区的各景点之间，必须使用景区的环保旅游车，若购买了一天的环保车票，则只能在24小时内（从购票时算起）使用环保车，超过24小时则要重新购票。旅游团将在庐山上的牯岭镇住两晚。如果景点的参观顺序可根据需要调整，那么如何编排此次游览路线比较合适呢？

训练提示：在本案例中，游客要在短短三天游览这么多景点，需要考虑的因素很多，如天气情况、只能使用24小时的环保车、游客的体力等。因此，科学安排景点的参观顺序就显得非常重要了。综合考虑各方面的情况，此次庐山三日游的路线安排如下：

第一天，早上从南昌出发，上庐山，入住酒店，稍微休息一下，在酒店吃午饭；下午购买环保车票，游览锦绣谷、大天池、龙首崖、三宝树、黄龙潭、乌龙潭。

第二天，早上乘环保车游五老峰、含鄱口、植物园；中午在环保车可用的时间内回到酒店吃午餐；下午逛牯岭镇。

第三天，上午游览美庐别墅、庐山会议旧址、庐山博物馆，然后下山，在山下吃午餐；下午游览白鹿洞书院，游后回南昌。

理由：（1）游客经过长途车的一路颠簸，尤其是在翻山越岭来到庐山上后会显得疲劳，此时先让游客入住酒店并吃午餐是比较合理的安排，这样有利于游客恢复体力。

（2）因环保车只能使用24小时，所以午饭后再购买环保车票，可充分利用环保车的使用时间，甚至可在傍晚至天黑的一段时间也继续使用环保车。此时购买环保车票也比较便捷，避开了购买车票的高峰期。

（3）游览开始后，先安排需要使用环保车的景点（第一天下午的景点和第二天上午的景点）。逛牯岭镇不需要使用环保车。第三天山上的三个景点（美庐别墅、庐山会议旧址、庐山博物馆）可步行走过去，而且旅行社自备的旅游车也可到达，因此也不需要使用环保车。

（4）第二天是晴天，游览距离较远、同样位于庐山东部且都是室外景点的五老峰、含鄱口，不仅充分利用了环保车，还可安排游客在五老峰或含鄱口看日出。

（5）因第三天有大雨，所以第三天的旅游项目都是室内参观，这样行程不会因下雨而受到影响。在山下吃午餐既可节省费用，还可恢复游客体力。把白鹿洞书院作为最后一个游览景点，是因为此景点正位于回程的路上，不会绕路，且该景点不大，游客在午饭后有充足的时间游览，回程的时间也会很充裕。

在上述限制条件下，这一游览路线可以说是非常完美了，它充分考虑到了游客的体力、天气、景区交通、景点状况等因素。

（二）山地景观讲解技能

1.掌握山地景观讲解的基本程序

山地景观讲解一般要经历准备、实施讲解、总结三个阶段。其基本程序是：

（1）熟悉所要游览的山地景观的形成原因、景观特色、文化背景、相关传说，准备一些必要的旅途才艺（幽默故事、唱歌等）。

（2）可从游客的客源地、年龄、受教育程度、职业、身体状况、旅游动机等方面分析游客的特征、爱好，并做好讲解内容的取舍。

（3）根据旅游路线准备好导游讲解提纲。

（4）实施讲解。导游在讲解时，以下内容不能缺少：提醒游客在山地旅游时应注意的事项、山地总体概况讲解、引导游览、途中讲解、重点景观讲解、停留时的深层讲解。

（5）归纳总结。在全部讲解结束后，导游应及时进行归纳总结。

2.恰当选择讲解内容

山地景观形态多样，特色明显。导游在实际讲解过程中，应根据景观特色和游客的游览兴趣，恰当选择讲解内容。一般来说，导游可从以下几个角度选择讲解内容：

（1）科普的角度。导游可讲解山的成因、各种自然现象的成因等，以满足游客的求知欲，解开游客心中的谜团。

（2）审美的角度。导游可分析山地景观的特色美景，引导游客观赏美景。

（3）文化的角度。文化不仅塑造了名山，也是我们了解名山的有效手段。导游可充分收集与山地景观有关的文化资料，如传说故事、名人典故、诗词歌赋、摩崖石刻、建筑、书法等，在讲解时向游客展示该山地景观所承载的文化内涵。

（4）在旅游业中的地位和评价的角度。导游也可从该山地景观在旅游业中的地位和评价的角度来讲解，以使游客了解该景观的旅游价值。

模拟训练 7-2

训练要求：请分别从科普的角度、审美的角度、文化的角度、在旅游业中的地位和评价的角度来讲解庐山。

训练提示：①科普的角度。

庐山是一座因断裂抬升而形成的地垒式断块山，这使得庐山四周崖壁陡峭、峡谷幽深、瀑布飞泻，山上则相对高度较小、谷地宽广、地势起伏不大，从而形成了外陡里平的奇特地形。庐山岩性复杂，以变质岩、砂岩、花岗岩为主。庐山又被称为"中国第四纪冰川学说的诞生地"和"中国第四纪冰川遗迹天然博物馆"。根据著名地质学家李四光的研究，庐山在第四纪冰川时期，曾经历了3次冰川作用，从而形成了现在东谷、西谷的U形谷地以及飞来石等冰川遗迹。

②审美的角度。

唐代诗人白居易有文章云："匡庐奇秀，甲天下山。"这句话道出了庐山的秀美与雄伟。庐山北濒长江，东南临鄱阳湖，域内90余座山峰绵延相连，形成了峰峦叠嶂、泉瀑飞流、茂林幽深、云海苍茫的秀丽风光。庐山的季节变化表现为春暖、夏凉、秋早、冬无酷寒，不同的季节有不同的美，因此有人将其形容为"春如梦、夏如滴、秋如醉、冬如玉"。湿润的空气、充沛的雨量、茂盛的植被、清新的环境使庐山成为我国著名的避暑胜地。

③文化的角度。

庐山以丰富的人文内涵而著称。从司马迁"南登庐山，观禹疏九江"开始，数千年来，历代登临庐山的名人不绝于途。东晋田园派诗人陶渊明的故乡在庐山脚下，在此他写出了《桃花源记》《归去来兮辞》等不朽篇章。唐代诗人李白曾三上庐山，留下了"飞流直下三千尺，疑是银河落九天"的壮丽诗篇。白居易谪居九江4年，与庐山结下了不解之缘。宋代文学家苏轼的"不识庐山真面目，只缘身在此山中"实为脍炙人口的哲理名言。王羲之、韩愈、颜真卿、陆游、文天祥、朱熹、康有为等1 500余位文坛巨子先后登临庐山，留下了4 000余首诗词歌赋。秦始皇、汉武帝亦曾先后登上庐山，朱元璋封庐山为"庐岳"。自晋代以来，有关庐山的专著已达260余种。

④在旅游业中的地位和评价的角度。

庐山是国家5A级旅游景区、首批国家重点风景名胜区、首批全国文明风景旅游区，是"中国旅游胜地四十佳"之一和中华十大名山之一。庐山还是世界地质公园和联合国优秀生态旅游景区。1996年，联合国教科文组织世界遗产委员会第26届会议一致通过并批准庐山作为"世界文化景观"列入《世界遗产名录》。

3.准确把握讲解节奏

山地景观的讲解要注意把握好节奏。一般来说，讲解应根据游览路线分段进行，但对山地景观的整体特征应提前讲解，以使游客有一个整体印象。对于那些转瞬即逝的景观（如云海、佛光等），导游应提前提示游客，并告知游客如何观赏。导游的讲解还应与景物相配合，做到看什么景讲什么话，这样不仅可以提高讲解的生动性，也可以方便游客对景物的理解，加深游客对景物的印象。当然，导游的讲解也不是越多越好，要为游客留下必要的独自欣赏风景的时间。

4.注意语言的形象生动

我国的许多名山都有独特的象形景观。导游在山地景观讲解中，如果能把那些惟妙惟肖、生动鲜明的象形景观恰如其分地介绍给游客，将会给游客的审美过程增添更多的情趣。

清代魏源在游赏五岳后曾道："恒山如行，岱山如坐，华山如立，嵩山如卧，惟有南岳独如飞。"魏源用诗句生动地描绘出了五岳山体的象形美。还有许多名山直接以其形状命名，如河南省有形如雄鸡报晓的鸡公山；浙江省雁荡山的灵峰，犹如一对情深意浓的新婚夫妇，故又称"夫妻峰"；庐山有酷似五位老人并坐的五老峰；长江三峡岸边耸立着著名的神女峰等。这些特殊形状的山体，对游客也有强大的吸引力。

模拟训练7-3

训练要求：为广州白云山风景名胜区写一篇导游词。

训练提示：（欢迎）各位游客，大家好！欢迎你们来到美丽的"花城"——广州。今天，我将带大家游览广州白云山风景名胜区。

（概况与得名）云山锦绣，珠水悠悠，人们常用"云山珠水"来盛赞广州，这里的"云山"指的就是白云山。白云山坐落于广州市东北部，占地面积约21平方千米，30多座山峰起伏绵延，主峰摩星岭海拔382米，为广州最高峰。因山上经常白云缭绕，故名"白云山"。

（景区历史与现状）白云山风景秀丽，素有"羊城第一秀"之誉。战国时期，这

赏美景7-5

广州白云山风景名胜区

里已有名士出入；唐宋以来，文人墨客更是对其钟爱有加，苏轼、韩愈等很多诗人都曾在此留下墨宝。景泰僧归、蒲涧濂泉、白云晚望、白云松涛、云山叠翠等多处景点都曾入选历代的"羊城八景"。今天的白云山仍以"云山叠翠"居"新羊城八景"之首。白云山风景名胜区还被评为国家级风景名胜区、国家5A级旅游景区。因环境优美，又靠近广州城区，白云山成为人们出游的首选之地。

（景区构成）白云山风景区由7个景区组成，从南到北依次是：麓湖景区、三台岭景区、鸣春谷景区、摩星岭景区、明珠楼景区、飞鹅岭景区和荷依岭景区。

（开始游览）讲到这里，您是不是已经迫不及待了？好吧，让我们现在就开始这精彩的快乐之旅吧！

（白云山索道）朋友们，出现在我们面前的就是白云山索道，这是我国第一条自行设计的观光索道，全长1 800米，于1986年建成运营。乘坐缆车，不仅可以俯瞰景区，还可以饱览羊城的无限风光。

（鸣春谷风景区）游客朋友们，下了缆车，我们就到了鸣春谷游览区了。它由能仁寺、白云晚望、鸣春谷等景点组成。

现在我们出发去山顶广场。广场的左侧就是白云晚望，早在元代，这里便是"羊城八景"之一。请大家顺着我手指的方向看，远处是不是有一条蜿蜒曲折的玉带？对，那就是珠江，江上数十座飞虹一样的大桥也清晰可见。

欣赏完了羊城风貌，现在请大家随我去鸣春谷。首先看到的是目前我国最大的天然鸟笼，它占地1.25万平方米，放养着丹顶鹤、天鹅等150多个鸟类品种，鸟类总数达5 000多只，形成了一幅立体的赏鸟图景。置身其中，是不是有回归山林之感呢？

（摩星岭游览区）游客朋友们，我们现在已来到了摩星岭游览区。站在这里，人们很容易联想起杜甫的"会当凌绝顶，一览众山小"的诗句。摩星岭景区还有白云山知名度最高的泉——九龙泉，以及广州碑林、双溪别墅、山庄旅舍等景点，现在我们就去一一参观游览。

（结束）如果大家游兴未尽，我们还可以去有"华南艺术殿堂"之称的广州雕塑公园参观，相信大家一定会有更多的收获。谢谢大家！

■ 项目小结

本章介绍了导游应掌握的地貌景观常识，包括地貌景观的成因和分类、主要地貌类型的景观特征，以及旅游资源最集中的地貌景观——山地景观的分类、美学特征和旅游价值。地貌景观导游是自然景观导游的重要组成部分。本章还介绍了导游应掌握的地貌景观导游的基本要求、山地景观导游的参观游览安排和讲解技能等。

■ 主要概念

景观　自然景观　地貌　内营力　外营力　花岗岩地貌　丹霞地貌　岩溶地貌
风沙地貌　雅丹地貌　海岸地貌　火山地貌　冰川地貌　山　山地

■ 基础训练

□ 选择题

1.下面属于按照地貌形态来划分的地貌类型有（　　　）。

A.山地　　　　　　B.丘陵　　　　　　C.丹霞地貌　　　　　　D.岩溶地貌

2.导游在安排山地景观的参观游览时应注意（　　　）。

A.制定合理的游览路线　　　　　　B.选择合适的游览时间

C.选择合适的观赏位置　　　　　　D.选择合适的观赏角度

3.导游可从（　　　）的角度选择山地景观的讲解内容。

A.科普　　　　　　　　　　　　　B.审美

C.文化　　　　　　　　　　　　　D.在旅游业中的地位和评价

随堂测验7-1

选择题

☐ 判断题

1.陆地上海拔高度在500米以上的高地都可称为山。　　　　（　　）

2.山地是所有地貌景观中旅游资源最集中的地方。　　　　　（　　）

随堂测验7-2

判断题

☐ 简答题

1.花岗岩地貌有什么样的景观特征？

2.简述山地景观的主要美学特征。

3.山地景观的旅游价值主要表现在哪些方面？

4.对地貌景观的导游讲解应符合哪些要求？

5.导游制定山地景观的游览路线时应注意什么？

6.导游应掌握哪些山地景观导游讲解技能？

☐ 讨论题

举例说明中国名山与中国文化的联系。

案例应用

游客朋友们，你们好！我今天将带大家游览黄山。

黄山位于安徽省黄山市，是典型的花岗岩名山，因传说黄帝曾在此修炼而得名。黄山是中国旅游名山的杰出代表，曾作为唯一的山岳型风景区入选中国十大风景名胜，并被联合国教科文组织确认为世界文化与自然双重遗产，素有"五岳归来不看山，黄山归来不看岳"的美誉。

黄山群峰兀立，著名的有莲花峰、光明顶、天都峰、始信峰、玉屏峰等，其中莲花峰是黄山最高峰，海拔1 864.8米。黄山还形成了众多的溪瀑峡谷，著名的有九龙瀑、人字瀑、百丈泉、翡翠谷等。

黄山景致优美，尤以奇松、怪石、云海、温泉"四绝"闻名于世。黄山有一个奇妙的景观，山峰不着寸土，却是松的海洋，这些松树就是黄山松。黄山松是植物学上的著名品种，一般生长在海拔800米以上的高度，以石为母，破石而生，显示出了顽强的生命力。黄山松中最有名的是玉屏峰东侧的迎客松，树龄至少已有800年，其枝蔓形似好客的主人展开双臂欢迎四方宾客。其他有名的黄山松还有玉屏峰的送客松、北海至始信峰岔道口的黑虎松、始信峰的接引松等。黄山怪石众多，如"仙人晒靴""天女绣花""武松打虎"等。黄山湿度大，加上山林茂密，水分不易蒸发，常形成云海奇观，尤其是日出和日落时的"彩色云海"，更为壮丽。黄山温泉属于断层泉，终年水质清澈，水温稳定，不涸不溢。

游客朋友们，现在就让我们一起乘坐索道去探寻"黄山四绝"，尽情欣赏黄山的独特魅力吧。

　　以上是黄山导游讲解片段，请分析其讲解方法和讲解内容。

■ 技能实训

　　1.教师根据当地实际情况，选取一处有代表性的山地景观，请学生收集资料，撰写一篇有特色、实用的导游词，并进行实地导游讲解，要求导游在讲解中运用多种讲解方法。

　　2.请学生收集列入《世界遗产名录》的中国名山（如泰山、庐山、黄山、峨眉山、三清山、五台山、武夷山、武当山、青城山、龙虎山等）的资料，然后选择其中一座名山，将其内容制成PPT，向同学们展示并简单讲解。

大赛视频7-1

龙虎山

项目八

水体景观模拟导游

■ 学习目标

熟悉水体景观的类型和美学特征；

掌握水体景观导游讲解的基本要求；

能对不同的水体景观进行有针对性的导游讲解；

培养学生热爱祖国、技能宝贵的职业精神。

任务一 水体景观常识

一、水与水体

水是自然环境形成和发展中最活跃的因素之一，是保障人类生活和生产的重要物质条件。水广泛存在于自然界中，地球表面的 3/4 由水所覆盖。在生物体的各种组成成分中，水也占有较高的比重。水的存在形式多种多样，它或以云、雾等气态形式出现，或以雨、露、泉、湖、江河、瀑布、海洋等液态形式存在，或以霜、雪、雾凇、冰雹、冰川等固态形式出现。

从科学的角度讲，水是由两个氢原子和一个氧原子结合而成的最简单的氢氧化合物。水体则是指以相对稳定的陆地为边界的水域，是江、河、湖、海、地下水、冰川等的总称，不仅包括水，还包括水中的溶解物质、悬浮物、底泥、水生生物等。不同的水体有不同的水文特征，并具有相应的自净能力。

导游小常识8-1　　　　　　　　　　湿地

与水体相关的另一个常用概念是"湿地"。"湿地"这一概念在狭义上是指陆地与水域之间的过渡地带，广义上是指地球上除海洋（水深6米以上）外的所有大面积水体。人们现在普遍采用广义的定义。根据这一定义，湿地覆盖了地球表面6%的面积。

湿地、森林和海洋是地球最重要的三大生态系统，其中森林被称为"地球之肺"，湿地被称为"地球之肾"。湿地不仅为人类提供大量食物、原料和水资源，而且对维持生态平衡、保持生物多样性、涵养水源、蓄洪防旱、降解污染、调节气候、美化环境等均有着重要的作用。

二、水与旅游

水是自然界中最主要的构景要素之一。浩瀚的大海、滚滚的江河、清澈的小溪、波光粼粼的湖水、飞流直下的瀑布……这些水域对游客都有着强大的吸引力。一些水体，如风景湖泊、泉水、瀑布、冰川等本身就是重要的旅游资源，而在更多情况下，水体与其他旅游资源组合在一起，成为景色多变、形态各异的旅游风景名胜。比如，水体常与山地巧妙地结合在一起，或汹涌澎湃，或蜿蜒流淌，或烟波浩渺，或秀丽娇艳，从而构成了优美的山水风光，因此我国自古就把"山水"作为风景的代名词。

水体还可提供丰富多彩的游乐和运动旅游项目，如游泳、潜水、划船、漂流、冲浪、滑水、垂钓、滑冰、滑雪等。可以说，水体旅游是游客参与性最强的旅游项目。

当然，并不是所有水体都能成为旅游资源。水体能否成为旅游资源主要受两方面因素的影响：一是水体的卫生环境质量，即水质；二是水体自身的优美度，即水体是否具有形态美、声音美、色彩美、光影美、奇趣美等。

我国有众多的河流、湖泊、泉水、瀑布等水体。这些水体或因其水质优良，或因其形态、色彩、光影等的优美而成为我国著名的旅游资源。

三、水体景观的类型

水体景观的主要类型有江河景观、湖泊景观、泉水景观、瀑布景观和海洋景观等。

（一）江河景观

地表水在重力的作用下，经常（或间接）沿着陆地表面上的线形凹地流动，称为河流。河流中较大的称为江、河，较小的称为溪、涧。每一条河流都可分为上游、中游和下游。大大小小的河流构成的脉络相通的系统称为水系。

江河是地球的血脉，孕育着人类文明，是人类文明的发祥地。江河两岸的山林风光与丰富多彩的人文景观和谐统一，秀丽多姿，景象万千。在河流的中上游，河面狭窄，水流湍急，奇峰耸立，峡幽谷深，滩险流急，摄人心魄；河流下游则水面展宽，时而贴近山麓，时而延展平川。上下游形成了风格各异、魅力无穷的旅游景观走廊。另外，人们还可以在河流上开展多种旅游活动，如漂流、游泳、泛舟、垂钓等。在我国北方地区，冬季河流结冰后，还可以开展滑冰、冰橇等冰雪活动。

我国河流众多，包括海河、黄河、淮河、长江、珠江、黑龙江等。在所有河流中，长江是我国最长的河流，塔里木河是我国最长的内陆河，雅鲁藏布江是我国海拔最高的河流。

导游小常识8-2   长江与黄河

长江是我国最长的河流，其长度仅次于尼罗河和亚马孙河。长江发源于青藏高原的唐古拉山脉各拉丹冬峰西南侧，全长6 300余千米，流经青海、西藏、四川、云南、重庆、湖北、湖南、江西、安徽、江苏和上海等11个省、自治区和直辖市。长江水量丰沛，有"黄金水道"之称。长江在四川盆地以东，浩浩江流劈断巫山，冲破夔门，"青山遮不住，毕竟东流去"，形成了风光绮丽的三峡景区，举世闻名。三峡由瞿塘峡、巫峡、西陵峡三个峡谷组成，西起四川奉节白帝城，东至湖北宜昌南津关。在这200千米的河道上，峡谷与宽谷相间分布。

黄河是我国第二长河，全长约5 464千米。黄河北源发源于青藏高原的巴颜喀拉山脉支脉查哈西拉山南麓的扎曲，南源发源于巴颜喀拉山支脉各姿各雅山北麓的卡日曲，西源发源于星宿海西的约古宗列曲。黄河呈"几"字形，自西向东分别流经青海、四川、甘肃、宁夏、内蒙古、陕西、山西、河南及山东9个省、自治区，最后注入渤海。沿着黄河旅游，游客可以观赏到黄河的磅礴气势、峡谷平湖的胜景和黄土高原的独特风光。历史上，黄河流域长期是中国的政治、经济和文化中心，因而保留了众多的古代文化遗存，包括古人类遗址遗迹、古都城遗迹、帝都园林、帝王陵墓、宗教胜迹等。

赏美景8-1

长江与黄河

（二）湖泊景观

1.湖泊的类型与成因

湖泊是陆地上蓄水的洼地。我国湖泊众多，分布范围广泛且相对集中，主要分布在长江中下游平原和青藏高原，其次为云贵高原和东北地区。湖泊的分类方法很多，主要有以下两种：一是按湖水的矿化程度不同，湖泊可分为淡水湖、咸水湖和盐湖；二是根据湖的成因不同，湖泊可分为构造湖、火山湖、堰塞湖、河迹湖、潟湖、岩溶湖、风蚀湖和人工湖。

构造湖是地壳运动引起的地壳断裂、褶皱、沉陷所形成的构造盆地积水而形成的湖泊，如青海湖、云南的洱海和滇池等。

火山湖是火山喷发口被堵塞后积水而形成的湖泊。这种湖一般较深，外形为圆形或马蹄形，如长白山天池、云南腾冲大龙潭等。

堰塞湖是河流的河道被火山喷发物和滑坡堆积物等堵塞而形成的湖泊，如黑龙江的五大连池和镜泊湖等。

河迹湖又叫牛轭湖，是由于河流改道而形成的湖泊。这种湖泊多呈弯月形或牛轭形，水较浅。我国长江中下游平原的湖泊多为河迹湖。五大淡水湖中的鄱阳湖、洞庭湖、洪泽湖、巢湖都是河迹湖。

潟湖是由于河流泥沙在浅水海湾中堆积起来的沙堤把大片水域与海洋隔开而形成的湖泊，如江苏的太湖、杭州的西湖等。

岩溶湖是石灰岩地区的地下溶洞因受水侵蚀，洞顶被穿透而形成的湖泊，如贵州草海、昆明黑龙潭等。

风蚀湖是受风沙吹蚀影响的洼地积水而形成的湖泊，如敦煌月牙泉、内蒙古居延海等。

人工湖也称水库，是人类在江河上兴修水利、拦河筑坝而形成的湖泊。很多人工湖已开发成旅游资源，如浙江千岛湖、吉林松花湖以及三峡水库、三门峡水库、刘家峡水库、十三陵水库等。

2.我国主要的湖泊景观

湖泊不仅具有蓄水、灌溉、养殖、净化环境、调节气候的功能，还有重要的旅游观赏价值，是重要的旅游资源。作为观赏对象的湖泊，其景观的共同特征是或蔚蓝，或碧绿，或波平如镜，或湖光潋滟，温馨、宁静、安逸。我国著名的湖泊景观有被誉为我国"五大淡水湖"的鄱阳湖、洞庭湖、太湖、洪泽湖、巢湖，被誉为我国"五大咸水湖"的青海湖、纳木错、色林错、扎日南木错、当惹雍错，被誉为我国"四大天池"的新疆天山天池、吉林长白山天池、青海孟达天池、浙江天目山天池，此外还有杭州西湖、云南的滇池和洱海、浙江千岛湖、南京玄武湖、扬州瘦西湖、济南大明湖、武汉东湖及黑龙江镜泊湖等。

此外，青海湖是我国最大的湖泊（也是我国第一大咸水湖），鄱阳湖是我国最大的淡水湖，察尔汗盐湖是我国最大的盐湖，纳木错是我国海拔最高的湖泊，长白山天池是我国最深的湖泊，艾丁湖是我国陆上最低处。

导游小常识8-3   我国最大的淡水湖——鄱阳湖

鄱阳湖位于江西省北部、长江南岸，是我国第一大淡水湖，是国家生态文明教育基地。鄱阳湖也是国际重要湿地，已被列入《国际重要湿地名录》，主要保护对象是珍稀候鸟及湿地生态系统。鄱阳湖还是世界自然基金会圈定的全球重要生态区之一，是中国唯一的世界生命湖泊网成员，被誉为"回归沙漠带中的明珠""亚洲最大的候鸟越冬地""全球最大的白鹤和东方白鹤越冬地"。

"鄱阳湖盆"的形成可追溯到地质史上300万年以前。在距今6 000~7 000年前，这里就有了湖泊，即《禹贡》中所称的"彭蠡泽"。三国时期，彭蠡泽被长江分为南、北两部分，江南的彭蠡泽逐渐南侵，范围越来越大。到18世纪，鄱阳湖达到现在的规模。由于鄱阳湖湖水主要依赖地表径流和湖面降水补给，因此其面积和水量有明显的季节性变化。每年春夏之交，水的补给增加，湖面迅速扩大；冬季，湖水大量流失，又缺乏补给，湖面骤然缩小，所以有"洪水一片，枯水一线"的说法。

在我国五大淡水湖中，鄱阳湖的生物资源最丰富，生物多样性最高。每年冬季，近百万只候鸟来鄱阳湖区域越冬，形成了一幅人与自然和谐共处的美丽画面。据统计，来此越冬的鸟类达310种，白鹤、黑鹳、大鸨、天鹅等国家一、二级保护动物有55种。其中，来这里的白鹤种群占全世界的98%以上。这里还是世界上最大的鸿雁群所在地，鸿雁数量达3万只以上。因此，鄱阳湖又被称为"白鹤乐园"和"珍禽王国"。鄱阳湖越冬候鸟观赏地主要有永修县吴城镇、庐山市沙湖山、新建区南矶山、九江赛城湖、余干县康山等。

鄱阳湖之所以能成为世界有名的候鸟越冬地，首先与鄱阳湖位于温暖的南方有关，其次与鄱阳湖水量的季节性变化有关。冬季，鄱阳湖水量剧减，湖面成倍缩小，形成了许多小湖和沼泽，盛产草根、鱼虾、水生昆虫和螺、蚬等软体动物，这些都是候鸟的丰盛饲料。正因为如此，一旦天气反常，冬季降雨增多，鄱阳湖水位就会明显偏高，候鸟就有可能闹"粮荒"。

赏美景8-2

鄱阳湖

（三）泉水景观

1.泉和泉的类型

泉是地下水的天然露头。泉的主要类型有：

（1）温泉和冷泉。不同的泉水温度差别很大，从0℃到100℃的都有。一般来说，水温高于20℃的为温泉，低于20℃的为冷泉。

（2）矿泉。不同泉水的矿物质成分不同。我们把含有一定量矿物质（矿化度为1克/升以上）并且具有医疗作用和饮用价值的泉水称为矿泉，如黑龙江五大连池的药泉、山东崂山矿泉、内蒙古阿尔山温泉等。

（3）观赏泉。观赏泉是景观奇特、具有观赏价值的泉，如云南大理蝴蝶泉、广西桂平乳泉、四川广元含羞泉、湖北当阳珍珠泉、江西于都紫阳观双味泉、安徽寿县喊泉、西藏的水热爆炸泉，以及江西永丰五味泉（兼具酸、甜、苦、辣、麻五味）等。

2.温泉的形成

温泉的形成一般有两种情况。

一种情况是埋藏较深的地下水受地热作用而升温。在这种情况下，温泉的温度取决于地下含水层的深度。通常，在靠近地面的地壳中，每下降100米，温度约升高3℃。如果在某一特定深度的区域内存在含水层，就有可能成为温泉。我国的内陆温泉多属于此种类型，如西安骊山温泉、北京小汤山温泉等。

另一种情况是受岩浆作用的地下水形成温泉。这种温泉主要分布在地壳活动地带，即地壳板块的边缘地带，多与火山群或地热分布区伴生。这种温泉一般温度较高，在70℃至80℃之间，有的甚至超过100℃。这类温泉在我国的分布也不少，如我国东北的长白山温泉群，福建、台湾沿海地区的温泉，西藏的狮泉河等。

此外，有不少地方开采深层地下水。这种水的水温也很高，但其不是温泉，只是地热水。

3.泉与旅游

泉除了可治疗疾病、供饮用之外，还有特殊的观赏价值，有着独特的纯洁美、味觉美、触觉美、听觉美，在旅游景观中占有重要的地位。在我国历史上，被称为"天下第一泉"的地方就有五个：镇江中泠泉、庐山谷帘泉、北京玉泉、济南趵突泉、南岳衡山水帘洞泉。唐代"茶圣"陆羽周游各地，细心品尝天下名泉，按冲出茶水的美味程度，将泉水排了名次。其中，庐山康王谷水帘水第一；无锡县惠山寺石泉水第二；蕲州兰溪石下水第三；峡州扇子山下有石突然，泄水独清冷，状如龟形，俗云虾蟆口水，第四；苏州虎丘寺石泉水第五；庐山招贤寺下方桥潭水第六；扬子江南零水第七；洪州西山西东瀑布水第八；唐州桐柏县淮水源第九，淮水亦佳；庐州龙池山岭水第十。

（四）瀑布景观

从河床纵剖面陡坡或悬崖处倾泻而下的水流称为瀑布。存在一定的落差是瀑布形成的前提，而造成这一落差的原因可能是地壳运动，也可能是火山活动或差别侵蚀等。瀑布的大小取决于水量和落差。

我国地形复杂、河流众多，形成了众多的瀑布。这些瀑布有的是常年性的，有的是间歇性的，有的随着季节更替而产生节律性变化。我国的瀑布主要分布在东北长白山区、云贵高原以及我国东南部广大的山地丘陵区。著名的瀑布有贵州黄果树瀑布、黑龙江镜泊湖吊水楼瀑布、云南石林大叠水瀑布、浙江雁荡山大龙湫瀑布、陕西和山西共有的壶口瀑布、江西庐山的三叠泉瀑布和庐山瀑布、安徽黄山的九龙瀑和百丈瀑等。

瀑布的旅游价值主要源于三个方面：

（1）瀑布本身所具有的独特形态、声势和色彩，使其成为陆地上最壮观的水景，因此对游客有着强烈的吸引力。

（2）瀑布易与山石峰洞、林木花草、蓝天白云、文物古迹等组合，从而形成了具有综合魅力的景区。

（3）瀑布往往有丰富的文化内涵。如著名的庐山瀑布，被诗人李白称为"飞流直下三千尺"，几乎成为中国瀑布的文化形象代表。

导游小常识8-4　　　　　　　　黄果树瀑布

　　黄果树瀑布是我国第一大瀑布，也是世界上最壮观的瀑布之一，还是世界上唯一可以从前、后、左、右、上、下六个方位观赏的瀑布。黄果树瀑布因当地一种常见的植物——黄果树而得名。黄果树瀑布高77.8米、宽101米，水流从断崖顶端凌空倾泻而下，注入崖下的犀牛潭，气势磅礴，声若雷鸣。瀑布后的绝壁上有一个天然的"水帘洞"，贯穿全瀑，洞口为瀑布所遮，游客可在洞内窗口欣赏天然水帘之胜景。

　　在黄果树瀑布的上游和下游，还分布着高达410米的滴水滩瀑布、瀑顶宽达105米的陡坡塘瀑布、滩面长达350米的螺丝滩瀑布、形态秀美的银练坠瀑布等，它们共同组成了天然的"瀑布博物馆"。

赏美景8-3
黄果树瀑布

（五）海洋景观

海洋由海和洋组成，海洋的中心部分叫洋，海洋的边缘部分叫海，但二者其实很难截然分开。洋的面积比海大得多，但旅游的重点对象不是洋，而是海，并且又多局限在海岸带。海岸带是海洋与陆地的接触带，海岸带的旅游资源是在水、陆、气候、生物及多种人文因素的作用下产生的，包括海水、沙滩、海边的断崖绝壁、海底景观、海洋生物、海上日出、海上观潮、海边建筑等。

我国有着漫长的海岸线，沿海许多地方都已形成滨海旅游胜地，主要包括大连金石滩、厦门鼓浪屿、浙江普陀山海滨、河北的北戴河和南戴河，以及山东的青岛、烟台和威海海滨等。海南岛是我国著名的滨海旅游地，这里气候宜人、沙细滩平，全年可进行海水浴，著名的海滨有三亚天涯海角、亚龙湾、三亚湾、大东海等。

潮汐景观是海洋景观的组成部分。潮汐是由于月亮、太阳和地球间的吸引力与地球自转产生的离心力共同作用于海水而产生的海水水位定时涨落的现象。所有的大陆海岸都会产生潮汐。由于月亮离地球最近，因此引潮力主要发生在月、地之间。海水水面的升降存在三种周期：

（1）日周期，即海水一昼夜间有两次高潮和两次低潮。当月亮处于天顶或天底时，海水开始上涨；当月亮处于地平线两端的天际时，海水开始下降。

（2）月周期，即一个月有两次大潮和小潮。大潮出现在农历初一和十五。

（3）年周期，一年有两次最大潮和最小潮，分别出现在春分和秋分前后。中国农历八月十八在秋分前后，是最大潮发生的时节。中国最壮观、最有名的潮汐是浙江钱塘江大潮，每年都吸引着大批游人前往观潮。

四、水体景观的美学特征

水体景观的魅力源自水体景观的美。水体景观的美学特征主要体现在形态美、声音美、色彩美、味道美、光泽美、倒影美、奇特美和意境美等方面。

（一）形态美

形态美是游客可以通过眼睛直接感受到的美，对游客的审美体验具有重要影响，因此水的形态美往往成为水体景观吸引力大小的决定性因素。水的形态美或表现为动态，或表现为静态，或动中有静，或静中有动。"飞流直下三千尺，疑是银河落九天""上下天光，一碧万顷""黄河之水天上来，奔流到海不复回"等诗句都是对水体景观壮美形态的绝好概括。

（二）声音美

自然界的声音天然地给人以亲切感和放松感。水声是自然界声音中不可缺少的部分。生物离不开水，故而水声首先能给人以安全感。此外，水声还能给人难得的听觉享受。海浪的咆哮、瀑布的轰鸣、泉水的叮咚以及小河流水的潺潺，都能激发游客不同的游兴和遐思。

（三）色彩美

水本身是无色透明的，但它在静止积聚时，受周边环境和本身水质的影响，却能呈现出五彩缤纷的颜色。在多数情况下，水呈现动人的蓝色。溪谷的流水水层薄而干净，水体透明无色，清澈见底。瀑布和跌水水珠飞溅，在阳光反射下呈白色。另有许多水体并不是只呈现一种色彩，而是多种色彩的组合体。

导游小常识8-5　　　　　　　　九寨沟

九寨沟被誉为"人间仙境""童话世界"，而这里最美的其实是五彩缤纷的水，因此有"九寨归来不看水"之说。九寨沟的水为什么能呈现出与众不同的色彩呢？这主要是因为九寨沟的水中富含碳酸钙质。这些钙质随水流动，遇到障碍物就附着其上，越积越多，越积越高，最终形成了一条条乳白色的钙质堤埂，并蓄水而成湖泊，当地称为"海子"，其实这就是地理学上的"堰塞湖"。这些海子上生长着各种植物，它们所含的叶绿素深浅不同，在富含碳酸钙质的水里会呈现出不同的颜色。也正是因为富含碳酸钙质，所以这些"海子"中到处可见乳白色的结晶体，美不胜收。

赏美景8-4

九寨沟

（四）味道美

水是人体不可缺少的物质，人每天都要喝水，因此，水体景观又是自然景观中难得的可用嘴"品尝"的景观。虽然并不是所有的水都可品尝，但清凉的甘泉和优质的矿泉水总是能激发游客的品尝愿望。

（五）光泽美

水在光线的作用下，会呈现出多种绚丽的色彩。不仅太阳光会对水的光泽产生影响，月光甚至灯光、烛光也会影响水体的光泽。"水光潋滟晴方好"就是描写杭州西湖在阳光下表现出的光泽美的著名诗句。

（六）倒影美

水是透明的。在光线的作用下，水体周边的蓝天白云、花草树木、飞禽走兽都可在水中形成倒影，甚至人的活动本身也可在水中形成倒影。毫无疑问，这增强了水体景观的生动性、层次性和趣味性。水体的这一美学特征是其他自然景观所不具备的。

（七）奇特美

一些水体景观能呈现出奇特的自然现象，吸引着游客探询的目光。例如，江西于都紫阳观的双味泉，逢单日水酸，逢双日水甜；四川广元的含羞泉，一遇到震动，泉水便似害羞的姑娘，悄悄退去，待安静后，泉水又悄然冒出；在江西湖口的石钟山下，鄱阳湖水与长江水在此相接，由于鄱阳湖水清澈，而长江水相对浑浊，于是在石钟山的水面上形成了一条泾渭分明的水上分界线，吸引了大量游人前往观赏。

导游小常识8-6   鄱阳湖水与长江水分界线

鄱阳湖水与长江水不仅在湖口形成分界线，这条线甚至一直延续，长达50千米。也就是说，江水与湖水并流50千米后才混为一色。这让很多人不解。其实，这在水文上并不难解释：长江水含泥沙多，比重较大，湖水含泥沙少，比重较小，两水的流速、流向都不同，两股如此巨大的水流要消除这些差异自然要有一个过程，因此50千米的"过渡"是可以理解的。

（八）意境美

自古以来，人们就常常把水和人的悲欢离合联系起来，借水景抒发自己的情感。"问君能有几多愁，恰似一江春水向东流""君住长江头，我住长江尾，日日思君不见君，共饮长江水"等，都是借水抒情的典型诗句。人们也常以水寓意，"流水不腐，户枢不蠹""行云流水""仁者乐山，智者乐水"等，都充分表达了水所蕴藏的文化内涵。

任务二 水体景观导游

水体景观是重要的旅游景观类型，对游客具有越来越大的吸引力。导游在带游客进行水体景观游览时，应完成两项工作：一是根据水体景观的特点，制订具体的游览方案；二是依据游览方案和景观特色，做好导游讲解工作。

一、科学制订游览方案

不同的水体景观有不同的特点。在进行水体景观导游时，导游应充分了解将要游览的水体景观的特点，科学制订游览方案，引导游客观水赏景。在制订游览方案时，导游应考虑以下因素：

（一）选择合适的游览路线

水体景观有大有小。较小的水体景观的游览路线并不复杂，不需要对游览路线做出特别安排，但也有范围广大的水体景观，如三亚的海滨、云南的洱海等，需要导游根据实际情况选择合适的游览路线。

（二）选择恰当的游览时间

水体景观受日照、光线、天气的影响很大。例如，早晨和傍晚的海边肯定比中午的海边更有观赏价值；大雨之后的瀑布将更加壮观，但雨后的山间小溪有可能不再清澈，甚至可能发生山洪。这些因素都是导游在选择游览时间时应该考虑到的。

（三）选择合适的游览角度

同样一个水体景观，从不同的角度游览，游客的感受可能是不一样的。导游要善于发掘水体景观游览的不同角度，把最好的观景角度告诉游客，引导游客观赏到水体景观最美的一面。例如，当游客来到某一水体景观时，首先看到的就是水体的水面。无论水面是辽阔还是狭小，是波涛汹涌还是波平如镜，都能带给游客不同的感受。当水面较小时，导游应引导游客"以小见大"，多注意周边景物与水面的协调；当水面较大时，导游应引导游客"以大见小"，多关注岸边（如海岸、河堤、湖边）的景物与水体的搭配。

（四）选择恰当的游览内容

水体景观的游览内容一般包括以下几项：

（1）水体景观的形态观赏。水体景观的外在形态能给予游客最直接的感性认识，会直接影响到水体景观游览的成败。导游在制订游览方案时，要留给游客足够的观赏水体形态的时间，同时要给游客提供恰当的指导。

（2）体验、参与水体游乐项目。现代旅游的发展趋势之一是参与性、体验性增强。水体旅游是参与性、体验性很强的旅游项目。很多水体景观都可提供诸如垂钓、喂鱼、水底观光、漂流、游泳、潜水、划船、冲浪、滑水、温泉浴等丰富多彩的游乐和运动项目，导游可视情况安排。

（3）水体的延伸体验。由对水体景观的一些奇特现象的观赏延伸至对其科学原理的探究；由对泉水的观赏延伸至对中国悠久的茶文化的探讨，或品尝名水泡出的名茶，如游客游览西湖时，可体验"西湖双绝"——虎跑泉水泡龙井茶。

二、水体景观导游讲解的基本要求

尽管水体景观多种多样，但对水体景观的导游讲解还是有一些共性的要求的，这表现在：

（一）灵活运用多种导游讲解方法

不同的水体承载着不同的文化，不同游客群体的文化层次也可能不同。导游应从多个方面进行信息的收集整理，根据实际情况，选择恰当的讲解方法；要善于组织讲解的故事情节，结合游览内容，制造悬念，引人入胜，启发联想，触景生情；要突出重点进行介绍，采用有问有答的交流式对话，努力将游客引入旅游意境中。

（二）突出讲解水体景观的特色

不同的水体有不同的景观特色，即使同一类型的水体，其景观特色也可能不同。导游应善于总结其中的不同点，突出讲解所游览的水体景观中最有特色的部分。例如，讲解海洋景观时，应突出景观的伟岸、辽阔；讲解江河景观时，应突出景色多姿、类型丰富；讲解湖泊景观时，应突出大湖泊的壮阔、小湖泊的清秀，以及高山之巅湖泊的神秘、幽静和清澈；讲解泉水景观时，应突出泉水的奇特和多种功能。

（三）突出讲解水体景观的文化底蕴

导游应有意收集与要讲解的水体有关的历史传说、名人典故、趣闻逸事、诗词歌赋等，了解该水体景观的历史变迁，从而向游客揭示该景观的历史文化内涵，使游客对该景观有更生动、全面的了解，也可以使导游的讲解工作开展得有声有色。

（四）突出讲解水体景观的价值，体现人与自然的协调

水不仅是维持生命必不可少的物质，还有重要的经济价值和审美价值。导游应突出讲解水体景观的价值，以体现水体景观的功用，体现人与自然的完美结合、和谐统一。例如，讲解温泉、矿泉、海水时，可突出其医疗作用；讲解名泉时，可突出其品

茗、酿酒的功能；讲解江河湖泊时，可突出其饮水、灌溉、运输、行船、游泳、垂钓等功能。

导游小常识8-7 　　　　　　**漩水奇观——龙宫漩塘**

贵州省安顺市龙宫景区有一个罕见的奇观——漩塘。塘面呈圆形，面积达万余平方米，其奇特之处在于池水不借风力，日日夜夜，年年岁岁，永不停歇地沿着顺时针方向旋转，可谓"山不转水转"。旋转速度最快的时候，它几分钟就可以转一圈，而且无论旋转速度是快还是慢，它的水位始终相差不大，水面也始终保持柔和平稳。

龙宫漩塘是目前世界上唯一发现的水体可以整体旋转的水塘，其旋转之谜引发了众多猜测。其中最有说服力的说法是：在漩塘东北部有一条河水注入，而漩塘底部是一个大而深的漏斗，漏斗底部的暗河和下游的水系连通，对漩塘里的水体产生了一股吸力，河水注入时的推力和下游水系对漩塘的吸力，最终导致漩塘按顺时针方向旋转。

赏美景8-5
龙宫漩塘

三、不同水体景观的导游讲解

水体景观的导游讲解并没有固定的格式，但总有一些规律可以遵循，下面我们对不同水体景观的导游讲解进行介绍。

（一）江河景观导游讲解

对江河景观进行讲解时，一般可按如下程序进行：

（1）致欢迎辞。

（2）介绍江河概况。应明确江河的位置、长度、特色等。

（3）讲解江河的主要景点。应明确景点的地理位置及在整条河流中所处的地位（包括地理地位、景观地位和文化地位等）。

（4）总结与概括。

（5）致欢送辞。

在具体进行景观讲解时，导游既可以从美学观赏性的角度进行讲解，也可以从水与其他自然要素相配合的角度进行讲解，还可以从水与人文要素相配合的角度进行讲解。在讲解方法上，导游可综合运用分段讲解、对比讲解、问答式讲解及虚实结合、联想等多种方法。

下面以漓江的导游讲解为例进行说明：

各位朋友、各位来宾：

欢迎大家乘船游览美丽的漓江。现在，我们的游船马上就要出发了。我先把漓江的简要情况向大家介绍一下。（致欢迎辞，导出江河总体情况的介绍）

漓江属于珠江水系，为支流桂江上游河段的通称，其发源地为兴安县猫儿山东北面的老山界。漓江由猫儿山下的涓涓细流汇集而成，流经兴安、桂林、阳朔、平乐，至梧州汇入西江。我们通常所称的漓江是指桂林至阳朔段，全长83千米。这一段奇峰林立，碧水萦回，人称"百里漓江，百里画廊"。（介绍江河概况，明确江河的位置、长度、特色）

竹江景区……草坪景区……杨堤景区……兴坪景区……阳朔景区……（讲解江河

的主要景点，略）

各位朋友，我们的游船就要靠岸了。今天我们游览了漓江中最美的一段，相信漓江山水已经给大家留下了深刻的印象。在今天的漓江游即将结束之际，衷心感谢您的支持与配合。如果我的工作中有什么不周到的地方，请您留下宝贵的意见。欢迎您及您的朋友再来漓江。（总结与概括，致欢送辞）

（二）湖泊景观导游讲解

对湖泊景观进行讲解时，一般可按如下程序进行：

（1）导入概念。

（2）讲解湖泊的基本知识，如湖泊的分布、成因、发育规律等。

模拟训练8-1

训练要求： 讲解察尔汗盐湖的独特景色是如何形成的。

训练提示： 察尔汗盐湖位于柴达木盆地南部，平均海拔2 670米，总面积约5 856平方千米，是我国最大的盐湖，也是世界上著名的内陆盐湖之一。这里是盐的世界，房子用盐盖，吃盐就地取，修路则以盐为路基。青藏铁路、青藏公路都经过察尔汗盐湖，铁路路基和公路都由盐铺成，被称为"万丈盐桥"。察尔汗盐湖是一个美妙神奇的世界，奇特的盐层溶洞、盐湖蘑菇和美丽的盐晶花等共同构成了难得一见的天下奇观。

察尔汗盐湖是数亿年来地质变迁的产物。几亿年前，这里是一片汪洋大海，后来地壳上升、海底裸露，形成了柴达木盆地，并形成了大大小小的湖泊。由于长期的风吹日晒，加之蒸发量远远大于降水量，因此湖内形成了高浓度的卤水，有的逐渐结晶成了盐粒，从而形成盐湖。

（3）介绍湖泊的旅游价值，包括湖泊的景观特色、湖泊在旅游业中的地位。

（4）介绍湖泊的文化内涵。导游不应只谈湖泊的外在美，还应将湖泊融于周围的人文景观中，并尽可能地发掘湖泊的文化内涵。例如，在讲解杭州西湖时，导游可谈及与西湖有关的一些历史名人，如白居易、苏轼、岳飞等。

模拟训练8-2

训练要求： 讲解喀纳斯湖的概况。

训练提示： 喀纳斯湖位于新疆阿勒泰地区布尔津县北部、阿尔泰山脉中，是国家5A级旅游景区。湖面海拔1 374米，湖形如弯月，面积45.73平方千米，平均水深125米，最深处达188.5米。据推测，喀纳斯湖是古冰川的强烈运动阻塞山谷积水而形成的。这里有清澈而多彩的湖水、绿草如茵的草原、浩瀚无垠的森林和山舞银蛇的冰川，景观兼具北国风光之雄浑和南国山水之秀丽。

喀纳斯湖有四大奇观：一是湖水会随着季节和天气的变化时时变换颜色，晴天为深蓝绿色，阴雨天为暗灰绿色，夏季天气炎热时呈微带蓝绿的乳白色；二是传说湖中有"湖怪"，身长达10米，但也有人认为，所谓的"湖怪"其实只是大型淡水食肉鱼——哲罗鲑；三是千米浮木长堤，这是湖中的浮木被强风吹着逆水上漂，在湖泊上游堆聚而成的；四是喀纳斯云海佛光。

（三）泉水景观导游讲解

对泉水景观进行讲解时，可以从以下三个方面着手：

（1）进行科普讲解，侧重于泉水的成因、成分和价值。

（2）进行景观讲解。泉水常给人清凉、幽雅、秀丽的感觉，泉水还是溪、涧、河、湖的水源。导游应引导游客进行泉水景观的审美。

（3）文化引申讲解。名泉经过千年积淀，承载着深厚的文化底蕴。历代名人为名泉留下了大量诗文和题刻。很多人傍泉而居，许多民间故事都发生在泉边或与泉相关，泉成为人们生活的一部分。此外，名泉与茶密不可分，因此，中国的名泉亦是中国茶文化的重要组成部分。

导游小常识8-8　　　　　　趵突泉导游讲解（片断）

各位游客，你们好！欢迎来到济南！大家都知道，济南被称为"泉城"，城内百泉争涌，其中最有名的就是趵突泉。

趵突泉位于济南市历下区趵突泉公园内，是最早见于古代文献的济南名泉，位居济南"七十二名泉"之首，被誉为"天下第一泉"，与济南千佛山、大明湖并称为"济南三大名胜"。

现在展现在大家眼前的就是趵突泉，三股泉水从地下溶洞中涌出，汹涌奔腾，浪花四溅。"趵突"即跳跃奔突的意思，它形象地描绘了趵突泉三窟迸发、喷涌不息的特点。"趵突腾空"亦被列为明清时期"济南八景"之首。著名文学家蒲松龄曾评价趵突泉是"海内之名泉第一，齐门之胜地无双"。历代文化名人如曾巩、苏轼、元好问、赵孟頫、王守仁等，都曾对趵突泉及其周边的名胜古迹有所题咏，趵突泉因此成为文化底蕴深厚的天下名泉。

趵突泉水质清澈、味道甘美，是十分理想的饮用水。趵突泉的水温一年四季恒定在18℃左右，每到严冬时节，受温差影响，水面上常会形成一层薄薄的烟雾，烟雾与波光粼粼的湖面和水面建筑交相辉映，宛若人间仙境。

赏美景8-6

趵突泉

（四）瀑布景观导游讲解

对瀑布景观进行讲解时，应注意以下几个方面：

（1）讲解瀑布的形成原因。游客在欣赏瀑布的壮观景象时，普遍对其形成原因充满好奇。导游对瀑布的形成原因进行讲解，既能够解答游客心中的疑问，又能够传播科学知识。

模拟训练8-3

训练要求：讲解黄果树瀑布的形成原因。

训练提示：黄果树瀑布是我国最大的瀑布，那么这一瀑布是如何形成的呢？地势存在一定的落差才能形成瀑布，而这一落差的形成原因是多种多样的：有的是地层岩石软硬不一、流水不断侵蚀而形成的；有的是地层抬升、断裂或沉降而形成的；有的是火山喷发、熔岩流堵塞河道而形成的；有的是山体崩塌、泥石流堵塞河床而形成的；有的是水流直接越过断崖而形成的。此外，冰川的侵蚀和堆积也可形成小型瀑布。

那么，黄果树瀑布的形成应该属于哪一种情况呢？黄果树瀑布是因地层岩石软硬不一、流水不断侵蚀而形成的。黄果树瀑布发育在石灰岩构成的悬岩上，因构成河床的岩石在性质上存在差异，经水流的不断侵蚀，最终形成了雄伟壮观的黄果树瀑布。

（2）交代瀑布的位置、落差、宽度和水量。这是评价瀑布是否壮观的基本指标。这些指标将影响游客对瀑布的审美。

（3）讲解瀑布的景观特征，并对游客进行观景与审美的引导。瀑布是山水结合，形、声、动三态结合的旅游美景。导游在观景上的引导应有助于提升游客的审美体验。

（4）引申讲解瀑布的人文精神。

（5）讲解应根据景区游览路线的安排分段进行，并突出讲解重点。

（五）海岸景观导游讲解

对海岸景观进行讲解时，应注意以下几个方面：

（1）进行必要的科普知识介绍，如海水的颜色、成分，海洋潮汐知识，海岸岩石特点及形成原因，海岸沙子的粗细、颜色及形成原因，岸边植物群落的特点等。这些都是评价海岸景观的重要指标。

（2）讲解海岸的景观特征，并对游客进行观景与审美的引导，如景区组成、观景要素以及突出特色等。

（3）引申讲解海岸的人文内涵。

（4）海岸景观一般面积较大，导游应事先安排好最佳游览路线，把握好讲解节奏，做到重点突出、详略得当、疏密有致。

导游小常识8-9　　　　　　　亚龙湾

　　亚龙湾位于三亚市东南25千米处，是海南岛最南端的一个半月形海湾，这里三面青山相拥，集海洋、沙滩、阳光、绿树、新鲜空气等多种旅游要素于一体，是我国唯一具有热带风情的国家级旅游度假区，有"天下第一湾"之誉。亚龙湾海水湛蓝、洁净清澈，可以清晰地看见10米以下的海底景观，是观赏海底生物如珊瑚、热带鱼、野生贝类等的理想场所。亚龙湾的银白色海滩宽阔平缓，浅海区宽达50~60米，沙粒洁白细腻，再加上温暖的热带气候、如诗如画的自然风光和完善的旅游度假设施，使得这里适宜四季游泳和开展各类海上运动，是一处理想的休闲度假胜地，可与国际上任何著名的热带滨海旅游度假胜地相媲美。

赏美景8-7

亚龙湾

▇ 项目小结 ......

本章介绍了水体景观常识和水体景观的模拟导游。水是自然界最主要的构景要素之一，水体景观是重要的旅游景观类型，对旅游者具有越来越大的吸引力。主要的水体景观有江河景观、湖泊景观、泉水景观、瀑布景观和海洋景观等。水体景观的美学特征主要体现在形态美、声音美、色彩美、味道美、光泽美、倒影美、奇特美和意境美等方面。导游在进行水体景观导游时，既要根据水体景观的特点制订具体的游览方案，又要依据景观特色做好导游讲解工作。

■ 主要概念

水 水体 河流 水系 湖泊 构造湖 火山湖 堰塞湖 河迹湖 潟湖 岩溶湖 风蚀湖 人工湖 温泉 冷泉 矿泉 观赏泉 瀑布 潮汐

■ 基础训练

□ 选择题

随堂测验8-1

选择题

1.水体能否成为旅游资源主要受（　　）因素的影响。

A.水体的卫生环境质量　　　　　　　　B.水体的大小

C.水体自身的优美度　　　　　　　　　D.水体的位置

2."飞流直下三千尺，疑是银河落九天"主要体现了水体景观（　　）的特征。

A.声音美　　　　B.色彩美　　　　C.光泽美　　　　D.形态美

3.湖泊景观导游讲解应包含（　　）等内容。

A.湖泊的分布、成因、发育规律　　　　B.湖泊的景观特色

C.湖泊的文化内涵　　　　　　　　　　D.湖泊在旅游业中的地位

□ 判断题

随堂测验8-2

判断题

1.对泉水景观进行讲解时，应突出外观讲解，对泉水的成因和成分可不讲。

（　　）

2.对任何水体景观的讲解，都应突出水体景观的文化底蕴。　　（　　）

□ 简答题

1.水体景观有哪些主要类型？

2.温泉是如何形成的？

3.制订水体景观的游览方案应注意哪些方面？

4.水体景观的游览内容主要有哪些？

5.水体景观导游讲解有哪些基本要求？

6.对瀑布景观进行讲解时，应注意哪些方面？

□ 讨论题

导游应如何引导游客欣赏水体景观的美？

■ 案例应用

长江三峡是历次造山运动和河流共同作用的结果，是大自然的鬼斧神工留下的山水和谐的经典之作。

长江三峡由瞿塘峡、巫峡、西陵峡组成，西起重庆奉节的白帝城，东至湖北宜昌的南津关，全长193千米。三峡两岸悬崖绝壁，江中滩峡相间，水流湍急，荟萃了长江风光的精华，是我国十大风景名胜之一。瞿塘峡是长江三峡中最短但又最雄伟险峻的一个峡，有夔门、孟良梯、古栈道、犀牛望月等景点。巫峡以幽深秀丽著称，有巫山十二峰、孔明碑、铁棺峡等景点。西陵峡在三峡中最长，以滩多水急闻名，有兵书宝剑峡、牛肝马肺峡、崆岭峡、灯影峡、青滩、泄滩等景点。

此外，位于巫峡北岸的大宁河上有由龙门峡、巴雾峡、滴翠峡组成的"小三

峡"，在大宁河滴翠峡处的支流马渡河上，有由长滩峡、秦王峡、三撑峡组成的"小小三峡"。2007年，巫山小三峡-小小三峡被评为国家5A级旅游景区。

以上是对长江三峡的概括性介绍，请分析作者讲述了哪些方面的内容。

■ 技能实训

1.教师根据当地实际情况，选取一处有代表性的水体景观，请学生收集资料，撰写一篇实用的、有个性特色的导游词，并进行实地导游讲解。

2.请学生收集杭州西湖的资料，然后制作成幻灯片，分组展示，并简单讲解。

项目九

生物景观模拟导游

■ 学习目标

熟悉生物景观的基本常识；

掌握植物景观导游讲解的基本方式和内容；

掌握动物景观导游讲解的基本方式和内容；

培养学生热爱祖国、技能宝贵的职业精神。

生物景观是自然景观的重要组成部分，在旅游业中扮演着举足轻重的角色。生物景观导游也是导游的一项不可缺少的工作。

任务一　生物景观常识

一、生物和生物景观的含义

（一）生物

生物是自然界中有生命物质的总称，由动物、植物和微生物组成。

地球的历史已长达46亿年，地球生命的历史也达到了近38亿年。在这近38亿年中，地球生命经历了由简单到复杂、由低级到高级、由海洋到陆地、由海陆到空中的发展进程，最终形成了今天这个多姿多彩的生物圈。

生物是人类的衣食之源，对人类的社会、经济及文化生活产生着重大影响。同时，生物对自然环境的改造和保护也有重要作用。

导游小常识9-1　　　　　我国动植物的种类

我国植物种类繁多，是世界上植物资源最丰富的国家之一。据统计，我国有种子植物300个科、2 980个属、24 600个种。有些植物（如水杉、银杏等）在世界上其他地区已经灭绝，都是仅存于中国的"活化石"。我国也是世界上动物资源最丰富的国家之一。据统计，我国陆栖脊椎动物约有2 070种，占世界陆栖脊椎动物的9.8%，其中鸟类1 170多种、兽类400多种、两栖类184种。

（二）生物景观

生物景观是指由具有美学和科学价值，具有旅游吸引功能和游览观赏价值的生物资源构成的景观。作为旅游资源的生物景观，只包括植物和动物，而不包括微生物。

二、生物景观的旅游功能

对于旅游业来说，生物景观具有不可替代的重要意义。生物景观的旅游功能主要体现在以下几个方面：

（一）生物景观是重要的构景要素

生物是自然景观中最活跃的因子，自然景观因为有了生物才有了生机和活力。地带性植被及栖息在内的动物，已成为各区域内最富有生气的旅游景观资源。比如，提到大熊猫，人们就会想到四川卧龙自然保护区；提到椰林海韵，人们就会想到海南岛；提到热带雨林、大象、孔雀，人们就会想到云南西双版纳。因此，生物景观已成为重要的构景要素。很难想象，如果旅游资源中没有了生物的影子，将会是什么样。

（二）生物景观对游客具有很强的吸引力

生物具有美化和净化环境的功能，而生物本身具有的独特的形态、色彩、声音、动作等，也能带给人强烈的美感。生物还能成为传播知识的载体，人们可通过了解奇花异草、珍禽异兽，扩大视野，增长知识。人们还可利用生物开展垂钓、狩猎、采集等活动。在生态旅游已成时尚的今天，生物旅游资源对游客的吸引力越来越大。

（三）生物景观能够衬托其他景观

生物景观具有装饰山水、分隔空间、塑造意境的造景功能，能对其所在地的景观起到装点、打扮和辅助作用。在一个景观中，生物既可独立成景，也可作为其他景观的背景，与其他景物有机配合，形成特色鲜明的美景。

三、生物景观的类型

总体来说，生物景观可分为植物景观和动物景观两大类。具体来说，生物景观又可分为树木景观、草原与草地景观、花卉景观、野生动物景观四类。

（一）树木景观

树木景观包括林地景观、丛树景观和独树景观三类。

1.林地（含森林公园和植物园）景观

林地是指由生长在一起的一大片树木组成的植物群落。我国的林地分布不平衡，主要分布在东北的大小兴安岭和长白山区、西南的横断山区和西藏东南部地区，以及长江中下游的山地丘陵地区。东北林区、西南林区及南方林区（东南林区）是我国的三大林区。

郁郁葱葱的森林可以调节气候、防风固沙、保持水分、涵养水源、净化空气和维护自然生态平衡。同时，森林还具有探幽、探奇、探险、科考和特殊疗养等旅游功能，是旅游活动的重要景观地。吉林长白山、云南西双版纳、湖北神农架、湖南张家界都是我国有代表性的森林旅游地。

导游小常识9-2　　　　　　　　　　**神农架**

神农架位于长江以北、汉水以南的鄂西北，是我国东部最大的原始森林和国家级自然保护区。相传，神农氏曾在此搭架采药，神农架因此得名。这里山高林密，气候湿润，多雨多雾，受第四纪冰川的影响很小，并且处于南北气候带和东西地理带的交会地区，因而成为我国东、南、西、北动植物区系的荟萃之地，也是许多濒危珍稀野生动植物的乐园。

这里森林茂密，古木参天，有"华中林海""天然动植物园"之称，栖息在此的国家一级保护动物有金丝猴、金钱豹、金雕等。众多白熊、白蛇、白鹿等白化动物和流传甚广的"野人"传说，又给神农架披上了一层神秘的面纱。神农架的主要景点有板壁岩、大九湖、小当阳、香溪源、燕子垭等。1990年，神农架被联合国教科文组织列为"国际人与生物圈保护区网"成员单位；1995年，神农架被世界自然基金会评为"生物多样性保护示范点"；2016年7月，神农架被列入《世界遗产名录》，成为中国第50处世界遗产。

森林公园是以森林为主体的自然类郊野公园，是我国森林资源保存最精华的板块之一。其中，张家界国家森林公园是我国第一个国家森林公园。截至2017年底，全国共建立森林公园3 505处，规划总面积2 028.19万公顷，占国土面积的2.11%。截至2019年2月，我国已建立国家级森林公园897处。据初步测算，2018年，国家级森林公园接待游客量超过10亿人次，旅游收入近1 000亿元。

此外，我国还建有许多植物园。这些植物园可分为大型综合性植物园和独具特色的专科性植物园两种。许多植物园都成了现代林地旅游景观的重要组成部分，如中国科学院华南植物园（全国最大的南亚热带植物园）、海南热带植物园、庐山植物园、深圳仙湖植物园、珠海农科奇观等。

2.丛树景观

丛树为生长在一起的小片树木组成的植物群体。一般来讲，具有特殊观赏和科研价值的植物群体才可构成景观，如云南大理苍山的冷杉林、四川宜宾蜀南竹海、江西井冈山的杜鹃林等。

导游小常识9-3   蜀南竹海

蜀南竹海位于四川省宜宾市江安、长宁两县境内，并以长宁的竹海镇为中心，占地面积达120平方千米，中心景区面积达44平方千米。景区集竹景、山水、溶洞、湖泊、瀑布和众多人文景观于一体，主要景点有墨溪、忘忧谷、翡翠长廊、仙寓硐、天宝寨、七彩飞瀑、青龙湖等。竹海是该景区最突出的特色景观，在大小500多个山丘上生长着7万余亩翠竹，有楠竹、花竹、人面竹、香妃竹等数百个品种，可谓竹的世界。蜀南竹海为国家级风景名胜区、国家4A级旅游景区，1991年被评为"中国旅游胜地四十佳"之一，2005年被评为"中国最美的十大森林"之一。

3.独树景观

独树是指单棵树木。具有旅游价值、能成为旅游景观的独树毫无疑问都应是古树名木。被列为古树名木的树木一般至少应符合下列条件之一：百年以上树龄；属于稀有、珍贵树木；具有历史价值、纪念意义及重要科研价值。我国著名的古树名木有陕西黄帝陵的"轩辕柏"、安徽黄山的"迎客松"、江西庐山的"三宝树"等。

（二）草原与草地景观

草原是指在干旱、半干旱气候条件下，以旱生或半旱生的草本植物组成的植被类型。草地是由多年生草本植物或小部分灌木组成的植物群落。草原和草地形成了一望无际的绿色海洋，加上点缀其间的牛羊，以及蓝天、白云和清新的空气，对旅游者形成了强大的吸引力。

　　我国草原的主要类型包括温带草原、暖温带草原和高山草甸（或草原）等，主要分布在内蒙古、新疆、青海、西藏、甘肃南部和四川西北部等地。我国的温带草原以内蒙古草原为典型代表，高山草甸则主要分布在新疆天山南北坡和青藏高原等地。我国长江以南的少数地方也有高山草甸（或草原）分布，如江西武功山的10万亩高山草甸。内蒙古呼伦贝尔草原、锡林郭勒草原和新疆天山高山草甸等是我国最著名的草原旅游地，适宜开展草原观光、骑马、滑草、野餐、露营等活动。

　　（三）花卉景观

　　花能美化环境，能给人以美好的视觉感受。自古以来，人们就赋予了花卉丰富而美好的内涵，如梅花喻高洁、顽强，牡丹喻尊贵、荣华，荷花喻清雅、圣洁等，因此人们还可以从花卉上领略到许多深刻的寓意。

　　我国有花卉近6 000种，约占世界总量的3/4，其中常见的景观花卉有牡丹、菊花、梅花、茶花、杜鹃、兰花、芍药、玉兰、水仙、莲花等。去南京梅花山、无锡梅园、武汉东湖和江西大余等地赏梅，去河南洛阳和山东菏泽观牡丹，去江西井冈山观杜鹃，去河北白洋淀观荷花，去吉林长白山观野生花卉等，都是著名的花卉旅游项目。此外，各地定期举办的花展、花会也能吸引众多的游人，如广州羊城花会、洛阳牡丹花会、北京菊展等。

　　（四）野生动物景观

　　我国山多林密，动物种类较多，其中很多是国家重点保护的珍贵、濒危野生动物，如大熊猫、金丝猴、白唇鹿、白鱀豚、华南虎、褐马鸡、东北虎和扬子鳄等。

导游小常识9-4　　　　　　　华南虎和白鱀豚

　　华南虎亦称"中国虎"，是中国特有的虎种，曾广泛分布于我国的华东、华中、华南、西南地区。华南虎头圆，耳短，四肢粗大有力，尾较长，全身呈橙黄色并布满黑色横纹，胸腹部杂有较多的乳白色。中华人民共和国成立初期，野生华南虎的数量有4 000多头，但是目前，除了动物园中还圈养着极少量的华南虎外，人们已多年不见野生华南虎的踪迹。华南虎已被世界自然保护联盟列为极度濒危的十大物种之一。

　　白鱀豚是我国特有的珍稀水生哺乳动物，曾广泛存在于长江之中，有"水中熊猫"之称，是我国最濒危的动物之一，也是世界上几种最濒危的动物之一。从某种程度上来说，白鱀豚比大熊猫还要珍贵，它是研究鲸类进化史的"活化石"，对仿生学、生理学、动物学和军事科学等都有很重要的科学研究价值。白鱀豚的身体呈纺锤形，全身皮肤裸露无毛，光滑而富有弹性，成体全长1.4~2.5米，平均体重达145.7千克，体态漂亮，被誉为"长江女神"。

　　野生动物不仅有经济、科学、文化教育等多方面的价值，而且由于野生动物具有奇特性、珍稀性和表演性，因此野生动物历来就是人们喜爱的旅游景观。目前，人们观赏野生动物的地方有两类：一类是动物园；另一类是野生动物栖息地。

　　1.动物园

　　我国在公元前11世纪的西周时期已建有"灵囿"，圈养珍奇异兽，专供王公贵族欣赏，"灵囿"是我国最早的动物园。与野生动物保护区不同的是，动物园一般位于

城市或城市附近，以方便城市居民就近观赏，而且动物园里的动物完全限定在人工控制的小圈子内，不能自由活动。野生动物园是一种在自然环境基础上围圈的、将动物以半开放式放养的动物园。野生动物园的面积一般比较大，动物可在园内自由行动、捕食，游人必须乘封闭车辆观看动物。著名的野生动物园有深圳野生动物园（中国第一家放养式动物园）、上海野生动物园、广州长隆野生动物世界等。

动物园可分为综合性动物园和专门性动物园两大类。北京动物园、上海动物园等都属于综合性动物园。专门性动物园有水族馆、海洋公园、鸟园、蝴蝶园、蛇园、猴园、鳄鱼园等。水族馆和海洋公园是现代城市中新兴的游览地，是认识海洋和海洋生物的窗口，也是动物园发展的新形式。

2.野生动物栖息地

野生动物栖息地包括水生动物栖息地、陆地动物栖息地、鸟类栖息地和蝶类栖息地等。我国著名的水生动物栖息地有湖北长江新螺段白鳍豚国家级自然保护区、广东珠江口中华白海豚国家级自然保护区等；陆地动物栖息地有四川汶川县卧龙国家级自然保护区（主要保护对象为大熊猫及森林生态系统）、江西彭泽县桃红岭梅花鹿国家级自然保护区；鸟类栖息地有江西鄱阳湖国家级自然保护区、山东黄河三角洲国家级自然保护区、黑龙江扎龙国家级自然保护区等；蝶类栖息地有云南西双版纳地区和苍山洱海等。

任务二　生物景观导游

生物为活的有机体。生物景观与其他自然景观相比较，有特殊的旅游意义及景观特点。在进行生物景观导游前，导游应全面了解生物景观的特点，掌握必要的生物景观常识。导游在讲解时应合理安排参观路线和时间，以普及生物知识为主，并恰当地进行文化寓意的引申讲解。

一、生物景观导游前的知识准备

生物景观导游是知识性很强的导游活动，导游不仅要掌握旅游目的地生物的基本知识，还要掌握生物的引申知识和与其他景观的关联知识。

（一）旅游目的地生物的基本知识

在游览过程中，无论是在城市还是在野外的景区，游客都会看到许多自己不认识或从未见过的生物。出于好奇，游客可能会向导游提一些有关这些生物的问题。因此，导游应对游览中可能遇见的各种生物做一个全面的了解，包括这些生物的名称、外观特点、分布、特性、价值（如环保价值、绿化价值或特有的药用价值）等。

（二）旅游目的地特有的地带性、标志性生物的基本知识

旅游是一种求新、求异的活动。游客会对旅游目的地特有的地带性、标志性生物给予特别的关注。因此，导游应熟知旅游目的地特有的地带性、标志性生物的基本情况，并在导游讲解中有机地穿插相关知识，这样才能给游客留下深刻的印象。

（三）生物的引申知识和与其他景观的关联知识

导游在讲解时，不能单纯介绍生物本身，还应介绍生物的引申知识（如生物的文

化寓意等），并且应当将该生物和其他景观的关联知识一并介绍，以保证环境的整体美学效应，使游客全方位地体会旅游目的地的景观美及人文内涵。

导游小常识9-5 　　　　　　　　　　　　　　　**红树林**

　　红树林并不是一种植物，而是一系列植物的通称，如红海榄、木榄、海莲、秋茄、桐花、白骨壤、角果木等。这些植物生长于热带与亚热带地区的海岸滩涂上，涨潮时被海水淹没或仅露出树冠，退潮时又完全显现出来，因此有"海上森林"或"海底森林"之称。

　　从外表来看，红树林并不呈现红色，而是绿色。红树林得名于红树科植物木榄，这种树的树干、枝条、花都呈红色，马来人用这种植物的树皮制作红色染料。红树科植物中的海莲、角果木等的树皮也可提取红色染料。

　　红树林之所以能在高盐环境中生存，是因为它们具有泌盐特性。红树科植物的根系在吸收水分的时候，会把海水中的大部分盐分过滤掉，进入树体内的多余盐分还可通过叶上的盐腺排出去。有的红树科植物会把盐分集中于老叶，落叶时一并排除。

　　红树林不仅有工业、药用等经济价值，而且能起到防风消浪、固岸护堤、净化海水和空气的功能。同时，红树林区域内有丰富的鸟类食物，因此红树林往往成为候鸟的越冬场和迁徙的中转站。

赏美景9-3

红树林

二、植物景观导游讲解

　　对植物景观进行讲解时，导游应注意以下几点：

　　（一）选择最佳的观赏路线

　　植物景观如森林公园、植物园、花卉园等可能占地面积较大，因此导游应事先对植物景观地的地形、路线有所了解，并根据游客的实际情况选择恰当的观赏路线。在游客游览时间有限的情况下，导游对旅游路线的选择更显得关键，这时导游选择的观赏路线应包含该景观最有特色、最突出的植物景观，或游客最感兴趣、最盼望一见的植物景观。

　　（二）选择最佳的观赏时间

　　植物景观受季节、天气的影响很大。春天，桃红柳绿、野花烂漫，是赏花的好时节；盛夏，南方的稻浪、北方的青纱帐以及娇艳的荷花，令人心旷神怡；秋天，枫叶流丹，把万山装点得如同霞染一般；冬季，北方苍松傲雪，一派银装素裹，而南方仍有茂林修竹，青翠喜人，冬天傲放的梅花也会给人以另一种美的意境。导游应了解不同季节里植物景观的特色，针对要观赏的植物景观选择最佳的观赏时间。

　　（三）传播植物科学知识

　　植物是自然界最重要的生物之一，具有独特的产生、发展及演变规律，深藏着大自然的诸多奥秘。游客对植物景观的兴趣并不仅限于观赏，很多游客其实也是带着求知的目的来的。导游有责任、有义务为游客介绍植物科学知识，进行植物科学知识的传播，如介绍各种植物的名称、习性、产地、价值、功用等。对于一些药用植物，导游还应讲解其药用价值，让游客体会我国博大精深的中医药文化。

（四）对游客进行审美引导

植物景观具有极高的观赏价值，其中蕴含了形态美、色彩美、嗅觉美和寓意美等多种审美要素。游客观赏植物，主要是想获得完美的审美体验。导游有责任引导游客进行植物景观的审美。不同的植物景观有不同的审美重点，但一般的植物都可以从以下几个方面进行审美：

1.形态美

大自然中的各种植物都有不同的形态，它们或高或低，或大或小，或粗壮或修长，千姿百态，风格各异。从树形来说，雪杉形如巨伞，水杉状如宝塔，松柏苍劲刚直，柳树则垂下万千丝绦。树叶的形状也丰富多彩，有单叶、复叶，有全叶、裂叶，有圆形、扇形、梭形、桃形等多种形状，真可谓"找不到两片相同的树叶"。此外，花和果实的大小、形状也有很大不同。多姿多彩的植物形态丰富了人们的生活，也丰富了人们的审美实践。

2.色彩美

植物的色彩对人们的心理和生理都有非常重要的调节作用，也影响着人们的审美感受。可以说，正是由于植物以绿色为基调的多种色彩，才使得大自然更加充满魅力。

3.嗅觉美

不同的植物能够散发出不同的味道，许多植物发出的香味可谓沁人心脾。草木的清香、花的芳香，不仅有利于调节人的情绪，还能够给人无限欢快的嗅觉美感。人们之所以愿意亲近植物，不仅是为了感受植物的外形和色彩，还包括植物的清香。

4.寓意美

在长期的历史发展过程中，人们赋予了植物丰富的寓意。北宋哲学家周敦颐在《爱莲说》中写道："予谓菊，花之隐逸者也；牡丹，花之富贵者也；莲，花之君子者也。"这句话可称得上是古人对植物寓意的经典写照。植物的寓意能使人产生丰富的联想，因此导游在讲解时不能忽略植物的寓意美，应在恰当的时候对植物的寓意进行引申讲解，突出植物所蕴含的人文精神。

导游小常识9-6　　　　　　部分名花的雅称

园中三杰——玫瑰、蔷薇和月季。

花王——牡丹，有"国色天香"之称。

花相——芍药。

花中皇后——月季。

花中隐士——菊花。

花中君子——兰花。

花中妃子——茶花。

凌波仙子——水仙。

雪中高士——梅花。

（五）针对不同的植物景观采取不同的讲解方式

植物的种类繁多，所以导游的讲解不应千篇一律，而应根据不同的植物种类，采取不同的讲解方式。

1.以观树形为主的植物的导游讲解

每种树的形状都有自己的特点，或挺拔，或繁茂，或婀娜多姿。导游应找到恰当的观赏距离和角度，引导游客观赏最有代表性的树形之美。在讲解时，导游应突出树的生长条件、树形的成因以及利用价值等内容。

模拟训练9-1

　　训练要求： 榕树有独特的树形，请对榕树进行讲解。

　　训练提示： 榕树是一种常绿乔木，树形奇特，枝叶繁茂，树冠巨大。其枝条上生长的气生根向下伸入土壤后可不断增粗而成支柱根，支柱根不分枝、不长叶，具有吸收水分和养料的作用，同时还支撑着不断向外扩展的树枝，使树冠不断扩大。由于支柱根和枝干交织在一起，形似稠密的丛林，因此被称为"独木成林"。榕树可分为大叶榕和小叶榕两种。榕树喜欢高温多雨、空气湿度大的环境，因此在我国华南地区有广泛的分布。由于榕树四季常青，姿态优美，因此它是华南地区主要的绿化树之一。

赏美景9-4

榕树

广东省江门市新会区的小鸟天堂是独木成林的古老榕树造就的天然奇观，巴金的著名散文《鸟的天堂》描写的就是这里。

2.以观叶为主的植物的导游讲解

对以观叶为主的植物，导游应引导游客对树叶进行细致观察，突出讲解树叶的独特形状、颜色，以科普知识讲解为主，并进行必要的知识引申。

3.以观花为主的植物的导游讲解

花是植物最美的部分，观花也是游客观赏植物的主要目的之一，但花的种类繁多、颜色各异、寓意不同，所以导游对以观花为主的植物进行讲解时，应介绍花的栽培历史、特性和价值，引导游客观花色、赏花姿、嗅花香、品花韵、讲花语，既帮助游客赏花，又为游客增加花卉知识。在必要时，导游还要当好游客购买花卉的"技术顾问"。

4.以观果为主的植物的导游讲解

植物的果实具有外形的美感，因为果实代表丰收，并且很多植物的果实可以食用，所以果实往往能给游客以精神上的满足。导游对以观果为主的植物进行讲解时，可从以下几个方面进行：

（1）引导游客观赏果实，闻果实的香味，体会硕果累累时的喜悦。

（2）进行果实科普知识的介绍，如果实的成熟期、成分、大小、功用、价值等。

（3）介绍果实的发现、食用历史，介绍有关的趣闻。

（4）在可能的情况下，安排游客亲自采摘果实，体会劳动的辛苦和乐趣。在采摘果实时，导游应根据果园的规定提醒游客注意相关事项，并时时关注游客动向，提醒游客注意安全。

（5）在可能的情况下，引导游客品尝果实，当好游客购买果实的顾问。在游客品尝果实时，导游应进行必要的安全提示，如提醒游客注意果实的卫生，注意果实可能对身体造成的不良影响等。

导游小常识9-7   葡萄沟风景区

　　葡萄沟风景区位于吐鲁番市东北、火焰山西侧的一个峡谷中，因盛产葡萄而闻名。葡萄沟狭长平缓，南北长约8千米、东西宽约2千米，因有高山融雪为水源，所以这里绿树葱茏，瓜果飘香。尤其著名的是，这里有着大面积的葡萄园，葡萄架遍布，葡萄藤蔓层层叠叠。葡萄沟风景区是新疆吐鲁番地区的旅游胜地，于2007年被评为国家5A级旅游景区。

　　吐鲁番最出名的水果就是葡萄，正如新疆民谣所唱："吐鲁番的葡萄哈密的瓜，库尔勒的香梨人人夸，叶城的石榴顶呱呱。"吐鲁番的葡萄特别甜，其中，无核白葡萄的含糖量高达20%~24%，含糖量居世界之首。

　　吐鲁番的葡萄为什么这么甜？这与吐鲁番的地理环境有关。吐鲁番地处内陆盆地，气候干燥，雨量少，本不适合植物生长，但周围的高山能给这里送来丰富的冰雪融水，保证了葡萄所需的水分。这里冬冷夏热，昼夜温差大。白天温度高，有利于葡萄进行光合作用和积累养分；夜间温度低，又减少了养分的消耗。

　　5.森林公园、植物园的导游讲解

　　森林公园、植物园往往面积较大，而且在多数情况下是由多种植物构成的群落。导游在进行森林公园、植物园的讲解时，可从以下几个方面进行：

　　（1）选择合适的游览路线和时间。

　　（2）介绍森林公园、植物园的建立过程、背景、意义、主要景观的特点和园内植物概况。

　　（3）重点讲解园内有代表性的特色植物。

　　（4）侧重于科普、环保知识的介绍，兼顾介绍其文化内涵。

　　（5）留给游客必要的自由游览、拍照的时间。

　　6.古树名木的导游讲解

　　导游在进行古树名木的讲解时，可从以下几个方面进行：

　　（1）介绍古树名木的形成原因。导游应向游客介绍古树名木的形成原因，让游客对古树名木的价值有一个清楚的了解。

　　（2）引导游客从外形、颜色等方面对古树名木进行观赏，重点介绍古树名木的独特之处。

　　（3）进行人文内涵的引申介绍。

　　（4）介绍古树名木的保护历史，引导游客珍惜、爱护古树名木。

　　（5）留给游客必要的自由游览、拍照时间。

　　（六）进行生态保护宣传

　　爱护环境是每个人的职责。地球上各种植物的存在是人类生存的前提条件。导游应通过对植物景观的讲解，进行生态保护宣传，寓"教"于乐。

三、动物景观导游讲解

　　目前，动物景观的观赏地主要是动物园，或者动物的天然栖息地。这些地方一般面积较大，地形具有一定的复杂性，因此导游在进行动物景观讲解时，应注意以下

几点:

（一）选择最佳的观赏路线

无论是在动物园内观赏动物，还是在野生动物栖息地内观赏动物，都存在路线安排问题。一般情况下，游客是没有时间看遍园内所有动物的。这就要求导游根据游客的需求、景观内的动物特色做出选择，制定合适的旅游路线。这条路线应能看到园区内最有特色的动物、最珍稀的动物和游客最感兴趣的动物。

（二）选择最佳的观赏方式

观赏动物与观赏植物不同。植物是固定的，且对人无攻击性，而在野生动物园内和动物的天然栖息地内，动物是不断游走的，且许多动物具有野性，可能对人进行攻击。导游应选择恰当的观赏方式，既要保证对动物景观的观赏，又要保证游客的安全。现在，一些动物景观区开辟了步行观赏区、乘观光车观赏区、自驾车观赏区，游客可采取步行或乘车的方式观赏。有的动物景观区还可以乘坐缆车或直升机在空中观赏。导游可将各种观赏方式的优点和缺点、安全系数告诉游客，从而让游客做出恰当的选择。

（三）提醒游客注意安全

动物园内总是存在着具有攻击性的动物，因此无论采取什么游览方式，导游都应提醒游客注意安全，与动物保持一定距离，不超越黄线，不跨越栏杆，不逗引、激怒动物，不随便给动物喂食，不随意碰触动物。导游应随时注意游客动向，及时制止存在安全隐患的行为。

（四）传播动物科学知识

动物与植物一样，是自然界最重要的组成部分。在漫长的历史进程中，动物经历了由简单到复杂、由低级到高级的进化过程，每一种动物都是动物进化史上不可缺少的一环。游客对动物的观赏在很大程度上是出于求知的目的，因此导游有责任为游客介绍动物知识，进行科普知识的传播，如介绍各种动物的名称、珍稀程度、习性、生活地、价值等。

（五）对游客进行审美引导

与植物景观一样，动物景观也具有极高的观赏、审美价值，导游有责任引导游客进行动物景观的审美。不同的动物景观有不同的审美重点，导游可从以下几个方面进行介绍:

1. 外观美

经过了长期的进化，许多动物具有矫健的体形（如骏马、东北虎等）、漂亮的羽毛（如孔雀）、美丽的花纹（如斑马）或庞大的身躯（如大象），这些都能给游客以难得的视觉享受。

2. 珍稀美

物以稀为贵，因为珍稀，所以更受人关注。世界上的许多动物都是珍稀动物，有的动物甚至面临灭绝的危险。例如，两栖类动物中分布于武夷山的崇安髭蟾，分布于黄河、长江及珠江中下游等区域的中国大鲵等；鸟类中的褐马鸡、丹顶鹤、黄腹角雉、天鹅等；兽类中的大熊猫、野马、金丝猴、梅花鹿、白唇鹿、东北虎、犀牛等。这些动物毫无疑问都备受游客关注。

3.奇特美

动物的种类繁多，且不乏体形、习性奇特的动物，如长有巨大牙齿和最长鼻子的大象、总是酣睡不醒的考拉、长得"四不像"的麋鹿、有长长脖子的长颈鹿等。它们皆因外表奇特而给人留下深刻的印象，还能带来一定的娱乐效果。

4.表演美

在人工驯养的条件下，许多动物都能按照人的要求完成各种动作，从而给游客带来美感和乐趣。现在许多动物园都开展了动物表演，如大象表演、狮子表演、猴子杂耍、赛马、斗鸡等。

（六）不同动物景观的讲解重点不同

针对不同的动物，导游的讲解重点不同。例如，在讲解以观形态为主的动物时，导游应以生动的语言描绘动物的形态，并从科普的角度解释动物形态的进化、形成的原因和这一形态物种的生存风险；在讲解以观颜色为主的动物时，导游应侧重介绍动物独特或绚丽的颜色，并讲解动物的颜色给动物的生存带来的影响；在讲解珍稀动物时，导游应侧重讲解动物的数量、习性、稀少的原因，并介绍动物的生存环境和有关生态平衡的知识。

（七）进行文化寓意的引申讲解

人类在发展过程中与动物结下了不解之缘，人类的许多文化现象都与动物有关，如图腾崇拜、十二生肖等。导游在讲解动物景观时，可在恰当的时候对其文化寓意进行引申讲解，以加深游客对动物的认识。

模拟训练9-2

训练要求：收集人类文化与动物相关联之处。

训练提示：早期人类的生存手段是打猎和采集，后来又出现了养殖业，人们将部分动物圈养起来，最终使这些动物成为家禽家畜。人们还利用动物的力量为人类的生产、生活服务，如用马作战，用驴、骆驼来运输，用牛来拉犁等。

许多民族曾把某些动物奉为神灵，顶礼膜拜，而我国十二生肖的出现与运用也同样体现了人与动物密不可分的关系。我国的成语中经常出现动物的名称，如汗马功劳、狐假虎威、虎视眈眈、浑水摸鱼等；我国的诗歌、戏剧、传说故事中也经常有动物的影子。

（八）进行生态保护宣传

每种动物都是地球生态系统中不可缺少的一个成员，都应有自己的生存环境。导游应通过对动物的介绍，抓住时机进行生态保护宣传。

项目小结

本章介绍了生物景观常识和生物景观的模拟导游。生物景观是自然景观的重要组成部分，在旅游业中扮演着举足轻重的角色。生物景观可分为植物景观和动物景观，具体来说，又可分为树木、草原与草地、花卉和野生动物四类。在进行生物景观导游讲解前，导游应全面了解生物景观的特点，掌握必要的生物景观常识。导游在讲解时，应合理安排参观路线和时间，以普及生物知识为主，并恰当地进行文化寓意的引申讲解。

■ 主要概念

生物　生物景观　林地　森林公园　丛树　草原　草地

■ 基础训练

☐ 选择题

1.下面属于生物景观类型的有（　　　）。

A.树木　　　　　　　B.草原与草地　　　　C.花卉　　　　　　D.野生动物

2.下面可能被列为古树名木的有（　　　）。

A.百年以上树龄的树

B.稀有、珍贵树木

C.极具观赏价值的树

D.具有历史价值、纪念意义及重要科研价值的树木

3.导游应合理选择观赏动物景观的路线，这条路线应让游客看到（　　　）。

A.园区内最有特色的动物　　　　　　B.园区内的珍稀动物

C.游客最喜欢的动物　　　　　　　　D.游客最乐于一见的动物

随堂测验9-1

选择题

☐ 判断题

1.作为旅游资源的生物景观，只包括植物和动物，而不包括微生物。　　　（　　　）

2.导游对生物景观的讲解以普及生物知识为主，没有必要进行文化寓意的引申。

（　　　）

随堂测验9-2

判断题

☐ 简答题

1.生物景观的旅游功能主要体现在哪里？

2.在进行生物景观导游讲解前，导游应做哪些知识准备？

3.在进行植物景观导游讲解时，导游应注意些什么？

4.在进行动物景观导游讲解时，导游应注意哪些方面？

☐ 讨论题

你认为对于不同的植物景观，导游应该怎样引导游客进行欣赏？

■ 案例应用

各位游客，大家好！欢迎你们来到美丽的"花城"——广州。今天，我将带大家游览的是长隆旅游度假区中趣味横生的长隆野生动物世界。

朋友们，我们现在来到的地方就是大名鼎鼎的长隆野生动物世界。这里聚集了来自世界各地的500多种、2万多只珍禽猛兽，是世界上最大、动物种群最多的野生动物主题公园，并以大规模的野生动物种群放养而闻名世界。这里居住着10只憨态可掬的大熊猫，这里有全球唯一的双胞胎考拉，这里还拥有世界珍稀动物白老虎，您可以欣赏到世界上表演阵容最强大的白虎表演……长隆是不是给您带来了很多惊喜？

长隆野生动物世界分为乘车区和步行区。我们现在所在的区域就是乘车区，其占地面积近100万平方米，参观方式有两种：一种是自驾车参观；另一种是乘坐小火车参观。现在，请游客们登上森林小火车，深入丛林和草原，去体验"与兽同行"的刺激吧……

现在我们进入步行区了。来到这里一定要去看望国宝动物，包括中国国宝大熊猫、洪都拉斯国宝食蚁兽……一会儿游览结束后大家跟我说说您看到了多少种国宝动物，找齐全部国宝动物的游客，我会送您一份神秘礼物哦。

以上是关于广州长隆野生动物世界的导游词，请分析导游侧重从哪些方面对游客进行审美引导。

■ 技能实训

选取当地一种有代表性的植物或动物，或者一处有代表性的植物园或动物园，收集相关资料，撰写一篇600字左右的导游词，要求语言生动、个性鲜明。

项目十

气象、气候景观模拟导游

■学习目标

了解气象、气候景观的基本知识；

掌握气象、气候景观导游讲解的主要工作程序；

掌握典型气象、气候景观导游讲解的基本方法；

培养学生热爱祖国、技能宝贵的职业精神。

气象与气候不仅是各类自然景观和人文景观形成和发育的条件和基础，而且气象与气候能直接造景、育景，形成奇妙的气象与气候景观，吸引游客前往观赏。对气象与气候景观的导游讲解也是导游的一项重要工作。

任务一 气象、气候景观常识

一、天气、气候、气象与天象的含义

天气是指在一定的区域范围内，短时间的阴晴、风雨、冷热等大气物理状况。

气候是指一个地方多年的天气特征，是多年常见的和特有的天气状况的综合。

气象是指发生在天空中的风、云、雨、雪、霜、露、虹、晕、雷、电等一切大气的物理现象。

天象是指日月星辰在天幕上有规律的运动现象。

天气、气候、气象直接影响旅游者对旅游目的地的选择和出游时间的安排。此外，天气、气候、气象还具有造景功能，如在不同的天气、气候、气象条件下可形成云海、雾、雨景、冰雪、雾凇、蜃景、佛光、日出、晚霞、月景等各具魅力的旅游景观。

二、气象、气候对旅游活动的影响

气象、气候对人类的旅游活动有巨大的影响，表现在以下几个方面：

（一）影响旅游资源的地域分布

气象、气候是自然地理环境和人文地理环境的重要组成要素之一，其对地球表面千差万别的自然景观的形成起着重要的作用，甚至会影响人文景观的形成。因此，气象、气候的地域性差异会直接造成自然旅游资源和人文旅游资源的地域性差异。

（二）影响旅游客流的时空分布

气候的季节变化在很大程度上会影响旅游客流的时间和空间分布。在世界范围

内，旅游热点集中在地中海沿岸和加勒比海一带，就是因为那里气候温暖，有充足的阳光和适宜的海水，从而为生活在寒冷、潮湿地区的人们提供了避寒、娱乐的佳地。在我国，夏季，游客多集中在沿海海滨、湖滨以及海拔在 1 000 米以上的高山地区，如庐山、泰山、黄山、五台山、华山等，因为这些地区的气候相对凉爽宜人；冬季，气候寒冷，我国低纬度地区的海南岛、北海、昆明、广州等地则成为北方游客首选的避寒及观光地。

（三）影响游客的观赏效果和舒适度

气象、气候在很大程度上会影响游客的观赏效果和舒适度，这主要表现在：

（1）适宜的气象、气候条件是旅游活动顺利进行的前提。相反，恶劣的气候条件会给游客活动带来诸多困难。

（2）气象、气候条件会影响观赏效果和气氛。进行观日出、日落、彩霞、极光等特定游览项目时，天气条件是否适宜往往决定了观赏效果。例如，观日出、日落时需要无云无雾、能见度佳的天气；观极光时需要夜空晴朗。然而，由于天气条件是不稳定的，一些气象景观并不会总是依照人们的意愿出现，因此游客经常不能如愿以偿。

（3）气象、气候条件还会影响游客的舒适度。在不同的气候要素组合下，人体会有不同的生理感受和身体反应，进而会影响到游客的心理状态。例如，连续闷热无雨，会使游客烦躁不安，而如果在闷热之中出现降雨，不仅可避暑降温，还可形成某些观赏景观，如雨景、云雾景等。

三、气象、气候景观的特点

我国幅员辽阔，地形复杂，气候类型多样，从而形成了许多独具特色的气象、气候景观。主要的气象、气候景观类型有云雾景、雨景、冰雪景、霜露景、雷鸣电闪景、日出日落景、月景以及极光、佛光、蜃景、虹等。在我国一些地方，由于某一特定的气象、气候景观反复出现，或者这一气象、气候景观独具特色，因此人们常把这一气象、气候景观与该地的地名联系在一起，如沧海日、峨眉雪、巫峡云、洞庭月、彭蠡烟、潇湘雨、岱顶日出、骊山晚照、蓬莱海市、峨眉佛光等。

作为旅游景观的气象、气候景观有以下特点：

（一）瞬息万变

大气中的物理现象瞬息万变，常常一日之中即可经历天气的冷、暖、阴、晴变化——刚刚还是晴空万里，转瞬就会乌云密布，或狂风大作，或大雨倾盆。在一些高山峡谷地带，天气的变化更加频繁而剧烈。一些气象要素，如雾、雷、电、光等的变化极为迅速，导致宝光、蜃景、日出、霞光、夕照等景观既可能瞬间出现，也可能瞬间消失。天气的急速变化影响着景观的色彩和明快度，从而给游客带来了多样的旅游感受。

导游小常识10-1　　　　　　　　　　黄山云海

云海是黄山第一奇观。一般来说，每年的11月到第二年的5月是观赏黄山云海的最佳季节，尤其是雨雪天之后，逢日出及日落之前，云海必现并且最为壮观。黄山云海不仅本身是一种独特的自然景观，而且把黄山峰林装扮得犹如蓬莱仙境，人置身其中，浮想联翩，仿佛进入梦幻世界。当云海上升到一定高度时，远近山峦在云海中出没无常，宛若大海中的无数岛屿，时隐时现于"波涛"之上。贡阳山麓的"五老荡船"在云海中显得尤为逼真；西海的"仙人踩高跷"在飞云弥漫舒展时，现出移步踏云的奇姿；光明顶西南面的茫茫大海上，一只惟妙惟肖的巨龟向着陡峭的峰峦游动，原来那"龟"是在云海上露出的山尖。当然，飘忽不定的云海只有在高度、浓淡恰到好处时才能产生如此奇妙的景象，对旅游者来说，这是一种幸运的偶遇。云海表现出来的种种动态美，大大丰富了山水风景的表情和神采。

　　资料来源　佚名. 黄山云海的导游词3篇［EB/OL］.［2019-09-23］. https://wenku.baidu.com/view/c523a3d6d0f34693daef5ef7ba0d4a7303766c18.html.

（二）地域性强

　　由于各地的气象、气候条件千差万别，导致气象、气候景观也各不相同，具有明显的地域性，从而形成了一些地方的具有明显地域特点的独特旅游景观，如吉林雾凇、峨眉佛光、江南烟雨、大理"下关风"等。

导游小常识10-2　　　　　我国的气候特征

　　我国的气候复杂多样，夏季高温多雨、冬季寒冷少雨，高温期与多雨期一致。

　　我国幅员辽阔，跨纬度较广，各地区距海远近差距较大，加之地势高低不同，地形类型及山脉走向多样，因此气温降水的组合也多种多样，从而形成了多种多样的气候。从气候类型上看，我国东部属季风气候（又可分为亚热带季风气候、温带季风气候和热带季风气候），西北部属温带大陆性气候，青藏高原属高寒气候。从温度带来看，我国有热带、亚热带、暖温带、中温带、寒温带和青藏高原区之分。从干湿地区来看，我国有湿润地区、半湿润地区、半干旱地区、干旱地区之分。

　　我国位于世界上最大的大陆——亚欧大陆东部，又在世界上最大的大洋——太平洋西岸，西南距印度洋较近，因此气候受大陆、大洋的影响非常显著。冬季盛行从大陆吹向海洋的偏北风，气候寒冷、干燥。在其影响下，我国大部分地区冬季普遍降水少，气温低，北方的表现更为突出。夏季盛行从海洋吹向陆地的偏南风，气候温暖、湿润。在其影响下，我国大部分地区降水普遍增多，雨热同季。我国受冬、夏季风交替影响的地区广，是世界上季风最典型、季风气候最显著的地区。与世界上同纬度的其他地区相比，我国冬季气温偏低，夏季气温偏高，气温年较差大，降水集中于夏季。

（三）互为背景

　　气象、气候景观对其他旅游资源有很强的衬托作用，常构成其他景观的背景，如西双版纳的植被景观、民俗风情就是以当地的热带气候为背景的。同时，许多气象、气候景观的出现也常常要与其他旅游景观相配合，需要以其他旅游景观为背景，如高山云海、海上日出、沙漠蜃景、名山佛光等。

导游小常识10-3   敦煌

　　丝绸之路上的艺术宝库——敦煌，之所以能保存长达10多个世纪的历代壁画和彩绘艺术珍品至今，与其干燥的气候不无关系。这里深居内陆，高山夹峙，沙漠戈壁相通，气候干旱，年降雨量仅29.4毫米，空气湿度相对较低，冬季月平均相对湿度在50%左右，夏季为40%上下。这种低湿条件不利于各种微生物的活动，也不利于土壤的氧化分解，从而使艺术珍品至今保存完好。

　　（四）时间性强

　　气象、气候景观一般有较强的时间性。有的气象、气候景观只在特定的季节出现，如冰雪景观一般只出现于冬季；有的气象、气候景观只在特定的时间段出现，如日出在早上出现，晚霞在太阳落下时出现，而蜃景和宝光景一般见于中午或下午。

　　（五）规律性强

　　气候的演变有较强的规律性，这使得气候景观的变化也有很强的规律性。气象景观也是如此，云海、雾、冰雪、雾凇、蜃景、佛光等在一个区域内的出现也具有一定的规律性。只要条件符合，这些景观就会反复出现。

任务二　气象、气候景观导游

一、气象、气候景观导游讲解的主要工作程序

　　导游在进行气象、气候景观讲解时，既要对游客进行审美引导，也有责任进行相关科学知识的普及。一般的工作程序有：

　　（一）了解必要的气象、气候常识

　　导游在进行气象、气候景观的讲解前，应掌握必要的气象、气候常识。气象、气候常识包括三部分内容：一是天气、气候常识，如天气、气候的成因，影响气候的因素等；二是旅游目的地的天气、气候特征；三是所观赏的特定气象、气候景观的知识，如这一景观的成因、外观特征等。

导游小常识10-4   晴朗的天空为什么是蔚蓝色的

　　晴朗的天空总是呈现蔚蓝色，这其实是阳光和大气的杰作。大气本身是无色的，但空气中有许多微小的尘埃、水滴、冰晶等物质。当阳光投射在空气中时，太阳光中波长较长的红光、橙光、黄光能很顺利地穿过大气层照射到地面，但波长较短的蓝光、紫光、靛光很容易被空气中的微粒阻挡，使光线向四方散射，从而使天空呈现出蔚蓝色。

模拟训练10-1

　　训练要求：收集相关资料，掌握影响气候的主要因素，并能完整讲述。

　　训练提示：影响一个地区气候的主要因素有地理纬度和太阳辐射、海陆位置、地形地貌、大气环流。

　　（1）地理纬度和太阳辐射。纬度越低，获得的太阳辐射越多，气候越炎热。只有在地球南、北回归线之间的区域才可能接受到太阳的直射，这一区域获得的太阳热量

也是地球上最多的，因此被称为热带。

（2）海陆位置。空中的水汽多来自海洋，距离海洋的远近不同会影响一个地方的降水量。同时，距离海洋的远近不同也会影响该地的温度。

（3）地形地貌。不同的地形地貌也会影响气候。高原、山地、平原等地往往会形成各自的小气候。在北半球，一个地方如果位于高山的南部，其气候一般较温暖，因为高山挡住了来自北方的冷空气，如我国秦岭以南和秦岭以北的气候是截然不同的。

（4）大气环流。不同的大气环流对特定区域的气候有较大的影响。

（二）进行必要的安全提示

气象、气候景观瞬息万变。有时，恶劣的天气、气候条件不仅会影响游客观景，还可能给游客带来伤害。此外，多数气象景观位于山区、海边、沙漠等特殊地带，气象、气候条件更为复杂。导游在带游客参观、游览前，应对旅游点的天气、气候条件有足够的了解，并预见可能的天气、气候条件的变化，对游客进行必要的安全提示。若天气条件不允许，应变更行程，不可贸然前往游览。

课堂互动10-1

　　某旅行社组织一批游客赴长白山旅游，并委派刘某为该团导游。到达景区后，刘某安排好游客的住宿，准备第二天上山游览天池等景点。一些游客问刘某，上天池是否需要多带衣物，刘某说，根据他多次在这个季节上山的经验，不必多带衣物，以免增加负担。第二天，旅游团在刘某和地方陪同导游的带领下上了天池。将近中午时，天气突变，空中飘起漫天大雪，气温也随之骤降。游客大多没有带御寒之物，被这突然的天气变化弄了个措手不及，刘某急忙带着游客下山。但是，仍有部分游客的耳、鼻、手、脚等被冻伤。游客纷纷要求旅行社做出相应赔偿。

　　问题：在这次事件中，导游是否尽到了应尽的义务？

课堂互动10-1

答案提示

（三）科学安排游览时间和组合游览路线

气象、气候景观有其特定的形成条件，导游对这些景观的形成机理应有充分的了解，以便科学安排游览时间和组合游览路线。在时间上，应选择特定的气象、气候景观最容易出现的时间段；在线路组合上，应选择该气象、气候景观最有可能出现的地点。在游览过程中，当特定的气象、气候景观即将出现时，导游应提前做好讲解准备，并提醒游客做好游览观赏的准备，以免游客在游览过程中错过美景。

（四）提供完美的讲解服务

导游对气象、气候景观的讲解应注意以下几个方面：

（1）根据游客的特点，选择讲解重点，或侧重科普，或侧重审美，或侧重娱乐，或兼而有之。

（2）进行科普讲解时，应将气象、气候景观的成因向游客讲清楚。在进行审美讲解时，应结合景观成因，向游客讲解气象、气候景观所承载的形象美、色彩美、动态美、朦胧美、神秘美等美之所在，引导游客寻觅美、欣赏美、享受美，激发游客的审美情趣。

（3）讲解应简练，使用通俗易懂的语言。

模拟训练10-2

训练要求：设定一个气象、气候景观，然后制订进行审美讲解的方案。

训练提示：气象、气候景观的美一般体现在形象美、色彩美、动态美、朦胧美、神秘美等方面，导游可从这五个方面引导游客欣赏气象、气候景观的美。

（1）形象美。银装素裹的树挂、千姿百态的云海、亦真亦幻的海市蜃楼以及日出、月景等，都展现出了形象美。

（2）色彩美。阳光照射在大气层中，光线受到大气层中的水汽及各种尘埃物质的影响而产生散射、反射、衍射，从而形成各种绚丽的颜色。

（3）动态美。云雾的飘动，日、月的升降等，都具有动态美。

（4）朦胧美。云雾中的景物若隐若现、捉摸不定，给人以朦胧之感，苏轼的"山色空蒙雨亦奇"就是朦胧美的体现。

（5）神秘美。缥缈的海市蜃楼、瞬息万变的云雾，加上传说故事，能使游客产生遐想，体验到一种神秘美。

二、典型气象、气候景观导游

（一）云、雾、雨景观导游

云是由水滴、冰晶聚集形成的在空中悬浮的物体，是高空大气的凝结现象，一般分为积状云、层状云和波状云三大类。

雾是水汽在低层大气中凝结的现象。当气温下降时，空气中所含的水汽会凝结成小水滴，浮在接近地面的空气中，即形成雾。

雨是从云层中降到地面的水。当云里的小水滴的体积增大到不能悬浮在空气中时，就下降成为雨。

云、雾、雨都是生活中常见的现象，但善于发现美、感受美的人们能把普通的云、雾、雨现象当成景观。长期以来，我国已形成了一些观赏云、雾、雨景的著名地点，云、雾、雨景也成为这些地点的著名旅游景观，成为吸引游客的重要元素，如巫山云海、庐山云海、泰山云海、峨眉山云海、阿里山云海、新安江雾景、巴山夜雨、济南"鹊华烟雨"、贵州毕节"南山雨雾"、羊城"双桥烟雨"等。

导游在进行云、雾、雨景观的导游讲解时，可从以下几个方面进行：

1.科学选择观景地点

在一个地方或一个景区里，一般都有长期形成的、传统的观赏云、雾、雨景的地方。导游应根据旅游团的实际情况选择恰当的观赏地点。例如，游客要在庐山观云海，其观赏地自然首选含鄱口或五老峰。当然，在庐山的很多地方都可看云海，但游客都希望在最经典的景点看最经典的景观，因此导游应帮助游客找到这样的地点。

2.科学选择观景时间

云、雾、雨景是自然现象，它们出现的时间并非人能左右，但好在云、雾、雨景的出现有一些规律可循，导游应对旅游地云、雾、雨景的出现规律有足够的了解，并妥善安排游览时间，帮助游客观赏到让人心动的云、雾、雨美景。

3.引导游客观景审美

游客观赏云、雾、雨景的目的主要是欣赏美。讲解时，导游可从云、雾、雨景本身的象形效果、与其他参照物的组合以及云、雾、雨景的动态变化等方面入手，引导游客审美。同时，导游还应抓住某一特定的云、雾、雨景观中最具特色的一面进行重点讲解。

4.进行科学知识的介绍

尽管云、雾、雨都是常见的自然现象，但很多人并不清楚其产生的原理。在恰当的时候，导游也应介绍一些有关云、雾、雨的知识。云、雾、雨三者虽然名称不同，却具有一定的联系——它们都是大气的凝结现象。导游如果能够将类似的知识告诉游客，不仅可以增加游客的知识，还可提高游客听讲解的兴趣。

课堂互动10-2

课堂互动10-2

庐山的佛灯、雾有声、雨倒行素来被称为"庐山气象三奇"。

问题：这对导游讲解庐山的云、雾、雨景观有何启示？

答案提示

5.人文知识引申

人文知识引申即介绍与云、雾、雨景相关的名人故事、历史传说等。人文知识引申可为导游的讲解锦上添花。

（二）冰雪景观导游

冰是由水分子有序排列形成的结晶。

冰川是移动的大冰块。在高山或两极地区，积雪由于自身的压力变成冰块（或积雪融化、下渗冻结成冰块），又因重力作用沿着地面倾斜方向移动，形成冰川。

雪是从空中降落的白色结晶，多为六角形，是气温降到0℃以下，由空气中的水蒸气凝结而成的。

冰雪只有在寒冷季节或高山寒冷地区才能见到，因其洁白晶莹而成为重要的自然景观和构景要素。著名的冰雪景观如东北的林海雪原、北京的"西山晴雪"、西湖的"断桥残雪"、九华山的"平冈积雪"、台湾地区的"玉山积雪"等。冰雪还可成为冰雕的原料，哈尔滨和齐齐哈尔的冰雕闻名海内外。冰雪还可用来开发冰雪运动项目，我国东北地区和西部地区都有很多适于开展冰雪运动的地方。

导游在进行冰雪景观导游讲解时，可从以下几个方面进行：

1.科学选择观景地点和观景时间

观赏冰雪景观自然要有冰和雪，而冰雪受温度和降水的影响很大，所以导游应考虑到这两个因素，科学选择观景地点和观景时间，从而让游客观赏到最美的冰雪景观。

2.引导游客观景审美

冰雪晶莹、洁白，给人以纯净、纯洁之感，而高山、高原冰川又给人以壮观、神秘之感。对游客而言，这些都是难得的审美体验。因此，冰雪风光历来都是吸引游客的重要景观。导游在介绍冰雪景观时，应侧重于冰雪的象形美、意境美，既给人以视觉的享受，也给人以精神的升华。同时，导游还应使冰雪景与周边景致相配合，从而增强审美效果，如冰雪与绿树、冰雪与红花的交相辉映，会使景致更迷人。

3.进行科学知识的介绍

冰、雪的成分都是水，但其外形和颜色与水截然不同。导游可针对冰雪做一些科学知识的介绍，这样既可以丰富游客的知识，也可以丰富自己的讲解内容。

4.人文知识引申

自古以来，人们就喜爱冰雪景观，并留下了无数吟咏名篇。"窗含西岭千秋雪""独钓寒江雪"等都是人们耳熟能详的诗句。导游在讲解时应恰当地进行人文知识引申，提升观景的意境。

5.合理组织冰雪运动项目

冰雪运动项目（如滑雪、滑冰、冰球赛、冰雕赛、雪雕赛等）也是冰雪观景的组成部分。导游可视团队特点、天气特点、景区内的设施设备等各方面条件，决定是否组织相应的冰雪运动项目。在组织冰雪运动项目时，导游一定要提醒游客注意安全，并交代安全注意事项。

导游小常识10-5　　　　　　　　　　　　　　**海螺沟**

海螺沟有数不尽的奇异美景，如冰面河、冰面湖、冰下河、冰裂缝、冰阶梯、冰川城门洞、冰川弧拱等，这些景点千姿百态，具有很高的观赏价值。

海螺沟冰川还有一个美丽的名字叫"绿海冰川"，为什么呢？因为冰川末端伸入原始森林6 000米，形成了冰川与原始森林共生的绝景，从而成为有别于我国所有著名风景旅游区的一大奇观。

海螺沟大冰瀑布高1 080米、宽1 100米，是我国最高、最大的冰瀑布，令人叹为观止。大冰瀑布由无数巨大的冰块组成，由于冰体融化所以不断产生冰崩。在冰川活动剧烈的春夏季节，冰崩一天可达上千次，最多的时候一次可垮塌100万立方米以上的冰体。冰崩时，冰体间剧烈的撞击引起大地震撼，山谷轰鸣，千千万万的冰块滑落飞溅，扬起漫天的雪雾，景色非常壮观，但这样的景观并不容易看到。

资料来源　根据相关资料整理.

（三）日出、日落景和月景导游

日出、日落景和月景都是大自然赋予人类的最动人的自然景观的组成部分。观赏日出、日落景和月景是人们旅游活动中极富魅力的一个环节。导游在进行日出、日落景和月景的讲解时，可从以下几个方面进行：

1.选择合适的观景地点

太阳和月亮每天都会出现，但并不是每个位置都适合观赏。对日出与日落的观赏要求是位置高或空旷，要一览无余；对月景的观赏则要讲究意境。长期以来，我国形成了许多观赏日出、日落景和月景的著名地点及著名的日出、日落景和月景景观。例如，黄山光明顶的清凉台、泰山岱顶的观日亭、庐山含鄱口等都是著名的观日出之处；大连的老虎滩、黑石礁、北戴河的鹰角亭，普陀山的朝阳洞等都是观海上日出的佳地；陕西临潼的"骊山夕照"、河北承德的"磬锤夕照"、台湾的"安平夕照"、杭州的"雷峰夕照"、泰山岱顶的"晚霞夕照"、济南的"江波晚照"等都是著名的日落景观；桂林的"象山夜月"、无锡的"二泉映月"、承德避暑山庄的"梨花伴月"、庐山的"月照松林"等都是著名的月景。

导游应根据旅游目的地的景观特点，恰当选择观景地点，尽量让游客观赏到最有价值的日出、日落景和月景。

2.选择合适的观景时间

日出、日落景和月景都有特定的观景时间。错过了观景时间，就无法观赏或观赏的效果将大打折扣。同时，日出、日落景和月景受天气影响很大，雨天、阴天、雾天都无法观赏。因此，导游应视天气和旅游团的具体情况合理安排日出、日落景和月景的观赏，提前到达观景地点，并做好观景的准备工作。如果受天气、时间等影响无法观赏计划中的日出、日落景和月景，导游应及时向游客做出说明，并对行程进行调整。

3.引导游客观景审美

日出、日落景绚丽多彩，壮观无比，极富诗情画意。月景安详静谧，能给人丰富的遐想和无限的回味。导游应抓住日出、日落景和月景的景观特色，引导游客进行审美。

4.人文内涵的引申

人们喜欢日出、日落景和月景，不仅是因为可对其进行形象审美，还包括对这些景观的精神审美。太阳的冉冉升起给人以鼓舞和力量，让人朝气蓬勃；晚霞的绚丽能让人激情澎湃，即所谓"莫道桑榆晚，为霞尚满天"；即使是落日的余晖，也常能引起人们无尽的遐想，令人久久不能释怀，即所谓"夕阳无限好，只是近黄昏"。月景也常用来表达情怀，抒发情愫，如人们以满月象征团团圆圆、幸福美满，以"月有阴晴圆缺"比喻"人有悲欢离合"等。导游对日出、日落景和月景的人文内涵的引申可营造一种意境，深化游客对景观的欣赏。

（四）雾凇、雨凇景观导游

雾凇又名树挂，是在低温的雾天里细小的雾滴在树枝、电线等物体上直接凝华而成的晶状冻结物，可分为晶状雾凇和粒状雾凇两类。吉林松花江畔、峨眉山、五台山等地都是观赏雾凇的好地方。

雨凇类似于雾凇，是雨滴或毛毛雨在低温的情况下滴落在物体上很快冻结起来的透明或半透明的冰层。庐山、峨眉山、九华山都是著名的雨凇景观游览地。

我国很多地方都可观赏到雾凇、雨凇景观。导游在进行雾凇、雨凇景观的导游讲解时，可从以下几个方面进行：

1.科学选择观赏路线和观赏时间

雾凇、雨凇景观并不是任何时候都有，也不是任何地点都有。导游应恰当地安排游览路线和游览时间，尽量挑选最佳的观赏地点，并选择最佳观赏时间，从而给游客一个最难忘的游览体验。

2.进行科学知识的介绍

对雾凇、雨凇景观涉及的科学知识进行介绍，主要体现在对雾凇、雨凇景观成因的介绍上。雾凇形成的基本条件是潮湿和低温，因此我国高寒山区和东北地区的冬季多有雾凇。雨凇的形成有一个基本条件，即近地表的温度低于高空温度，高空中的水汽并不能凝成雪花，而是以雨的形式降落，但落到地表物体上时，因地表温度低，很快冻结成冰，从而成为雨凇。雨凇的分布规律可概括为：南方比北方多，潮湿地区比干旱地区多，山区比平原多。

3.引导游客观景

引导游客观景赏美是导游进行雾凇、雨凇景观讲解的主要目的。雾凇、雨凇的美主要在外形。由于雾凇中雾滴之间的空隙很多，因此雾凇呈不完全透明的白色絮状，千姿百态；雨凇则晶莹剔透，如一片"玻璃世界"。二者各有千秋，都能给人以美的享受。

4.留给游客足够的自由观赏和拍照的时间

雾凇、雨凇的美主要靠游客自己体会，因此导游的讲解时间不宜太长，点到即可，应留给游客足够的自由观赏和拍照的时间。

导游小常识10-6　　　　　　　　　吉林雾凇

我国著名的雾凇景观是吉林松花江畔的雾凇。

每年12月下旬到翌年2月，吉林松花江两岸的树枝上都有可能出现雾凇。届时，白色的晶状物挂满枝头，成为一幅幅动人的奇景。雾凇每天傍晚开始出现，直到第二天午后随气温的升高而脱落，不同的时间段有不同的景致，所谓"夜看雾，早看挂，近午赏落花"。吉林雾凇与桂林山水、云南石林、长江三峡并称为我国四大自然奇观。

（五）海市蜃楼景观导游

海市蜃楼也称蜃景，是由于光线的折射和全反射而形成的一种自然现象。当空气各层出现较大的密度差异时，远处的光线通过密度不同的空气层就会发生折射和全反射，这时就有可能在空中看到远处地面物体的影像。古人对这一自然现象不理解，误认为是蜃（大蛤蜊）吐气而成，所以叫蜃景或海市蜃楼。

海市蜃楼并不会在固定时间出现，因此导游不可能按预定的时间、地点带领游客观赏海市蜃楼。但在合适的气象条件下，在某些地点，的确是能够看到海市蜃楼的。这时导游应毫不犹豫地承担起讲解的责任。导游在进行海市蜃楼景观讲解时，可从以下几个方面进行：

1.把握讲解时机

当游客来到经常出现海市蜃楼景观的地点（如夏天的海滩、沙漠）而天气条件又合适时，导游就可向游客介绍海市蜃楼。即使海市蜃楼最终未能出现，导游的介绍也足以引发游客的遐想，并达到传播知识的目的。

2.引导游客观景

当海市蜃楼出现时，导游应引导游客找到恰当的观景地点，从形象美、朦胧美、神秘美等方面对海市蜃楼的美进行介绍。

3.将介绍海市蜃楼的成因作为科普知识传播的重点

海市蜃楼形成的前提是空气出现密度不同的分层，夏天的海面、沙漠、山顶很容易形成上层与下层空气温度的较大差异，因此，海市蜃楼多出现在夏天的沿海或沙漠地带。山东蓬莱长岛、浙江普陀山等地都是观看海市蜃楼的理想之地。

模拟训练10-3

　　训练要求：讲解海上蜃景和沙漠蜃景的成因。

　　训练提示：海上蜃景是这样形成的：温度较高的白天，海面上空气的温度比陆地上低，空气密度较大，而陆地上气温较高，空气密度较小。那么，陆地上的温暖空气会上升，若流向海面，海面上就会形成上下密度不同的空气层。当阳光穿过这种空气层时，就会产生折射和全反射，下层密度大的空气像镜子似的把地面的景物反射到半空中，于是在远处海面的半空中会出现山峦、树木、楼阁等地面景物，缥缈不定，如空中楼阁。

　　沙漠蜃景是这样形成的：烈日当空的时候，贴近地面的空气温度高、密度小，离地面越远的空气温度越低，密度也更大。当光线穿过上层密度大的空气和下层密度小的空气时，就会产生折射和全反射，半空中就会出现前方物体的倒影。

　　4.人文知识引申

　　讲解成因只是导游介绍的一部分，导游还应介绍当地海市蜃楼的发现、观赏历史，突出介绍有关的故事，从而进行人文知识的引申。

　　（六）佛光景观导游

　　佛光又称宝光，是在阳光斜射的条件下，由云海雾珠发生的衍射分光现象。佛光与海市蜃楼一样，都是大气和光的杰作。导游在进行佛光景观讲解时，可从以下几个方面进行：

　　1.选择恰当的观赏地点和观赏时间

　　和海市蜃楼一样，佛光的出现并不是固定的，导游很难保证在预定的时间、地点能带领游客观赏到佛光。但是，如果导游或旅行社选择了恰当的观赏点和观赏时间，那么看到佛光的可能性就会很大。四川峨眉山金顶是最有名的观赏佛光之地，因为这里云雾天数多、湿度大，并且风速小，所以佛光容易产生。山西五台山、安徽黄山、江西庐山、山东泰山等地也常会见到佛光。

　　2.讲解佛光的成因

　　佛光是一种奇妙的自然现象，古人对这一现象无法理解，现代很多人对这一现象也不甚了了。因此，导游对佛光成因的介绍是必要的。佛光的形成原理是这样的：晴朗无风的早晨或傍晚，当阳光、人和云层三者处在一条倾斜的直线上，且人位于太阳与云层之间时，由于阳光的衍射和反射，面对光环的人的身影周围环绕着彩色光圈，这一现象被称为佛光。佛光出现的频率、光环的美丽程度因云雾的多少、空气湿度的大小而有所不同。

　　3.把握好讲解时机

　　对佛光的讲解不一定非要等佛光出现以后才开始，因为我们不能确定佛光什么时候出现，也不能肯定佛光一定会出现。当游客来到著名的佛光观赏地时，导游即可开始对佛光进行介绍。

4.人文知识引申

人文知识引申即介绍与观佛光有关的传说、故事等。

■ 项目小结

气象、气候影响旅游者对旅游目的地的选择和出游时间的安排。气象、气候还具有造景的功能，形成了各具魅力的旅游景观。对气象与气候景观的导游讲解也是导游的一项重要工作。导游在进行气象、气候景观的讲解时，既要对游客进行审美引导，还要进行相关科学知识的普及。此外，导游还应掌握一些典型的气象、气候景观的讲解程序和方法，能够独立进行云、雾、雨景观导游，冰雪景观导游，日出、日落景和月景导游，雾凇、雨凇景观导游，海市蜃楼景观导游和佛光景观导游等。

■ 主要概念

天气 气候 气象 天象 云 雾 雨 冰 冰川 雪 雾凇 雨凇 海市蜃楼 佛光

■ 基础训练

□ 选择题

随堂测验10-1

选择题

1.下列景观属于气象、气候景观的有（　　　）。

A.冰雪景 B.水体景观 C.蜃景 D.雾凇

2.气象、气候对人类的旅游活动有巨大的影响，表现在（　　　）。

A.影响旅游资源的地域分布 B.影响旅游客流的时间分布

C.影响旅游客流的空间分布 D.影响游客的观赏效果

3.气象、气候景观的美一般体现在（　　　）等方面。

A.形象美 B.朦胧美 C.文化美 D.色彩美

□ 判断题

随堂测验10-2

判断题

1.当受天气、时间等影响无法观赏计划中的日出、日落景和月景时，导游应及时向游客做出说明，并对行程进行调整。（　　　）

2.介绍海市蜃楼的成因是导游进行海市蜃楼科普知识传播的重点。（　　　）

3.导游在组织游客进行冰雪景观游览时，应禁止游客参加冰雪运动项目。（　　　）

□ 简答题

1.气象、气候景观有何特点？

2.气象、气候景观导游讲解的主要工作程序有哪些？

3.导游对气象、气候景观的讲解应注意哪些方面？

4.导游可从哪些方面进行云、雾、雨景观的讲解？

□ 讨论题

谈一谈我国云南地区气候旅游资源的哪些特点可以吸引游客。

■ 案例应用

泰山，古称"岱宗"，位于山东省中部，泰安市境内，盘卧面积达426平方千米，海拔1 545米，方位为东经117度6分、北纬36度16分。泰山雄伟壮丽，历史悠久，文物众多，以"五岳独尊"的盛名称誉古今。巍巍泰山就像一座民族的丰碑屹立于中华大地，举世瞩目。

　　泰山日出、晚霞夕照、黄河金带、云海玉盘是泰山四大自然奇观。

　　泰山日出是一个令人遐想的世界、神奇的世界，日出景象的美妙是笔墨难以形容的。自古以来，无数诗人都对泰山日出的壮丽景观有过生动的描述。宋代诗人梅尧臣的"晨登日观峰，海水黄金熔。浴出车轮光，随天行无踪"的绝句尤为人爱。凌晨破晓前，站在日观峰，举目东望，晨星渐没，微晕稍露，天地间一片云海滚动。少顷，一线晨曦透过云层照亮东方。这时，天空由灰变黄，继而呈现出瑰丽的朝霞。波浪似的云层在阳光的照耀下组成一幅幅五彩缤纷、绮丽多姿的图案。阳光受云层的影响忽隐忽现、闪烁不定，日轮缓升时受云层的影响上下跳动，渐渐成圆形，磅礴而出，金光四射，群峰尽染，大地一片光明。

　　夕阳西下时，朵朵残云飘浮在天际，落日的余晖如一道道金光穿过云朵，洒满山间。太阳像一个巨大的玉盘，由白变黄，越来越大。天空如缎似锦。待到夕阳沉入云底时，霞光变成一片火红，云朵、山峰好像在燃烧。天是红的，山是红的，云是红的，大地也是红的。举目远眺，黄河像一条飘带，弯弯曲曲从天际飘来，在落日的映照下，白色缎带般的黄河泛起红润，波光翻滚，给人以动的幻觉。正如袁枚在《登泰山诗》中所描绘的："一条黄水似衣带，穿破世间通银河。"太阳慢慢靠向黄河，彩带般的黄河像是系了太阳上，在绛紫色的天边飞舞。

　　碧霞宝光也是泰山的一大奇景。宝光俗称"佛光"，多出现在碧霞祠东、西、南神门外，碧霞祠地处玉皇顶南侧，地势较低，云雾较为浓密且较稳定，人背日而立，人影呈现在雾幕上，周围形成内紫外红的彩色光环，熠熠生辉，彩环呈现红、橙、黄、绿、青、蓝、紫七色，有时还会出现双环，更加绚丽动人。站在雾幕前的游客举手投足，光环中的影子也手舞足蹈，油然而生"飘飘欲飞成仙人"之感。

　　云海玉盘是岱顶的一大奇观。夏天，雨后初晴，大量水汽蒸发上升，当从海上吹来的暖湿空气被高压气流控制在海拔1500米左右的高度时，如果无风，在岱顶就会看见白云平铺万里，犹如一个巨大的玉盘悬浮在天地之间。远处的群山全被云雾吞没，只有几座山头露出云端；近处游人踏云驾雾，仿佛来到了天外。微风吹来，云海浮波，诸峰时隐时现。风大了，玉盘便化为巨龙，上下飞腾，翻江倒海。

　　泰山的冬季，气温常在-20℃左右，雪后天晴，气温回暖，南方暖湿气团乘虚而入，雾气笼罩山间，微风吹动，飘浮的雾滴触及树枝、岩石、房顶，凝结成冰粒，层层叠叠，形成了"千枝琼玉""万树花"的雾凇奇景。泰山变成了一个洁白如银的世界，犹如龙宫洞府，别有一番情调。

　　泰山的冬季也常有冷却的雨滴，雨滴降落到地面上、物体上，急速结成坚硬、光滑而透明的冰层，这就是"雨凇"。每当雨凇出现时，山峦树木像冰晶倒挂，地面岩石似铺明镜，泰山变成了冰雕玉琢的"琉璃世界"。雨后天晴，红日映冰峰，蓝天衬霞山，光彩夺目，金光逆射，满山松柏映雪，到处银装素裹，好一派冰清玉洁的北国风光。

　　资料来源　佚名. 泰山导游词［EB／OL］.［2019-09-20］. http://www.doc88.com/p-5836860973572.html.

　　以上是泰山导游词片段，请分析这篇导游词主要从哪几个方面讲解了泰山的气象、气候景观。

■技能实训

　　教师根据当地实际情况，选取一处有代表性的气象、气候景观，然后请学生收集相关资料，撰写出一篇有个性特色、实用的导游词，并进行实地导游讲解。在导游讲解过程中，气象、气候景观应与其他自然、人文景观相结合，导游要能够运用各种讲解方法。

人文景观，是指一切具有美学和科学价值、具有旅游吸引功能和游览观赏价值的人文旅游资源所构成的风景。

人文景观是人类文化的结晶，反映了人类的生活方式、价值体系和审美观念。在华夏文明的历史长河中，人文景观是一道绚丽的风景，它以多姿多彩的造型、宏伟有序的布局、神秘奥妙的物象，展示了人类活动的大千世界，给游客带来了美的享受。

人文景观涉及面广、类型多。带领游客观赏人文景观，向游客讲解人文景观博大精深的文化内涵，是导游的一项重要工作。

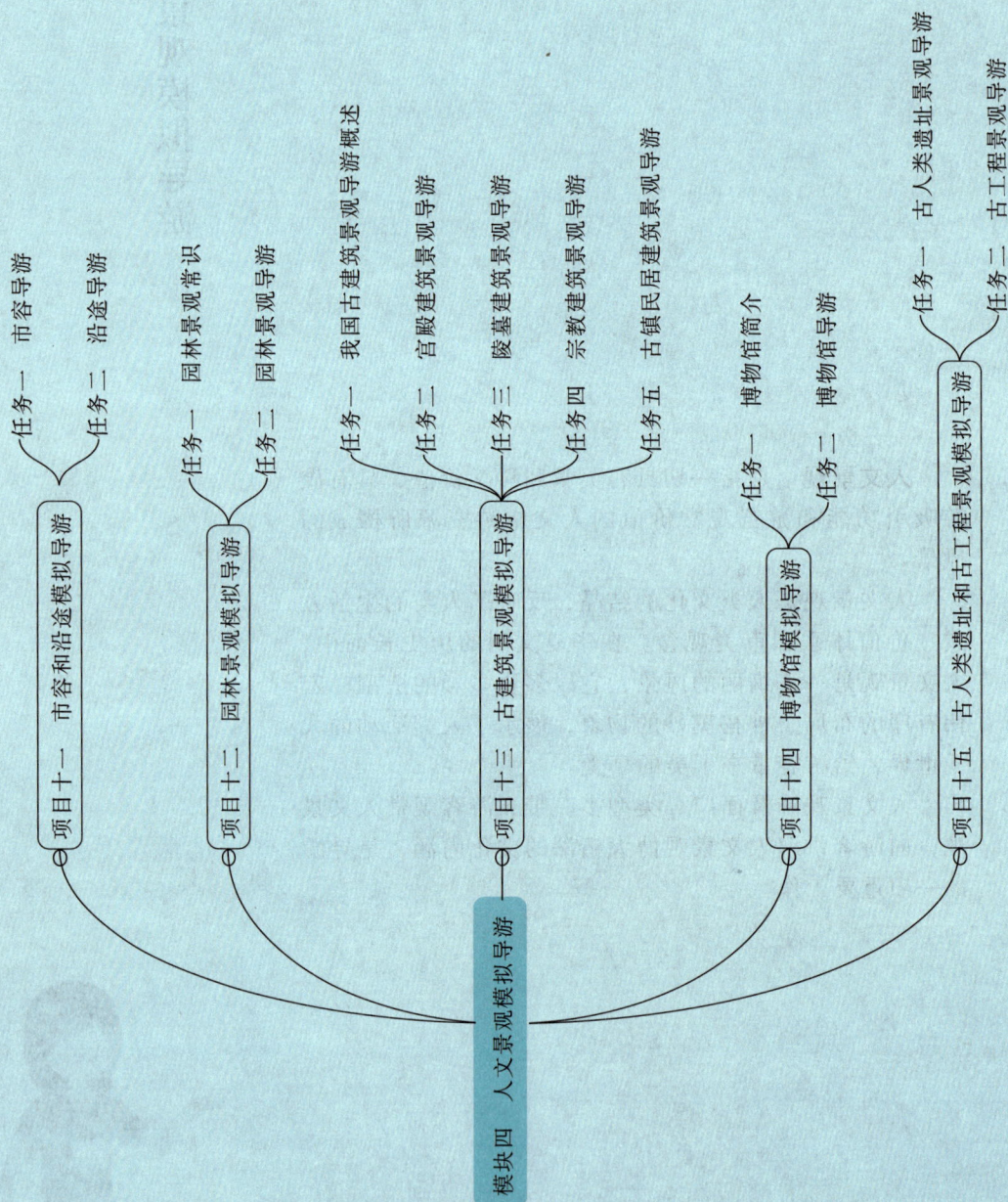

模块四 人文景观模拟导游

项目十一 市容和沿途模拟导游
　任务一 市容导游
　任务二 沿途导游

项目十二 园林景观模拟导游
　任务一 园林景观常识
　任务二 园林景观导游

项目十三 古建筑景观模拟导游
　任务一 我国古建筑景观导游概述
　任务二 宫殿建筑景观导游
　任务三 陵墓建筑景观导游
　任务四 宗教建筑景观导游
　任务五 古镇民居建筑景观导游

项目十四 博物馆模拟导游
　任务一 博物馆简介
　任务二 博物馆导游

项目十五 古人类遗址和古工程景观模拟导游
　任务一 古人类遗址景观导游
　任务二 古工程景观导游

项目十一

市容和沿途模拟导游

项目十一

■ 学习目标

熟悉市容导游和沿途导游的基本内容；

掌握市容导游和沿途导游讲解的要领、基本方法；

培养学生热爱祖国、技能宝贵的职业精神。

游客刚到一座城市，总希望对该城市的基本情况、民风民俗有所了解，然后由此入手，更具体地了解当地的景点。导游服务中的市容导游和沿途导游主要是介绍城市概况和民俗概况。因此，市容导游和沿途导游往往是导游的"开场白"。导游应掌握市容导游和沿途导游的讲解要领，熟练运用各种讲解方法，满足游客认识城市、了解城市的需求。

任务一 市容导游

一、市容导游概述

市容导游一般在导游接到旅游团后进行，与沿途导游有一定的联系，往往构成了首次沿途导游的主要组成部分。介绍城市概况是市容导游的中心任务。导游在介绍所在城市时，纵向要介绍城市的历史，横向要能做相近的、同类的甚至中外的比较。同时，导游应根据时间的长短、游客的情况，精心设计讲解内容。如果在火车站、码头接团，一般来说，这些地方距离游客下榻的酒店不远，留给导游讲解的时间不多，所以导游应当讲清楚城市的主要概况，如城市命名的由来，以及城市的面积、人口、主要特点等，要讲出特点、要点，以后再补充其他方面的内容；如果在机场接团，一般来说，机场距市区的距离较远，留给导游讲解的时间较多，所以导游应当利用这段时间比较全面地介绍城市概况，如历史沿革及主要旅游资源等，要讲得有条理、有逻辑性。总之，导游词要主题突出，给游客留下一个清晰的印象。

二、市容导游的主要讲解内容

市容导游的主要讲解内容一般包括城市特色、历史沿革、经济概况、文化概况等。

（一）城市特色和历史沿革

每一座城市都有自己的发展历史，都有自己的性格和特色。导游在市容讲解中，应通过对城市众多元素的提炼与筛选，抓住其中最有特色的东西，尽情渲染，从而给游客留下较深刻的印象。游客在选择旅游目的地时，在相当程度上也会受到当地知名度的影响，此时知名度已经成为一种强大的吸引力了。例如，山东济南的"四面荷花三面柳，一城山色半城湖"，江苏南京的"六朝古都"和"虎踞龙盘"，云南昆明的"春城无处不飞花"，广东深圳的"中国改革开放的窗口"等，在游客心目中都已成为不可替代的独特的城市标签。

模拟训练11-1

训练要求：写一段兰州市容导游的导游词，要求突出城市特色。

训练提示：兰州位于甘肃省中南部，全市常住人口约370万（2018年）。兰州既是大西北铁路、公路、航空的综合交通枢纽和物流中心，也是古代"丝绸之路"上的重镇。兰州素有"瓜果城"之称，白兰瓜、黄河蜜瓜、西瓜等瓜果久负盛名。兰州是唯一被黄河穿城而过的省会城市，城市依山傍水而建，形成了独特而美丽的城市景观。兰州的主要景点有五泉山公园、中山桥、白塔山公园、黄河母亲雕塑、水车园、仁寿山公园、甘肃省博物馆、兴隆山国家级自然保护区等。

历史沿革也是城市特色中的主要内容。在长期的历史发展中，每个城市都形成了自己区别于其他城市的独特个性。创建原因、发展轨迹、历史地位、重大事件、主要名人、对社会的影响，以及美丽的神话传说、生动的文学形象等都是构成城市自身特色的重要因素。例如，说起荆州，人们很难不将其与三国和关羽联系起来；提起镇江，人们会自然地想到白娘子与许仙的故事；说起孔乙己，人们马上会联想到绍兴。中国的许多城市已经被历史打上了深深的烙印，因此导游在介绍市容的过程中，不可以不讲其历史渊源，而历史本身就是这座城市给予游客的重要审美内容。

模拟训练11-2

训练要求：写一段上海市容导游的导游词，要求突出上海的历史沿革。

训练提示：有人说，看两千年的文化到西安，看五百年的文化到北京，看近百年的文化到上海。用沧海桑田、日新月异来形容上海的发展，大家没有意见吧。那很久很久以前，上海是什么样呢？

早在春秋战国时期，上海先属吴，再属越，后又属于楚。上海是楚国春申君黄歇的封邑，故别称为"申"。公元前223年，秦灭楚后，秦始皇带领丞相李斯南下巡视，看到上海一带物产丰富，交易繁荣，人丁兴旺，但人们只是在船上交易，还没形成城市。当时上海吴淞口一带的居民多以捕鱼为生，聪明的渔民发明了一种竹编的捕鱼工具——"扈"。怎样形容呢？就是用竹子或木棍围成方形或圆形。涨潮时，潮水会把鱼掀入"扈"内；退潮时，鱼儿就只能望"洋"兴叹，动弹不得了，有点"请君入瓮"的意思。这样，渔民就可坐收渔翁之利，退潮时到"扈"里面去捡鱼了。后来上海简称"沪"就是这个原因，可为何加"氵"呢？因为，"沪"乃水边人家用"扈"捕鱼。以后，上海渐渐由一个小渔村发展成一个大的集镇、贸易港口。那时有十八大浦，其中就有上海浦和下海浦。北宋后期，因松江渐渐变浅，遂在今天外滩到十六铺一带形成了"上海滩"，"上海"是由"上海浦"演变而来的。鸦片战争以后，上海被外国殖民主义者强迫开辟为通商口岸，列强纷纷在上海设立租界，整整1个多世纪，上海成为"冒险家的乐园"，直到1945年11月，租界才被收回。1949年5月27日，上海市人民政府宣告成立。今天，上海已发展成为一个经济繁荣、科教发达的国际化大都市。

（二）经济、文化概况

对于一座城市而言，可以说经济是命脉，文化是灵魂。正是依靠经济的支撑，一座城市才会有巨大的发展和变化，也正是依靠文化的哺育，一座城市才会有辉煌的过去和未来。经济和文化是一对孪生兄弟，它们与其他因素共同组成了城市独特的个性。因此，城市的经济和文化是市容导游必不可少的内容。

对城市经济的介绍，可以是多方位的综合介绍，也可以是突出重点的专门介绍，目的就是给游客留下一个深刻的印象，增强游客对该城市的了解。

城市经济概况的讲解一般应包括该地的支柱产业、特色经济、乡镇企业、交通运输、居民生活水平、城镇建设、科技经济、对外贸易、金融资本、传统产品、风物特产等内容。

城市文化概况的讲解一般应包括该地的教育发展、民俗风情、传统文化、现代文明、饮食特色、娱乐休闲等内容，这些内容都能从某些侧面反映出该城市的文化特色和当地居民的精神风貌。

介绍一个城市的经济、文化概况，也能起到传播文化的作用。

模拟训练11-3

训练要求：写一段深圳的导游词，要求突出其经济概况。

训练提示：深圳是中国最早建立且发展最快的经济特区，是中国改革开放的窗口，已从一个昔日的渔村发展成为一个新兴现代化城市，并成为中国经济最发达的城市之一。深圳创造了世界城市化、工业化和现代化的奇迹，是中国改革开放辉煌成就的精彩缩影。

2018年，深圳实现地区生产总值24 221.98亿元，人均地区生产总值达18.96万元（按2018年平均汇率折算为2.86万美元）；货物进出口总额达29 983.74亿元，占同期全国货物进出口总额的9.82%。深圳是世界著名学术刊物《自然》评选出的"中国科研实力十强城市"之一，PCT（《专利合作条约》）国际专利申请量连续多年居全国各大城市之首。

深圳在高新技术产业、金融服务业、海洋运输业、创意文化产业等多个方面占有重要地位。深圳的银行、证券机构、保险机构、外资金融机构的数量以及从业人员比例均居全国前列。深圳知名企业众多，华为、腾讯、中兴、创维、迈瑞医疗、中集集团、海能达、海普瑞药业、比亚迪、顺丰速运、大疆创新、华大基因等都是其中的代表。

另外，讲城市概况要提纲挈领，注意留下伏笔，以便后面衔接；要做到毫不突兀，使讲解浑然一体，不致支离破碎，防止"东一榔头，西一棒子"，让游客记不住，也不得要领。

例如，重庆的一位导游是这样开始他的介绍的：

　　重庆是一座山城，四周环山。重庆市区坐落在长江和嘉陵江夹着的一个狭长的半岛上。如果说四川是一个大盆地的话，那么重庆就是一个小盆地，嘉陵江和长江在市区的朝天门交汇。中国古话说："逢山开路，遇水架桥。"为了方便交通，重庆市桥多、洞（隧道）多、索道多、缆车多、台阶多，这叫"五多"。在中国这个发展中国家，自行车一度成了中国的"国车"。北京、上海、西安、成都、昆明都曾有几百万辆到上千万辆自行车。可是，在重庆市区，你一天能看到20辆自行车那就算"大饱眼福"了，这叫"一少"。总而言之，桥多、洞多、索道多、缆车多、台阶多，自行车少，这"五多一少"就是重庆市区的特征。

　　这段话不长，两三分钟就可以讲完，但又为以后的补充讲解埋下了伏笔，留下了余地。这样，导游在后面进行补充讲解的时候就可以接着说：

　　各位团友，重庆既是山城，又是小盆地，在春秋两季，夜晚天凉，水汽凝结为雨，所以重庆多夜雨。据气象学家统计，重庆春秋季节的夜雨率占70%。因此，唐代著名诗人李商隐有《巴山夜雨》的名诗。夜雨昼晴，对农作物的生长十分有利，所以四川成为"天府之国"。此外，山顶、山腰、山下的气温有差异，从而为农作物的多样性创造了有利条件。以水果为例，这里既生产北方的苹果、梨，又出产南方的龙眼、荔枝、香蕉，还有本地的广柑、橘子、脐橙……

　　由此又可以转向调料多，引出川菜的话题。导游由山城还可以讲到大山人的性格，巴人"民情剽悍，生性好斗"，远溯周武王伐纣，巴人打前锋；楚汉相争，巴人是主力，一直讲到"巴将蜀相"的俗谚。导游也可以由此引出民风、民俗、民情，还可以由山地的地下矿藏引出重庆作为长江上游的大工业城市的物质基础……有说不完的话题。

　　总之，开头讲城市概况要注意提纲挈领、留下伏笔，以便后面衔接，这样导游的讲解就会浑然一体，让游客记忆深刻。

任务二　沿途导游

　　沿途导游是导游讲解的基本功，导游一定要根据沿途所见的景物，根据不同游客的文化状况和感兴趣的程度，做出相应的讲解。凡游客感兴趣的、询问的、与沿途景物有关的，不妨多讲，但要注意言简意赅，把问题说清楚，同时注意知识性和趣味性。导游不能只顾自己一味讲解，而不注意游客的反应。导游在讲解过程中，要善于通过观察游客的反应，明白游客的想法，并据以调整讲解内容。沿途导游一定要注意触景生情，这样讲解才能有所依附。

　　例如，从海口去兴隆或三亚的途中，许多游客往往没见过椰子树、胡椒树、橡胶树。因此，见到椰子树，导游就借机讲椰子树的特点及海南黎族订婚、结婚、生子等与椰树相关的民风民俗，既自然，游客又感兴趣。见到橡胶树，导游可从日常生活中的橡胶制品，如汽车的轮子、小孩玩的橡皮筋等讲起，日日与橡胶相处，只是不识橡胶树，这样讲游客一定兴趣盎然。我国台湾游客一到海南，往往惊异于从海口到三亚有那么多台湾相思树，导游可趁机讲讲台湾的相思树是如何引入海南的，讲讲夫妻相思期盼团圆的民间传说，当然也可以向游客讲解如何分辨台湾相思树与小叶桉树。

　　又如，在由洛阳去郑州的途中，见到邙山，导游就可以讲古代俗谚"生在苏杭，死葬北邙"以及"邙山无卧牛之地",以增加游客的历史知识。由洛阳去西安,导游在途中既可讲三门峡,又可讲函谷关,还可讲老子写《道德经》的故事。

在沿途导游讲解中,导游应根据不同的游客找准切入点,努力使讲解有声有色,妙趣横生,切不可用唱歌、笑话、做游戏等娱乐方式完全取代讲解。参观游览时,导游还可以在沿途为景点讲解做些铺垫(如去少林寺途中,导游可以先讲讲有关佛教的知识等)。去时游兴浓,导游可以多讲;返程时游客已有些疲惫,除了回答游客的提问及补充景点讲解的未尽之处外,导游还可适当组织些娱乐、游戏活动。

总之,沿途导游一定要有趣味性、知识性和针对性,要有起有伏,不要长篇大论,以免让人听了兴味索然。

课堂互动11-1

　　问题:沿途导游讲解应注意哪些问题?

课堂互动11-1

答案提示

■ 项目小结

本章介绍了市容导游和沿途导游的主要内容和讲解技巧。导游应熟悉相关知识和具体工作要求,并在实际工作中灵活运用。

■ 主要概念

人文景观

■ 基础训练

□ 选择题

1.讲解城市概况时,一般应体现城市的(　　　)。

A.人口　　　　　　　　B.历史沿革　　　　　C.面积　　　　　　　D.主要特点

2.讲解城市经济概况时,一般应包括(　　　)等内容。

A.特色经济、城镇建设　　　　　　　　B.交通运输、居民生活水平

C.科技经济、对外贸易　　　　　　　　D.传统产品、风物特产

随堂测验11-1

选择题

□ 判断题

1.对导游来讲,市容导游并不重要,只要在景区内讲解精彩即可。　　　　(　　　)

2.对于沿途导游,导游一定要根据沿途所见景物,以及不同游客的文化状况和感兴趣的程度,做出相应的讲解。　　　　　　　　　　　　　　　　　　(　　　)

随堂测验11-2

判断题

□ 简答题

1.进行市容导游讲解时应注意哪些问题?

2.市容导游讲解一般包含哪些内容?

□ 讨论题

导游在介绍市容时,应该介绍城市的哪些信息?

■ 案例应用

洛阳的一位导游是这样开始他的讲解的:

"洛阳是我国历史上的九朝古都,是国务院公布的我国第一批24个历史文化名城之一。我国著名历史学家傅振伦教授曾说:'我泱泱中华大国的版图中央是在兰州,而华夏文化的起源却在河南的洛阳。'"

导游从河图、洛书、易经、八卦讲起,至佛学、经学、道家,直到园林、龙门、

关林……两三天来，导游的讲解一直不离"古都"的话题，使游客对中国的历史文化产生了浓厚的兴趣。

　　案例中的导游是如何让游客产生兴趣的？

■技能实训 ···■■■

　　1.依据市容导游的一般要求，自拟一篇导游词，将其熟记。

　　2.以你熟悉的城市作为接待地点，自拟一篇沿途导游讲解词。

项目十二

园林景观模拟导游

■ 学习目标

了解园林景观的基本常识；

掌握园林景观导游的主要方法；

掌握园林景观导游应注意的事项；

培养学生的热爱祖国、技能宝贵的职业精神。

我国的园林既具有历史文化和科学研究价值，又具有艺术观赏价值，是重要的旅游资源。导游应了解园林的基本常识，并掌握园林景观导游的基本方法。

任务一　园林景观常识

一、我国园林的起源与发展

园林是以模拟自然山水为目的，把自然或经过人工改造的山水、植物和建筑物按一定的审美要求组成的建筑综合艺术。我国的古典园林融建筑、园艺、绘画、书法、文学、雕塑、金石等艺术于一体，具有观赏游览、休憩娱乐、陶冶情操等多种功能，是自然美和艺术美的完美结合。在世界三大园林体系（中国体系、西亚体系和欧洲体系）中，中国园林历史最悠久，内涵最丰富，被公认为世界风景式园林的起源。

导游小常识12-1　　　　　三大园林体系的特点

1954年，国际风景园林师联合会在维也纳召开第四次大会，英国造园学家杰利克在会上致辞时，首次把世界园林分为中国体系、西亚体系和欧洲体系三类。此后，这种分类方式逐渐被各方接受。这三大园林体系各领风骚、争奇斗艳，都是弥足珍贵的人类文化遗产。这三大园林体系各有特点：

（1）中国体系：散点布局、自由灵活、不拘一格，顺应自然风景的构成规律，着力表现风景的自然之美，以及人与自然的亲近与融合。

（2）西亚体系：具有严整的风格、方直的规划、齐整的栽植、规则的水渠，一般指巴比伦、埃及、古波斯的园林。

（3）欧洲体系：讲究轴线对称、分行列队，多采用几何图形，着力表现一种被人所控制的有秩序的自然、理性的自然，显示规整的人工图案美，以及人对大自然的改造和征服。

（一）园林的起源

中国是世界上园林艺术起源较早的国家之一，至今已有3 000年的历史。最迟在商末，造园活动就已经开始了，当时叫"苑"，有人工猎场的性质；西周时，称为"囿"；春秋战国时期已有很多苑囿；秦时出现了"宫苑"，如秦始皇的上林苑，苑中有宫殿、假山，开创了人工堆山的先河。汉代以前，我国的园林以帝王贵族畋猎的苑囿为主体；汉代后期，私家园林出现，但并不普遍。

（二）自然山水园林的奠基

魏晋南北朝时期是我国自然山水园林的奠基时期，人工堆山实现了前所未有的兴盛，汉代以前流行的畋猎苑囿逐渐被取代。这一时期还出现了寺庙园林和具有公共游览性质的城郊风景园林。

（三）园林的全面发展

唐宋时期，园林获得了全面发展。唐代出现了许多皇家园林，如大明宫、华清宫、兴庆宫等。私家园林大量出现，公共园林也获得发展，其中唐代的曲江池是我国历史上第一座公共游览性质的大型园林。宋代园林在唐代园林的基础上向地方城市延伸辐射，造园更为普遍，技法日趋成熟，有名的如艮岳、金明池、琼林苑等。

（四）园林的最后兴盛

明清时期是我国古代园林的最后兴盛时期，造园技法和艺术都达到了很高的水平，逐渐形成了以北京为中心的北方园林，以苏州、扬州、湖州、杭州为中心的江南园林，以珠江三角洲为中心的岭南园林等不同风格的园林。明代还出现了计成的《园冶》和文震亨的《长物志》两部园林艺术论著。

综观我国园林的发展史，其基本规律是：

（1）园林规模由大到小；

（2）园林景观由粗放到细腻；

（3）创作手法由单纯写实到写实与写意相结合，最终以写意为主；

（4）园林中的人工因素与自然因素相结合，人工因素的比重逐渐增加；

（5）不求整齐对称，讲求自然和谐。

二、我国园林的类型

如何对我国的园林进行分类，历来就有许多争议。比较常见的分类方法是：

（一）按占有者的身份分类

1.皇家园林

皇家园林是供帝王休息享乐的园林，如北京的颐和园、承德的避暑山庄等。其主要特点是：规模宏大、富丽堂皇，突出建筑形象的造景作用，突出寓意于景。

2.私家园林

私家园林是宗室外戚、王公大臣、富商大贾营造的供自家享用的园林，如苏州的拙政园、北京的恭王府等。其主要特点是：规模较小，但建造精巧、素雅朴实，追求自然的美感。

（二）按园林所处的地理位置分类

1.北方园林

北方园林多分布于北京、西安、洛阳、开封等古都。因北方地形平坦，水面较少，且气候寒冷，因此北方园林显得宏大、粗犷、豪迈，但精巧、秀丽不足，缺乏水和绿色的点缀。

2.江南园林

南方河湖、园石、常绿树多，这使得江南园林秀丽多姿、曲折幽深，但因南方人口密集，所以园林规模一般较小。江南园林一般集中于南京、上海、无锡、苏州、杭州等地，尤其以苏州园林最具有代表性。

3.岭南园林

岭南园林以宅园为主，建筑物通透开敞，多饰以木雕。因气候温暖，所以园中可观赏的植物品种繁多。最具有代表性的岭南园林有顺德的清晖园、东莞的可园、番禺的余荫山房等。

导游小常识12-2　　　　江南古典园林的代表作——拙政园

拙政园是苏州最有代表性和最大的名园，也是江南古典园林的代表作，它与北京颐和园、承德避暑山庄、苏州留园并称"中国四大名园"。

拙政园最初为唐代诗人陆龟蒙的住宅，元时改建为大弘（宏）寺。明正德年间，御史王献臣辞职回乡，买下寺产进行改建，借用晋代潘岳《闲居赋》中的诗句"灌园鬻蔬，供朝夕之膳；牧羊酤酪，俟伏腊之费。孝乎惟孝，友于兄弟，此亦拙者之为政也"，取名"拙政园"，即借凡人所做浇花、卖菜的事来喻主人做官的不得志和清高的心境。

拙政园园内景物山水并重，但以水为中心，水面约占3/5，分东、中、西三个相对独立的小园。中部是全园的精华，池广树茂、景色自然、主次分明，主要景点有远香堂、香洲、荷风四面亭、见山楼、小飞虹、小沧浪等；西部回廊起伏、布局紧凑、构思精巧，主要景点有三十六鸳鸯馆、与谁同坐轩、倒影楼等；东部明快开朗，以平冈远山、松林草坪、竹坞曲水为主，主要景点有兰雪堂、芙蓉榭、天泉亭、秫香馆等。

拙政园等苏州古典园林于1997年入选世界文化遗产。

赏美景12-1

拙政园

三、我国园林的造景要素

我国的园林是具有生活、游憩和观赏功能的综合艺术品。山石、水体、生物、建筑、匾额、楹联等都是这一艺术品的有机组成部分，它们共同构成了园林的基本造景要素。

（一）山与石

山是园林的骨架。为表现自然，园林中的山是不能少的。早在秦汉时期，园林中已出现了假山。假山可分为土山、石山和土石混合的山三种类型，此外还有"石包土""土包石"的说法。"石包土"是指外石内土；"土包石"则是将石埋在土中，露出峰头。汉至唐的园林筑山以堆土山为主流。从宋徽宗建艮岳寿山开始，叠石而成假山几乎成了园林筑山的普遍技法。

石也是园林的重要组成部分。石有天然的轮廓造型，质地粗实，是园林建筑与自然环境相联系的中介。石可以垒叠成山，单独的一块石也可构成一道风景。古代选石既要就地取材，又要考虑到有特色。那些方正端庄、圆润浑厚、峭立挺拔、纹理奇特的天然石往往最受人们的喜爱。

（二）水

如果说山是园林的骨架，那么水可谓是园林的血脉。水是园林中最活跃的因素。流动的水能将园林中的景物融会贯通，使凝固、静止的空间蕴含动态的美，因此素有"名园依绿水"之说。古代造园首先考虑的就是水源，而且源头之水讲究"隐"，从而形成了"水外有水""大小相生"的妙景。理水还讲究开合聚散，有静有动，动静结合。一般中小庭院多采用集中而静的水面，给人开朗宁静的感觉；水面较大时，采取分散用水、化整为零的方法把水面分割成互相连通的若干小块，以增加景色的变化性和层次感；也常以水面包围陆地形成岛屿，然后在岛的四周环列建筑，自然形成一种离心和扩散的格局；经常改变水体的类型，如就低凿水成湖泊池沼、大小水池之间挖沟成涧、利用石叠的假山形成人工瀑布等。

（三）生物

生物，尤其是植物，是园林的基本配置。没有这些花草树木，园林就不能叫园林。只有花草树木配置恰当，才能使园林产生深、奥、幽等美感，才能产生"春色满园关不住，一枝红杏出墙来"的美妙意境。

动物并不是所有园林必备的，但毫无疑问，莺歌燕语、蝉唱虫鸣、鸳鸯戏水、鱼游水中等景致和声音能增添园林之韵，使园林变得更有生气，也更加自然。

导游小常识12-3　　　　　我国园林植物的配置方法

我国园林植物的配置讲究以下几点：

（1）景因境异。根据不同的环境配置不同的植物——山姿雄浑，则配苍松翠柏；悬崖峭壁，则配老树枯枝；湖中水边，则养莲植柳；窗前月下，则植梅插竹。此外，还有小园植孤、大园群植等。

（2）植物配置讲究"疏影横斜"，而不求整齐划一。

（3）一园一景，独具特色，如颐和园中的"玉兰堂"、网师园中的"丛桂轩"等。

（4）植物配置与四季变化相统一，一季一景。这样既延长了园林观赏的时间，又丰富了景物变化，如春天赏柳、夏天赏荷、秋天赏桂、冬天赏梅等。

（四）建筑

建筑的营造是园林的基本要素之一，也是园林区别于天然景区的主要标志。园林建筑主要有亭、廊、榭、舫、桥、墙、楼、阁、台、轩等。这些建筑本身既是景观，也可供人使用，发挥着重要的作用。

园林建筑是造园要素中运用最灵活、最积极的一个手段。它的作用主要体现在：

（1）点缀风景。重要的建筑常是园林的构景中心。

（2）观景。很多建筑物是观赏园林景物的最佳场所。

（3）划分园林空间。建筑物可以将园林划分为若干个单元。

（4）组织游览路线。

（五）书画墨迹

书画墨迹是中国园林的重要特色之一。这些书画墨迹主要以题景、匾额、题刻、碑记、字画等形式存在，它们在很大程度上说出了游客的审美感受，能够引起游客的共鸣。此外，书画墨迹本身就是艺术品，也增加了园林的文化内涵。

四、我国园林的内在意境

欣赏园林，不仅要欣赏其外观，而且要欣赏其内在意境。园林艺术的内在意境主要体现在以下几个方面：

（一）富有画意

我国的园林多属风景式园林。这些园林在构园技法上，都在一定程度上吸取了中国绘画艺术的精华。把大自然的美景和对这一美景的理解复制到现实生活中来，能够使园林呈现完整的自然美、人工美、想象美。

导游小常识12-4   绘画与造园的关系

承德避暑山庄的万树园在康熙时期只是一片树林，没有建筑物，不免有些单调、呆板，缺乏灵动之气。乾隆年间，工匠们在万树园中造起了一座13层的舍利塔，北倚蓝天，南控湖区，不仅使万树园的画面活跃起来，而且使万树园西与南山积雪亭、东与磬锤峰相辉映。

由此可见，中国绘画与造园之间关系的密切程度。这种关系历经长久的发展，形成了"以画入园，因画成景"的传统。

资料来源   王昆欣. 旅游景观鉴赏［M］. 北京：旅游教育出版社，2004.

（二）满怀诗情

园林中的诗情不仅是把前人诗文的某些境界、场景在园林中以具体的形象复现出来，或者运用景名、匾额、楹联等文学手段对园景直接进行点题，而且在于借鉴文学艺术的章法、手段规划设计类似文学艺术的结构。

就园林艺术的创作和欣赏来说，诗情呈现两种情况：其一，诗情化园林。诗人们吟咏山水，创作山水诗；人们吟咏山水诗，又创造了山水园林。其二，留诗于园林。诗人因园林而开怀，园林因佳作而增色。现在，一些园林中还有不少古人题诗的石刻或拓片陈列。如果留意诵读，一定受益匪浅。

导游小常识12-5   园林的诗情化

陶渊明的山水诗描绘的那种恬静闲适、自然和谐的田园生活感染了历代的士大夫，于是，陶渊明的诗意造园几乎成为一种时尚。邹忠在系统考察苏州园林后发现，陶渊明的山水诗对苏州园林发展的影响十分巨大和深远："其流风漾波，直至明、清时代。"诗情化园林的例子不限于苏州。广东番禺的余荫山房是清代举人邬彬于同治六年（1867年）所建，满园的诗联、佳作，充分体现了园主人所题的"余地三弓红雨足，荫天一角绿云深"的意境。

资料来源   曹林娣. 静读园林［M］. 北京：北京大学出版社，2005.

（三）景名点睛

题写景名，在我国古代叫作"点景"，是园林艺术内在意蕴的点睛之笔。我国的古典园林非常重视对园林、园内建筑物的命名和与这些命名有关的匾额、楹联及刻石。园林中的匾额、楹联及刻石的内容多数是直接引用前人已有的现成诗句，或略做变通。例如，苏州拙政园的"浮翠阁"引自苏东坡诗中的"三峰已过天浮翠"。此外，有一些园景题名是即兴创作的，还有一些园景题名则出自名家之手。这些匾额、楹联和刻石不仅本身自成一景，而且能起到点景的作用，从而增加了园中景点的文化内涵，起到了"不尽之意见于言外"的艺术效果。

导游小常识12-6　　　　　园名点睛

对园林来说，好的景名可以点睛，而一个好的园名同样能起到点睛的作用。

位于苏州城南三元坊附近的沧浪亭，是苏州四大名园之一，也是苏州现存最古老的园林，始建于宋代。园主人因有感于"沧浪之水清兮，可以濯我缨；沧浪之水浊兮，可以濯我足"的诗句，将亭题名为"沧浪亭"，园林亦因亭而得名。

位于广东顺德的清晖园是一处始建于明代的古代园林建筑。其"清晖"的名字源自唐代诗人孟郊《游子吟》中的著名诗句"谁言寸草心，报得三春晖"。意思是建造这园子侍奉自己的母亲，是为了报答父母如日光和煦普照之恩。

位于山东潍坊的十笏园属于古典园林中的袖珍式建筑。它的建筑面积约2 000平方米，因占地面积较小，故名"十笏园"，喻为十个板笏之大。

位于上海市黄浦区的豫园，是明代四川布政使潘允端为奉养他的父亲而命人修建的，有"豫（愉）悦老亲"之意，故名"豫园"。

位于江苏扬州的个园为清嘉庆年间两淮盐业商总黄至筠在寿芝园的基础上拓建的，因园里遍植青竹，而"个"字为"竹"字的半边，故取名"个园"，取苏轼"宁可食无肉，不可居无竹"之意。

任务二　园林景观导游

在我国广袤的大地上，从北到南分布着各式各样的园林。许多园林（如颐和园、承德避暑山庄、苏州古典园林）还被评为世界文化遗产并为世人所瞩目。带领游客观赏园林，帮助游客了解园林的内在意蕴，是导游义不容辞的责任。

一、园林景观导游方法

（一）移步换景导游

导游带领游客游览园林，一般都会采用移步换景的讲解方法。这种讲解方法要求导游在入园处先概括地介绍园林的基本情况、基本要点，如名称由来、背景、面积、主要景点、欣赏价值、园林特点等，然后带领游客顺次参观游览，边看边讲。移步换景不仅是循序渐进地游览，更重要的是要产生步移景异之感，讲究的是游览讲解中"起承转合"的章法，像音乐或戏剧一样，都有开端、发展、高潮和结局。

（二）变换角度导游

导游还要善于就某一景物从不同的角度对游客进行导游讲解。对于同一景点，导游可引导游客远眺、近看、仰观、俯视，然后从不同的角度进行讲解。正所谓"横看成岭侧成峰，远近高低各不同"。

同一处景点、同一处山水还会因四季之分而存在不同。导游应注意引导游客想象四季不同的景色，带领游客进入不同的艺术境界。正如诗中所云："山水之烟岚，四时不同。春山淡冶而如笑，夏山苍翠而如滴，秋山明净而如妆，冬山惨淡而如睡。"

四季景色不同，带给游客的感受乃至情绪也就不同。

（三）构景手法导游

中国园林就像一幅幅色彩斑斓、意蕴深藏的画卷，要欣赏它，心得静，步伐得慢，还要仔细琢磨，十分投入。只有这样，才能充分领会园林的奥妙。掌握古代园林的一些基本构景手法，对欣赏园林是非常有利的。导游不仅应充分了解这些构景手法，还应身临其境地向游客介绍这些构景手法。园林中常用的构景手法有以下几种：

1.抑景

抑景是中国园林普遍采用的一种构景手法，即先将园林中的美景隐藏，再展示出来。这样做的目的是避免景物被一览无余，提高风景的艺术感染力和层次感。抑景的例子很多，如园林中常会出现用厅堂建筑或假山遮住主景的情况。游人穿堂逾室或通过假山洞口后，才豁然开朗。拙政园腰门后的假山、留园入口处的廊道厅室等，都属于这种艺术处理。还有颐和园，游客从东宫门进去的时候，最初只能看到一个四合院式的内景，沿小路南行，先见一土山，中间是一曲径，顺路而走，隐约可见佛香阁，再转过一个弯，园中盛景则尽收眼底。

2.对景

与观景点相对的景称为对景。观景点与对景之间可互相观赏、互相烘托，从而使园林更加景象万千。例如，豫园东部的流觞亭与玉华堂前的美石"玉玲珑"在引玉洞两边的互对互借。

3.借景

借景一般是指在布局上将园外的景物组织到园内来。园林的空间总是有限的，借景可以从横向和纵向上让游人产生联想。例如，在无锡畅春园不仅能观赏园内景致，还可看园外的惠山和锡山；在北京的颐和园能够观赏园内的万寿山和园外的玉泉山。

4.框景

框景是指把门窗、廊柱或乔木树冠围合的空间看成一个"画框"。远处的自然风景和建筑可通过这一"画框"映入眼帘。游人在这一系列的"画框"中赏景，就如同走进了一个画廊。例如，苏州留园揖峰轩厅中正墙上开了三个尺幅窗，俨然挂了三幅竹石图。

5.漏景

园林的围墙上，或者走廊一侧或两侧的墙上，常设有漏窗。透过漏窗的窗隙，依稀可见窗外的美景。这种手法就是漏景。

6.添景

当一个观景点与远方的对景之间是一大片水面或空旷地时，风景会缺乏空间上的层次感，会显得单调，这时可在中间饰以乔木、花卉等作为过渡景。这种构景手法就是添景。例如，古人常在湖岸植柳，游客透过柳枝看湖对岸，会显得景色更加漂亮，这时柳枝就起到了添景的作用。

7.夹景

有时会出现这种情况：远方有一处美景，但美景与观景点之间的视线两侧毫无遮拦，因此景色显得单调乏味。这时，可用不醒目的建筑物（如围墙）或树木花草将视线两侧略加遮蔽，即可将游人的视线引向远方的景物，这种构景手法叫夹景。例如，扬州瘦西湖上，远方是主景白塔，通向白塔的两岸是长堤春柳，这些柳树就起到了夹景的作用。

8.移景

移景即把其他园林的景物模仿移植过来。例如，颐和园内的谐趣园就是仿照江苏无锡的寄畅园而建的，承德避暑山庄的小金山是仿照江苏镇江金山而建的。

（四）知识融入导游

导游在讲解时，应有意将一些知识融入其中。这些知识包括中国园林的基本常识，所讲解园林的建园背景，与所讲解园林有关的历史事件、历史人物及园中一些楹联的由来等。将知识融入园林讲解中，有助于提高游客对园林的鉴赏能力，能够帮助游客真正领略园林的形态美和意蕴美。

模拟训练12-1

赏美景12-2

颐和园

　　训练要求：介绍颐和园的概况，要求富有知识性。

　　训练提示：颐和园位于北京西郊，始建于1750年，原名清漪园。颐和园是我国现存最大、最完好的清代皇家园林，也是我国最后一座按照传统设计程序、施工技术，采用传统构件材料完成的杰出巨制。

　　颐和园占地约2.9平方千米，内有亭、台、楼、阁、塔、桥等各式园林建筑共3000多座，是仅次于北京故宫的古建筑群。全园分为政治活动区、生活居住区和游览区。

　　政治活动区以仁寿殿为中心，是慈禧太后和光绪皇帝从事内政、外交活动的场所。生活居住区以玉澜堂、乐寿堂、宜芸馆为主体，是慈禧太后、光绪皇帝及后妃居住的地方。游览区由万寿山和昆明湖组成。万寿山属燕山余脉，各式建筑依山而建。万寿山前的建筑以佛香阁为中心，包括排云门、二宫门、排云殿、德辉殿、宝云阁等，其中佛香阁是我国古建筑楼阁的代表作，是颐和园的标志。万寿山后的建筑以佛教庙宇为中心，包括许多富有藏族特色的台、塔等，此外还有苏州街、谐趣园等。昆明湖约占全园面积的3/4，湖中有南湖岛，通过十七孔桥和岸上相连。万寿山和昆明湖之间有长达728米的世界上最长的长廊，其将政治活动区、生活居住区和游览区连接起来。长廊以精美的绘画著称。

　　颐和园命途多舛，见证了中国的近代史。颐和园内的万寿山原来叫瓮山，昆明湖原来叫西湖。清乾隆十五年（1750年），乾隆皇帝为崇德皇太后寿辰在此大兴土木，在山顶建"大报恩延寿寺"，改瓮山为"万寿山"；拓展西湖湖面，使之成为寿桃形状，并更名为"昆明湖"，遂成大规模园林，称"清漪园"。1860年，清漪园被英法联军烧毁，同时被烧毁的还有圆明园。1884—1895年，慈禧太后挪用海军军费3600多万两白银重建清漪园，取"颐养冲和"之意，更名为"颐和园"，为自己的六十寿辰做准备，致使北洋海军1888年正式成军后无钱再购置任何舰船，1891年后又停止购买枪炮弹药，这也是1894年中日甲午战争失利的原因之一。1900年，颐和园遭八国联军破坏。1902年，慈禧再次下令修复颐和园，并大力充实园内陈设。今天，颐和园的大部分建筑就是当时留下的。

　　1998年11月，颐和园入选世界文化遗产。

二、园林景观导游的注意事项

导游在带领游客游览园林时，应考虑园林的游览特点，在路线的选择和讲解上应符合园林的游览规律。

（一）路线选择要合理

园林游览的路线选择十分重要。有的园林有管理者设计好的路线，并且指示标志明显，为游人游览提供了方便；有的园林则没有固定的游览路线，需要由导游做出选择。导游在选择游览路线时应考虑以下几点：

（1）选择的游览路线应符合园林游览的审美特点。曲折、迂回是园林景区路径的特点，能够使游客产生曲径通幽之感。在同时存在几条不同路线的情况下，导游应满足游客"入山唯恐不深，入林唯恐不密"的审美心理，选择幽美的、能将各个景区有机串联起来的路线。

（2）在选择游览路线时，导游应考虑步步深入、引人入胜，要能达到步移景异的观赏效果。对于哪些地方需要重点讲解，哪些地方可一带而过，导游要做到心中有数，使游客的游兴始终处于饱满的状态。

（3）在选择游览路线时，导游还应考虑最佳的观赏角度、观赏距离与观赏方法，了解最能体现园林艺术意境的因素。

（二）讲解语言要生动

园林艺术体现了中国传统文化的较高成就，在自然美与人文美的和谐中达到了较高的意境，因此导游的讲解要与园林的美学价值相适应，让游客既能看到美的景观，也能听到美的介绍，从而达到一种完美的统一。导游的讲解语言要生动、形象，也就是用词要准确，形容要恰当，有较强的节奏感、音韵感。总之，讲解语言要与游览对象一样，能令游客感到愉悦。

模拟训练12-2

训练要求：写一篇关于苏州留园概况的导游词。

训练提示：留园位于苏州阊门外留园路338号，是中国四大名园之一。留园始建于明代万历二十一年（1593年），为太仆寺少卿徐泰时的私家园林，时人称"东园"。徐泰时去世后，"东园"渐废。清乾隆五十九年（1794年），园为吴县东山刘恕所得，刘恕在东园故址上改建，建成后更名"寒碧山庄"，又称"刘园"。同治十二年（1873年），常州盛康（旭人）购得此园，缮修加筑，并取"留"与"刘"的谐音，改名"留园"。

赏美景12-3

苏州留园

留园占地23 300平方米，全园大致分为中、东、西、北四部分：中部是全园的精华，以水景见长；东部以曲院回廊的建筑取胜，许多著名景点也在东部，如冠云台、冠云楼及著名的三座石峰——冠云峰、瑞云峰、岫云峰；西部位于全园地势最高处，以假山为主，堆砌自然；北部以农村风光为特色，并建有盆景园。

留园的建筑布局紧凑，厅堂精美典雅，因建筑空间处理得当而居苏州园林之冠。厅堂、洞门、走廊等建筑与水池、假山、花木等组合成数十个大小不等的庭园小品，体现了高超的造园技艺。

（三）讲解方法要灵活

由于园林有特殊的艺术表现形式，因此导游在讲解时应灵活运用各种讲解方法，以满足游客的审美需求。

1.启发式讲解方法

园林的意境美是由造园者与观赏者共同创造的，游客在观赏的同时应不断调动自身的文化知识积累，进行二次创作，产生联想，感悟道理，从悦耳、悦目的初级审美阶段上升到悦"神"的最高境界。因此，导游在讲解过程中，应启发游客二次创作的热情，鼓励游客参与对匠心独运的艺术的思考与理解。例如，导游可以在园林的实用功能、精神表现、创作动机等方面，多向游客问些为什么，鼓励其参与。

2.画龙点睛讲解法

园林建筑的布局体现了设计者与建筑师的良苦用心，表现出了意想不到的艺术效果。导游的讲解应该强调那些产生突出效果的地方，使游客能够身临其境地体验园林艺术的奥妙。例如，颐和园中的南湖岛及废弃前的藻鉴堂和治镜阁的布局，对昆明湖湖面进行了合理的分割，使空旷的湖面变得层次丰富，给人以美的享受；同时，三岛又象征了神话中海上的蓬莱、方丈、瀛洲三座仙山，这种"一水三山"的造园布局，寄托着封建帝王对长生不老的追求。此外，导游如果能再联系圆明园中"一水九州"的布局进行比较，讲解就更生动了。

3.欲扬先抑讲解法

园林中有些景点的表现手法较为直白，游客不需要听导游介绍也能基本上明白。但是，导游在讲解时若能采用欲扬先抑的方法，就能把原本平淡无奇的景点讲得有声有色，从而引起游客的兴趣，增加景点自身的魅力。

模拟训练12-3

训练要求：收集相关资料，介绍中国园林的特色。

训练提示：在世界园林体系中，中国园林以自己独特的艺术风格和意趣而独树一帜，并呈现三大特点：

（1）追求人与自然的和谐统一。中国人善于从自然界中寻找美感。孔子说："知者乐水，仁者乐山。"中国人在园林的建造上，同样讲究"师法自然"，追求"天人合一"，顺应自然风景的构成规律，着力表现风景的自然之美，以及人与自然的亲近与融合，归根结底就是"虽由人作，宛自天开"。受这种思想的影响，中国园林以山水为主体，山为骨骼，水为血脉。在布局上，中国园林自由灵活，不拘一格，不讲求整齐对称，讲求自然和谐。随着造园艺术的发展，中国园林也开始注重人工因素与自然因素相结合，且人工因素的比重逐渐增加。

（2）注重体现人的精神追求。中国园林虽然模仿的是自然山水，但并不是简单的复制，而是把主观的意识融入山水风光中，将精神追求寓于山水园林中，以景明志，借景抒情，从而使园林充满了人文内涵。例如，皇家园林常见"一池三山"，体现了帝王渴望成仙和长享富贵的愿望。松、竹、梅也是园林中常见的植物，体现了园林主人的精神追求。此外，园林的园名、景名、匾额、楹联等也往往体现了园林主人的志趣。

（3）造园手法含蓄、曲折、变化。中国传统园林的造园方法多样，但无论采用什么造园方法，其基本要求都是讲究含蓄、曲折、变化。因此，中国式园林的中心景物多藏而不露、隐而不现，在园林大门口就使全园景色一览无余的情况基本上是不会出现的；同时，造园还要做到主次分明、高低互现、远近相衬、虚实相间，在有限的园林空间中显示出无限的景观层次。

■ 项目小结

园林是重要的旅游资源，既有历史文化和科学研究价值，又有艺术观赏价值。对园林的讲解介绍是导游的一项重要工作。本章介绍了导游应了解的园林景观常识，包括园林的起源与发展、园林的类型和造景要素、园林的内在意境等，还介绍了园林景观导游方法及园林景观导游应注意的事项。

■ 主要概念

园林　皇家园林　私家园林　北方园林　江南园林　岭南园林　抑景　对景　借景　框景　漏景　添景　夹景　移景

■ 基础训练

□ 选择题

1.园林艺术内在的意境主要体现在（　　　　）。

A.富有画意　　　　B.满怀诗情　　　　C.景名点睛　　　　D.整体布局

2.下列属于园林构景手法的是（　　　　）。

A.框景　　　　B.山石景　　　　C.漏景　　　　D.植物景

随堂测验12-1

选择题

□ 判断题

1.导游在讲解过程中，启发游客进行二次创作的热情，鼓励游客参与对匠心独运的艺术的思考与理解，属于欲扬先抑讲解法。（　　　）

2.园林造景会先将园林中的美景隐藏，再展示出来。这样做的目的是避免景物被一览无余，提高风景的艺术感染力和层次感，这种方法叫抑景。（　　　）

随堂测验12-2

判断题

□ 简答题

1.导游在讲解园林景观时，应注重体现园林的哪些特点？

2.讲解园林景观有哪些方法？

3.讲解园林景观时应注意哪些问题？

□ 讨论题

游览园林景观时，对园林景观的意境是讲清讲透好，还是点到为止好呢？

■ 案例应用

在玉澜堂的后边就是宜芸馆，芸是一种香草，可以防书中蛀虫，宜芸馆原是藏书之处，所以有此名称。正殿是光绪帝的皇后隆裕居住的地方。西配殿曾经是光绪宠爱的妃子——珍妃的住所。戊戌变法失败以后，慈禧命令隆裕皇后住到石丈亭北西四所的第一所，让珍妃住到第二所。从此以后，光绪皇帝想见到自己的内人都很困难了。

出了宜芸馆，我们就来到了乐寿堂。"乐寿"二字取自《论语》"知者乐，仁者寿"。意思是说，这里就是智者、仁者居住的地方。乐寿堂是生活居住区里的主要建筑。乾隆年间，乾隆母亲钮祜禄氏居住在这里；光绪年间，慈禧太后住在这里。

通过了水木自亲殿，也就是乐寿堂的正门，就进入了庭院，我们可以看到庭院中陈设着很多东西。铜鹿、铜鹤、铜花瓶，分别借"鹿""鹤""瓶"的谐音，取意"六合太平"，意思是天下太平。庭院内还种植着玉兰、海棠、牡丹，取意"玉堂富贵"。中间这块太湖石，因为形状像灵芝，所以叫作"青芝岫"。其实，它还有个名字叫作"败家石"。这是因为明朝有一个非常喜欢石头的人叫米万钟，他在房山看中了这块石头，要将它放入海淀的勺园中。可是这块石头太大、太重了，米万钟为了运这块石头，花了不知多少钱，石头运到良乡，他的财力也耗尽了，只好将石头丢弃路边。后来，乾隆皇帝在从清西陵返回京城的途中看到了这块石头，将它运到了乐寿堂。乐寿堂殿内有以玻璃镜子为中心的紫檀木屏风，上边镶嵌着贝雕饰物。镏金九桃大熏炉是用来焚烧檀香的，能够起到调节室内空气的作用。桌子上的两个青花大瓷盘是清代青花瓷的代表作，用来盛放水果。殿内东西两侧还有百鸟朝凤、孔雀开屏两个座屏，都是粤绣精品。殿顶悬挂的五彩玻璃吊灯是1903年从德国进口的，它是我国早期使用的电灯之一，发电机安装在文昌阁附近。慈禧太后在吃点心和品茶的时候，还可以观赏鱼桌。鱼桌以金星紫檀木为框架，镶有玻璃台面。鱼桌里还镶嵌着用珍贵材料镂空雕琢的山水人物和亭台楼阁，密封性良好，可以养金鱼。殿内还挂有"慈晖懿祉"的匾额，意思是"受母后之深恩，托母后之洪福"。

资料来源　佚名. 北京颐和园导游词 [EB/OL]. [2019-09-19]. http://www.diyifanwen.com/fanwen/daoyouci/beijingdaoyouci/20080819110704707_2.htm.

以上是颐和园的一段导游词，其中主要讲解了几个方面的内容？运用了哪些讲解方法？

■ 技能实训

依据园林景观导游的一般要求，选取一座园林，自拟一篇导游词。

项目十三

古建筑景观模拟导游

■ 学习目标

了解我国古建筑的基本常识；

掌握我国古建筑景观导游的要领；

掌握各类古建筑的讲解要领、基本方法；

培养学生热爱祖国、技能宝贵的职业精神。

建筑是人类所创造的最古老的实用性艺术形式之一，是人类文明的结晶。我国历史悠久，文化发达，留下了许多独具特色的古代建筑。这些建筑既是古人留给今人的一笔宝贵财富，也是吸引游客观赏驻足的重要旅游资源。导游应对建筑常识，尤其是古建筑的常识有较多的了解，并掌握基本的古建筑景观导游方法，这样才能更好地为游客提供古建筑景观的导游服务。

任务一　我国古建筑景观导游概述

一、我国古建筑的发展演变过程

我国古建筑的产生可以追溯到六七千年以前，经历了原始社会、奴隶社会、封建社会三个历史时期。其中，封建社会是我国古建筑发展成熟的主要阶段。

（一）原始社会建筑

在原始社会，我国的建筑发展缓慢，处于古代建筑的萌芽阶段。在早期，人们挖掘洞穴作为居住之所，后来开始建造地面房屋，创造了原始的木架建筑。传说原始社会的有巢氏已开始"构木为巢"。从河姆渡遗址可以看到，当时已出现打桩立柱架空的干栏式木结构建筑，后来又出现了栽柱式地面木结构建筑，还使用了带榫卯的构件。这表明当时的木结构建筑已具有一定的技术水平。

（二）奴隶社会建筑

从公元前21世纪到公元前476年春秋时期结束，是我国的奴隶社会时期，这是我国古代建筑的形成阶段。商朝已经有了比较成熟的夯土技术，加上工具的改进，人们已能建造规模较大的宫室和陵墓。我国传统的院落式建筑群的组合最迟在商代已开始定型。西周和春秋时期，以宫室为中心的城市格局初具雏形。瓦的出现和使用是西周在建筑史上的突出成就，它使得建筑脱离了简陋阶段。

（三）封建社会建筑

自公元前475年战国时期开始，我国进入封建社会，古代建筑也进入了成熟发展阶段。战国时期出现了砖，提高了建筑施工的质量，改善了建筑结构。秦汉时期，我国古代建筑作为一个独特体系已基本形成，"秦砖汉瓦"成为这个时代建筑的代名词。魏晋南北朝时期最突出的建筑类型是佛寺、佛塔和石窟，砖构的河南登封嵩岳寺塔是现存唯一的这一时期的建筑实例。魏晋南北朝时期还出现了琉璃瓦这种建筑材料，这对以后宫室建筑的装饰有很大影响。

隋唐时期的建筑整体上显得规模宏大、朴实庄重。现存的隋朝时期修建的赵州桥、唐代修建的五台山南禅寺和佛光寺的部分建筑，都为这一时期的建筑做了最好的注解。宋代，我国古建筑发生了较大转变和发展，城市布局打破了汉唐以来的里坊制，沿街设店开始出现，建筑更为规范，建筑的外观和色彩都有很大发展。元朝时期的建筑用材少，出现了弯材，许多构件被简化，大量使用"简柱法"，斗拱变小，装饰性增强。

明清时期是我国古建筑的最后一个高峰。我国现存的古建筑多数是这一时期的作品。在这一时期，建筑群的布局更为成熟（如北京故宫、明十三陵等）；增加了很多书院、会馆、戏院等公共性建筑；匾额和对联在清代盛行一时，殿堂建筑随处可见；砖已普遍用于民居砌墙和城墙建设，琉璃墙砖、琉璃瓦的数量和质量大为提高，应用面更广；园林建造极为繁荣，出现了不少经典园林。

二、我国古建筑的特点

我国古建筑既有卓越的成就，又有独特的风格，在世界建筑史上独树一帜。我国古建筑的主要特点为：

（一）以木材为主要建筑材料

任何建筑都需要材料，而对材料的选择往往离不开当地的环境。在我国古代，黄河中下游地区森林茂密，木材很容易得到，加上原始社会生产力水平低，唯木材很容易砍伐和加工，且质地坚韧、相对轻巧，建筑施工也方便。因此，我们的先民很自然地想到了用木头作为建筑材料。木结构建筑构成了我国古代建筑的主体，也成就了我国古代建筑的鲜明特色。

我国的木结构建筑至少已有六七千年的历史了，但目前我国现存的最古老的木结构建筑是山西五台山南禅寺大殿。

导游小常识13-1   **难以保存的木结构古建筑**

在中国的传说中，原始社会的有巢氏就已在"构木为巢"。早在商朝，中国古人就能建造规模宏大的宫室。历史上，中国人建造的辉煌建筑不计其数，幸存下来的却不多。我们今天能见到的年代最久的木结构建筑仅是唐代的，而且数量极少。这不能不说是一大憾事。这一遗憾与中国古建筑的主要原料是木材有很大关系。

木材易腐朽，不易长期保存，且遇火即燃，这使得木结构建筑在复杂的社会生活和强大的自然界中显得很脆弱。文献记载，秦朝时的阿房宫"覆压三百余里，隔离天日"，但"楚人一炬"，遂成焦土；建于北魏时期（516年）的洛阳永宁寺塔是一座巨型木塔，其高度是现存最高木塔——山西应县木塔高度（塔高67.31米）的2倍，但该塔仅存在了18年就毁于大火；北京紫禁城自建成以来，400多年间发生了24次较大的火灾，其中，让明成祖引以为傲的三大殿在建成3个月后即毁于大火；江南三大名楼在历史上也是多次重建，其中，江西南昌的滕王阁屡毁屡建，先后共重建达29次之多，这与木结构建筑易腐朽、易燃烧不无关系。

课堂互动13-1

　　问题：为什么中国古代会发展出以木结构为主的建筑？它有哪些优点？会带来哪些问题？

课堂互动13-1

答案提示

　　（二）采用框架式结构

　　我国的古建筑多以木材为原料，基本做法是：房屋由立柱、横梁、顺檩等主要构件组成，各构件用榫卯结合在一起，从而构成了房屋的基本框架。这种结构形式类似于我们现在的框架式结构。这种结构形式的优点是承重与围护结构分工明确，各司其职。框架用以承重，外墙用以遮挡阳光、隔热防寒、保障室内安全，内墙用以分割室内空间。由于墙不承重，因此能做到"墙倒屋不塌"；也由于墙不承重，因此建筑可以做得很轻巧，易装易拆，室内空间也可以根据需要随时改变。

导游小常识13-2　　　中国木结构古建筑的类型

　　中国木结构古建筑因各地地理环境和人们生活习惯的不同，可分为抬梁式、穿斗式、井干式三种类型。

　　（1）抬梁式。在立柱上架梁，梁上又抬梁，并逐层缩小，逐级加高。梁架承受整个屋顶的重量，再传到木柱上。这种结构用柱较少，可使室内开阔，但由于柱子受力较大，因此对柱径的要求也较大。大型建筑物多采用这种结构方式。

　　（2）穿斗式。直接以落地木柱支撑屋顶的重量，柱间不施梁而用穿枋连接，以挑枋承托出檐。这种结构柱径较小、柱距较密，由于用料少，选材施工都较方便，因此民居和较小的建筑物多采用这种结构方式。

　　（3）井干式。用木材交叉堆叠而成，所围空间似井，所以称为井干式。

　　（三）布局整齐而灵活

　　我国古建筑群体的布局，除了受地形条件限制或有特殊功能要求外，一般都有共同的组合原则，归纳起来主要有：多个建筑物组成一个院子；每个建筑物的正面都面向院子，并在正面设置门窗。规模大的建筑物由若干个院子组成，这种建筑物一般采用均衡对称的方式，沿着纵轴线与横轴线布局，且以纵轴为主、横轴为辅；重要建筑物布置在纵轴线上，最重要的建筑物则放在中轴线上，两侧的建筑物对称布置，从而使得主体建筑显得格外宏伟壮丽。北京故宫就是这种布局方式的典型例子。

　　（四）建筑造型优美，装饰丰富多彩

　　我国的古建筑造型丰富，方形、长方形、三角形、圆形、半圆形、桃形、扇形、六角形、梅花形等各种形状的建筑都有。建筑样式繁多，如宫、阙、殿、阁、亭、台、府、第等。我国古建筑还善用装饰，这使得我国古建筑充满了艺术性，具有强烈的审美效果。

古建筑的装饰主要包括彩绘和雕饰，所以我们常用"雕梁画栋"来形容古建筑的美。其中，使用彩绘是我国古建筑装饰最突出的特点之一。彩绘除了具有很强的装饰作用外，还具有标志、象征等作用。同时，彩绘使用的油漆可防潮、防蚁、防风化剥蚀，能有效保护木结构建筑。彩绘常出现在内外檐的梁枋、斗拱及室内天花、藻井和柱头上。

三、我国古建筑的基本构件

台基、开间和进深、屋顶、斗拱、彩画等是我国古建筑的基本构件。

（一）台基

台基又叫基座，是高出地面的建筑物的底座。台基的主要作用是稳定立柱和通风、防潮、防腐、防虫，同时还能承托建筑物，使建筑物显得更加高大雄伟。至少在商代，我国的建筑就出现了台基。台基高了以后，还筑有台阶和栏杆。不同等级的建筑物，台基的类型也有很大差别。台基大体可分为以下四类：

（1）普通台基：多用素土、灰土、碎砖等夯实而成，高约一尺，用于小式建筑。

（2）较高级台基：比普通台基高，或在基座上修汉白玉栏杆，用于大式建筑或宫殿中的次要建筑。

（3）更高级台基：又称"须弥座"或"金刚座"，用砖或石筑成，上面建有汉白玉栏杆，用于宫殿和著名寺院中的主要殿堂建筑。

（4）最高级台基：将几个须弥座相叠，就构成了古建筑中的最高级台基。这种台基只用于皇宫中最高级的建筑和全国著名庙宇的主要建筑上，如北京故宫三大殿的四周均设三层汉白玉须弥座。

导游小常识13-3　　　　　汉白玉

在中国传统建筑中，汉白玉是一种常用的名贵建筑材料，它洁白无瑕，质地坚实而细腻，非常容易雕刻，多用于较重要的建筑中。例如，北京故宫各大殿台基周围的栏杆，都是用汉白玉做成的。

（二）开间和进深

在古代建筑中，4根柱子围成的空间称为"间"。大型建筑往往由许多柱子构成，其间数自然也不会少，因此，"间"是我国古建筑空间组合的基本单位。其中，建筑物的迎面间数称为"开间"或"面阔"，建筑物的纵深间数称为"进深"。在我国古代，单数是吉祥数字，因此绝大多数建筑物的开间都是单数。

古建筑的开间有明确的等级制度。开间越多，等级越高。最高级别为开间9间，进深5间，故古代常用"九五之尊"形容帝王。但现存开间数最多的宫殿并不是9间，而是11间，如北京故宫太和殿。

导游小常识13-4　　　　清朝对"间"的规定

清朝规定，王府正门5间，正殿7间，后殿5间，寝室两重各5间；三品至五品官员，厅堂7间；六品至九品官员，厅堂3间，正门1间；百姓的正房不得超过3间。

课堂互动13-2

答案提示

课堂互动13-2

　　一位导游在介绍中国古代建筑的"间"时，是这样开始的：北京故宫是世界上现存的规模最大的木结构宫殿建筑群之一，那么北京故宫到底有多少间房呢？一种流传很广的说法是，北京故宫有房屋九千九百九十九间半。这么多的房间，一个人如果每天住1间，也要住27余年。北京故宫真有这么多房间吗？

　　问题：采用这种方法介绍有什么好处？

　　（三）屋顶

　　屋顶是我国古代建筑最有特色的部分，尤其是大型建筑的屋顶，具有很强的民族特点，鲜明地体现出了我国古建筑与西方古建筑的差异。屋顶的飞檐是我国古建筑的一个突出特点，它不仅扩大了采光面，还有利于排泄雨水。飞檐构成的完美曲线使得原本呆滞笨重的屋顶轮廓变得柔和而有韵味，具有很强的美感。

　　我国的古建筑有很多种屋顶形式。不同的屋顶形式用在不同类型的建筑中。常见的屋顶形式有：

　　（1）庑殿顶，用于皇宫、庙宇等的主殿，有单檐和重檐之分。

　　（2）歇山顶，又称"九脊顶"，有单檐和重檐之分。

　　（3）攒尖顶，常用于面积不大的建筑，如塔、亭、阁等，有单檐和重檐之分。

　　（4）悬山顶，只用于民间建筑。

　　（5）硬山顶，常用于我国传统民间居住建筑中。

　　（四）斗拱

　　斗拱是我国古代建筑的独有构件，在世界建筑史上独一无二。在立柱和横梁交接处，从柱顶上加的一层层探出成弓形的承重结构叫拱，拱与拱之间垫的方形木块叫斗，合称斗拱。斗拱可以完美地解决垂直和水平两种构件间的重力过渡问题，其承托的更宽的屋檐也能有效保护土墙不被雨淋，并且斗拱能使建筑更美观。早在春秋时期，我国的建筑物上已出现斗拱。到隋唐时期，斗拱的形制已非常成熟。

课堂互动13-3

答案提示

课堂互动13-3

　　问题：在介绍中国古建筑的斗拱时，如何向游客解释斗拱的作用？

　　（五）彩画

　　在建筑物上施彩画至少在战国时期就开始了，并且一直延续到清代。彩画是我国古建筑的重要组成部分。我国古建筑中常见的彩画有：

　　（1）和玺彩画。它是清代最高等级的彩画，以龙凤图案为主题，其间补以花卉，主要线条及龙、凤、宝珠等图案均用沥粉贴金，仅用于宫殿、坛庙的主殿、堂、门。北京故宫三大殿、北京天坛祈年殿用的都是和玺彩画。

　　（2）旋子彩画。它的等级仅次于和玺彩画，主要特点是在藻头内绘有旋花（即用旋涡状的几何图形构成一组圆形的花纹）图案，有的贴金粉，有的不贴金粉，常用于宫殿、坛庙的次要建筑和庙宇中。

　　（3）苏式彩画。它的等级最低，常绘以人物故事、山水风景、花鸟虫鱼等，基本不用金，一般用于住宅和园林中，如北京颐和园长廊彩画。

四、我国古建筑的类型

我国古建筑的类型齐全，自成一体。按照建筑大类来分，我国古建筑包括宫殿建筑、坛庙建筑、宗教建筑、陵墓建筑、城市与城防建筑、园林建筑、水利建筑、桥梁建筑、住宅建筑、会馆建筑、书院建筑等。按照单体建筑样式来分，我国古建筑包括宫、殿、堂（厅）、室、房、楼、阁、台、园、苑、榭、轩、亭、舫、陵、坟、墓、丘、林、庙、祠、观、斋、邸、庄、府、第等。下面我们简单介绍一下我国主要的建筑样式。

（1）宫。宫最初是对房屋、居室的统称，秦汉以后开始特指皇帝的居所。此外，规格很高的寺、观也叫宫，如北京的雍和宫、山西芮城的永乐宫等。

（2）殿。古代的高屋叫殿。自秦代起，皇宫主体建筑专称为殿。后来，宗教和纪念性的主体建筑也泛称为殿。我国现存的最古老的殿是五台山的南禅寺大殿和佛光寺大殿。

（3）堂、室、房。古代的宫室，前为堂，后为室。堂一般相对高大，是行礼、待客之所；室住人。室的东、西两侧叫房。

（4）楼。两层及两层以上的房屋称楼。此外，进深不是很大，曲折且较高的房子也叫楼。我国的"三大名楼"分别是南昌的滕王阁（阁也是一种楼）、武汉的黄鹤楼、岳阳的岳阳楼。

（5）阁。最初的阁是指搁东西的板。

（6）台。台在古时用来指筑得高且上平的方形建筑物。

（7）园。园最初是指四周用篱笆围起，种植花木蔬果的地方；后来，供人游览、休憩的地方也称为园。

（8）苑。苑在古代指植林木、养禽兽的地方，多指帝王或贵族的园林，后来也指一般的园林。

（9）榭。榭原本是讲武、阅兵和供帝王狩猎习射之所，后指临水而建的小品建筑。明清园林中将三面环水、一面有陆地的亭式建筑称为榭。

（10）轩。轩最初指有窗的长廊，后来指建于高旷地的敞亮的房子。

（11）亭。亭原本是古代边境的岗亭。秦汉以后，亭成为园林中开敞的、供人休憩的建筑物。我国的"四大名亭"分别是指滁州的醉翁亭、北京的陶然亭、长沙的爱晚亭、杭州西湖的湖心亭。

（12）舫。舫是建在园林的水面上，供游人宴饮、观景的像船一样的建筑物。

（13）陵。陵是指大的土山，汉代以后特指皇帝的坟。

（14）坟、墓、丘、林。坟、墓、丘、林都有坟墓的意思，但略有区别。对于古代的坟墓，有隆起的封土的称为坟，平的称为墓，丘是指葬地封土高的坟墓，林是指圣贤的墓地。

（15）庙。庙最初是指供祀先祖神位的屋舍。后来，供祀神佛和先哲的地方也称为庙。封建时代，每个县都有三庙——文庙（孔子庙）、武庙（关帝庙）和城隍庙（城隍是古代神话传说中守护城池之神）。

五、我国古建筑景观导游要领

我国古代建筑种类多样，文化内涵丰富，专业性较强。对导游来说，做好这方面的讲解并不简单。有的导游在面对古建筑景观时，常常不知从何处开始讲解。因此，导游若想把古建筑景观讲好，除了要掌握必要的古建筑知识外，还要把握古建筑导游讲解的方法。

（一）突出古建筑的功能性

古建筑的实用性是古建筑的基本属性。导游在讲解过程中，如果能紧紧抓住古建筑的实用性，就等于握住了打开古建筑导游通道的钥匙。古建筑的实用性体现在古建筑的基本功能及附加功能上，导游只有突出讲解古建筑的基本功能，才能讲清古建筑的附加功能，如社会功能、宗教功能及审美功能等。

一座古建筑是由许多构件组成的，这些构件各司其职，具有不同的功能。但是，这些构件除了具有实用性外，还具有很强的艺术表现力。导游在讲解古建筑的各个构件时，应注意突出其实用性与审美功能的完美结合。例如，斗拱的实用性表现为承重和挑檐，但斗拱同样具有很强的装饰功能。

课堂互动13-4

答案提示

课堂互动13-4

　　问题：导游在介绍中国古建筑的屋顶外观时，如何突出其功能性？

（二）突出古建筑的结构特征

我国传统木结构建筑以框架式结构为主，其他结构为辅。框架式结构是现代建筑主要采用的结构类型，而我国古建筑在几千年前就以框架式结构为主，这不能不令人惊叹。导游在向游客介绍古建筑时，应紧紧抓住建筑的结构特征，向游客阐明这一结构的独到之处，从而使游客真正体会到我国古建筑文化的博大精深。

课堂互动13-5

答案提示

课堂互动13-5

　　问题：中国古建筑具有优越的抗震性能，导游应如何从建筑结构方面进行解释？

（三）突出古建筑的风格特色

同类型的古建筑从实用性上来讲没有太大的差别，但其表现出来的风格与特色却大相径庭。在古建筑景观的游览中，导游应紧紧抓住古建筑独有的特色进行讲解介绍。否则，对于那些不太熟悉古建筑的游客来说，他们会觉得自己所看到的建筑都大同小异，没有太大的区别，因此很容易失去游兴。

突出古建筑的特色，就是要从其表现形式、结构内容、历史价值等方面抓住古建筑与众不同的特点，进行导游讲解。

从表现形式上看，不同规模的古建筑具有不同的特色。例如，对宫廷建筑来说，重要建筑在中轴线上纵向排列，两边建筑均匀对称，有主有次，等级森严；而封闭式的民居建筑（如四合院）将房屋结构与庭院空间结合起来，使居住者在有限的地方却有空间扩大的感觉。

从结构内容来看，每个整体建筑的基本结构都大体相同，但又绝不雷同。只要稍微在结构方面做些变化，就可形成独特的风格。例如，殿堂建筑为了扩大室内空间而采用了减柱或移柱的手法；抱厦结构的使用打破了建筑物四四方方的呆板式样，丰富了结构层次；屋顶的变化，既突出了建筑物的不同功能，又体现了自身的风格特色。

从历史价值上看，不同时代的建筑体现了不同的时代特征。例如，唐宋时期的木构建筑具有斗拱硕大、出檐深远的特点，给人以雄伟、豪放的感觉；明清时期的建筑斗拱变小、出檐较浅，给人以华丽、纤巧的感觉。

（四）突出古建筑的文化内涵

建筑是文化的一种，一个时期的建筑必然会反映那一时期的科技水平和文化追求；同时，文化对建筑也具有深远的影响。导游在介绍古建筑时，应了解古建筑的文化背景，突出古建筑的文化内涵。例如，中国古建筑注重选址，在建筑布局和装饰上讲究与自然环境的和谐统一，这其实是古代"天人合一"思想在建筑上的体现；中国古建筑讲究等级，建筑的大小、造型、结构、材料、装饰、色彩等都有严格的等级要求，在建筑的平面布局上则遵循"主座朝南，左右对称，强调中轴"的原则，这其实就是古代礼制思想在传统建筑上的突出体现。

课堂互动13-6

答案提示

赏美景13-1

北京故宫太和殿

课堂互动13-6

游客来到北京故宫太和殿参观的时候，都会惊叹太和殿的宏大气势。

问题：想一想，是不是只有"宏大"才能显示出太和殿在古建筑中的最高等级呢？导游还可从哪些方面判断中国古建筑等级的高低？

任务二 宫殿建筑景观导游

"宫殿"一词习惯上是指秦以前王侯的居所和秦以后皇帝的居所。宫殿建筑是我国古建筑的主要类型之一。宫殿一般是古建筑中最宏大、最华丽的部分，凝聚了我国古代建筑艺术与技能的最高成就和独特风格。导游若想做好宫殿建筑景观导游，必须先了解一些宫殿的常识。

一、宫殿建筑沿革

据记载，夏朝时，我国已修筑了宫殿。我国已发现的最早的宫殿遗址是河南偃师二里头遗址（夏朝中晚期和商朝初期），其次是湖北黄陂盘龙城遗址（商朝中期）和河南安阳殷墟（商朝晚期）。殷墟遗址表明，当时的宫殿已发展成主从组合的建筑群，且有沿纵轴线布局的痕迹。西周的宫殿已呈明显对称布局，并由围成几种院落的建筑群组成。春秋战国时期，宫殿有了明显的中轴线，多数宫殿区还筑有城墙，形成了后代所谓的宫城。

秦汉以来，宫殿规模更加宏伟，如秦朝的阿房宫、汉朝的未央宫、长乐宫、建章宫等。东汉时期流行将宫殿分为南北二宫，以阁道相通。魏晋南北朝时期开创了东西堂制度，在正殿侧面建东西堂为上朝、宴会及居住用。隋唐时期，宫殿的主要建筑呈南北纵列布置，这一形式是我国封建社会中、后期宫殿布局的典型方式，著名的如大明宫、兴庆宫等。

宋代宫殿规模不如唐代，其创新之处是在宫殿正门前向南开辟宽阔的大街，路面分成三股，中间为皇帝御道。

明清时代的宫殿规模宏伟，布局严整对称，典型建筑如北京故宫。

二、宫殿布局的特点

（一）严格的中轴对称

宫殿建筑一般都位于轴线上，主要建筑位于纵轴线上，最主要的建筑位于中间一根纵轴线（中轴线）上，两侧建筑围绕中轴线建筑对称布局，整个建筑显得规范有序、主次分明。

（二）前朝后寝

成书于春秋战国时期的《考工记》中记载了当时人们对宫殿建筑前朝后寝的规划设想。这一设想不断被历代统治者附会、沿用，在很大程度上影响了历代宫殿建筑的结构和布局。所谓"前朝"，是指宫殿的前一部分，是皇帝处理政务、举行大典的区域；"后寝"是指宫殿的后一部分，是皇帝与后妃们生活居住的地方。

（三）左祖右社

左祖右社又称"左庙右社"。所谓"左祖"，是指宫殿左前方设祖庙。祖庙是帝王祭祀祖先的地方。所谓"右社"，是指在宫殿右前方设社稷坛，社为土地，稷为粮食。社稷坛是帝王祭土地神和谷神的地方。古代以左为上，所以左在前，右在后。

三、宫殿内外的主要陈设

宫殿内外有许多陈设。这些陈设有的有实用价值，有的则只是为了烘托气氛。

（一）华表

华表是古代设在宫殿、城垣、宗庙、陵墓、桥梁等建筑前，起标志或装饰作用的巨大柱子。华表的起源很早，经历了木柱—石柱—华表的发展过程。北京天安门前后各有一对华表，华表的柱身上雕刻着盘龙，柱龙上立着瑞兽，散发着中国传统文化的精神、气质、神韵。

导游小常识13-5　　　　　　　　**华表的起源**

华表的起源有多种说法：一种说法认为，华表起源于尧舜时代王者纳谏或指示道路的木柱。这种木柱顶上穿着两根横木，用于指示方向，也可在木柱上写下自己对君主的批评建议。另一种说法认为，华表起源于西周时期在井田的阡陌相交处或各户的地界上立着的木头，其作用是作为界别或记录里程。还有一种说法认为，华表起源于古代的墓碑。

（二）石狮

石狮雕刻在我国最早出现于东汉，开始时被置于陵墓前，象征凶猛、威武，后出现在石窟和桥头，分别表示佛力浩大、无物不降和桥的坚实耐用。明清时期，石狮移于宫殿和庭院的大门前，用于辟邪和显示主人的威严和势力。宫殿大门前的石狮是成对儿出现的，一般为左雄右雌。雄狮爪下踏着一个球，象征着统一寰宇和无上的权力；雌狮爪下有一个幼狮，象征着子孙绵延。

（三）吉祥缸

吉祥缸是指置于宫殿前、庭院中盛满清水以防火灾的大缸。古人称为"门海"，是"门前有大海"的意思。古人相信，门前有大海就不怕闹火灾，因此，这些大缸也被称为"吉祥缸"。吉祥缸不仅能起到防火的作用，还是宫殿的重要装饰品，使宫殿显得气宇轩昂。其材质有铜、铁、镏金三种。

赏美景13-2

北京故宫内
的吉祥缸

导游小常识13-6　　　　　　　　**吉祥缸**

北京故宫的吉祥缸据说原有300多口，现仅存100多口。在清代，这些吉祥缸统一由内务府管理。每天有专人将缸内盛满水。到冬天，还要在缸外套上特制的棉套，上加缸盖，并在缸下放置炭火，以防止缸内的水结冰。

（四）嘉量

嘉量是我国古代标准量器。全套量器从大到小依次为：斛（hú）、斗、升、合（gě）、龠（yuè）。嘉量置于宫殿前，表示皇帝的公正和至高无上，也象征着国家的统一和强盛。北京故宫现存的3个铜制嘉量分别置于午门、太和殿和乾清宫的前面。

（五）日晷

日晷是最迟在汉代就广为应用的一种测日影、定时刻的仪器，由晷盘和晷针组成，晷盘上有刻度。宫殿以日晷作为装饰物，借指帝王似太阳普照天下。

（六）铜龟、铜鹤

在古人眼里，龟和鹤是神灵动物，且长寿。宫殿中陈设铜龟和铜鹤，用以象征长寿。

（七）鼎式香炉

鼎式香炉是举行大典时用来燃烧檀香和松枝的一种礼器。相传禹铸九鼎，于是鼎成为国家政权和帝位的象征。宫殿中陈设鼎式香炉，象征着国家的稳定和帝王政权的巩固。

（八）大象

各种材质的大象常常是皇帝宝座旁边的陈设品。大象寿命长，高大威严，身躯粗壮，稳如泰山，象征着社会的安定和政权的稳固。大象身上驮着一个宝瓶，"瓶"与"平"同音，有"天下太平"之意。宝瓶内盛五谷或吉祥之物，表示五谷丰登、吉庆有余。

四、宫殿建筑景观导游要领

导游在讲解宫殿建筑景观时，应能够通过建筑的结构布局，向游客讲解建筑背后的文化和哲学意蕴，体会宫殿建筑的内在艺术魅力。因此，导游在讲解时应注意体现宫殿建筑的以下几个方面：

（一）群体组合，气势雄伟

建筑被称为"凝固的音乐"。作为具有实体感的空间艺术，建筑展现的是一种空间性和表现性相统一的造型美。因此，建筑的空间组合、体量、比例等都是欣赏建筑景观的关键要素。与西方建筑的高大雄伟不同，中国的宫殿建筑就单个建筑物来讲，其高度并不会显得很有气势。它的优势在于组合建筑群所表现出来的整体的雄壮美、对称美、和谐美。它在平面组合上以"间"为单位，再以"间"组成房屋，以房屋组成庭院，以庭院组成宫殿，以宫殿和苑囿等组成皇城，同时在设计上讲究使用对比和对称的手法。尤其是封建社会后期的宫殿建筑，其占地面积并不大，建筑物也并不高，但表现出来的整体美能给人一种强大的震撼力。例如，北京故宫的每个建筑都在纵轴线上展开，最高等级的建筑（午门、太和殿、中和殿、保和殿，乾清宫、坤宁宫等）屋顶最高、间数最多，其他群组依次递降，把宫中大量的院落组成一个轴线突出、主从分明、统一和谐的整体，而院落的大小规模不同和建筑外形的差异又使得这种空间形式在总体的统一和谐中富于变化，给人一种流动的韵律感。

（二）与环境和谐

西方求刚，建筑结构以硬的石头为主。中国古代儒家重"柔"，讲究刚柔相济。我国宫殿建筑中高度发达的木结构技术就是这种求"柔"的体现。榫卯可以灵活地结合，可以自由地拆装，既能起到调整内力、抵抗外力的作用，又有利于重新修建。部件的灵活变化和结构形制的基本不变又与"人事有代谢，往来成古今"的现象相适应，反映了"以不变应万变"的哲学思想。

（三）礼仪性和象征性

要欣赏我国的古建筑，必须先了解其礼仪性，而礼仪性又是通过象征的手法表现在建筑物上的。我国古代统治者的特权地位非常显著，其宫殿建筑在礼仪性和使用象征手法方面尤其突出。例如，宫殿建筑的对称性就是《礼记》中"中正无邪，礼之质也"思想的表现；宫殿位于中轴线上，北端正对恒久不移的北极星，体现了"天人合一"的观念和以北为尊的含义；在建筑布局上，都城中的一座座宫殿围绕着一条鲜明的中轴线，主次分明、壁垒森严，生动地反映了封建社会的等级制度。

另外，宫殿建筑尤其是宫殿群所蕴含的"宫廷文化"及曾经发生的"宫廷故事"也常为人们所关注。例如，宋代宫殿有"烛影斧声"的千古之谜、明代紫禁城有角楼的一段趣事、清代紫禁城有雍正皇帝住在养心殿而不住在坤宁宫的故事等。正如沈福煦在《中国古代建筑文化史》中所说："古国多少文明事，都在宫廷庙宇中。"

模拟训练13-1

训练要求： 收集北京故宫的相关资料，试对北京故宫进行讲解。

训练提示： 我国古代宫殿最典型、最突出的代表就是北京故宫。

北京故宫是明清两代的皇家宫殿，位于北京天安门广场北侧。北京故宫是世界上现存规模最大、保存最完整的木质结构古建筑群之一。它集中体现了我国古代的科技水平，是我国人民智慧和创造力的结晶，是中华民族珍贵的历史文化遗产。

北京故宫在当时被称为"紫禁城"，这是因为古人认为紫微星象征帝居之所。《晋书》中记载："紫宫垣十五星，其西蕃七，东蕃八，在北斗北。一曰紫微，大帝之座也，天子之常居也，主命主度也。"紫微就是天极星，位于中天，特别明亮，其侧群星环拱，故有"紫微正中"的说法。

北京故宫始建于明永乐四年（1406年），基本建成于明永乐十八年（1420年）。为了修建这座皇宫，永乐皇帝曾召集全国优秀工匠十万、役夫百万，耗费了难以计算的人力、物力，后又经多次重修和改建，但仍保持原有规模。

北京故宫是一座长方形城池，南北长961米，东西宽753米，占地面积72万平方米，有房屋9 000多间，建筑面积约15万平方米。四周建有高大的城墙，设有午门、神武门、东华门、西华门四门。城墙四角建有角楼，墙外环绕着宽52米、长3 800米的护城河。

北京故宫的整个建筑群按南北中轴线对称布局，层次分明，主次有序。其主体建筑分为外朝和内廷两部分。外朝壮观雄伟，是皇帝举行大典、召见群臣、行使权力的地方；内廷严谨华丽，是皇帝处理日常政务和帝后、妃子、皇子、公主居住游玩的地方。

外朝以三大殿（太和殿、中和殿、保和殿）为中心，以文华殿、武英殿为两翼。三大殿四周均设三层汉白玉须弥座。太和殿就是俗称的"金銮殿"，是故宫的主殿。

皇帝大婚、册立皇后、命将出征、接受朝贺、节日庆贺、元日赐宴、科举殿试（1789年开始改在保和殿）等都在此进行。太和殿连同台基通高35.05米，建筑面积为2 377平方米，面阔11间，进深5间，重檐庑殿屋顶，为我国现存古建筑中规模最大的宫殿。殿前有一个3万平方米的广场，不植任何草木，更衬托出了大殿的宏伟。

我们现在看到的北京故宫三大殿并不是建于明代，而是清代重建的，其设计者是近代世界著名的建筑艺术大师雷发达。雷发达是清初宫廷"样式房"的掌案，雷发达死后，他的子孙继续从事建筑工作。经他们修建的工程，除了皇宫外，还有四园——圆明园、颐和园、静宜园、静明园，三山——万寿山、玉泉山、香山，三海——北海、中海、南海，二陵——东陵和西陵。雷家最重要的贡献是对建筑设计图样的革新创造以及"烫样"的制作和广泛应用。

内廷以乾清宫、交泰殿、坤宁宫为主体，其两侧有东西六宫和养心殿。乾清宫面阔9间，进深5间，重檐庑殿屋顶。清雍正以前，乾清宫一直是皇帝居住和处理政务之所。乾清宫内挂有"正大光明"匾一块，匾后是清代存放秘密建储匣的地方。皇帝死后由顾命大臣共同打开建储匣，宣布皇位继承人。清雍正以后，皇帝移居养心殿，其殿东间就是同治、光绪年间慈禧垂帘听政的地方。

1911年，辛亥革命结束了清朝的统治。1924年，末代皇帝溥仪被逐出宫。1925年，有500多年历史的紫禁城成立了故宫博物院，无数皇家珍宝成为故宫博物院的文物藏品。1961年，故宫被列为全国重点文物保护单位。1987年，北京故宫被联合国教科文组织列为世界文化遗产。

任务三　陵墓建筑景观导游

古人认为，人死后灵魂依然存在，且仍能祸福后代。因此，人们对死去的祖宗除了情感上怀念外，还希望他们在另一个世界过上美好的生活并庇护后人，由此形成了一套隆重的丧葬制度，其主要特征就是厚葬、隆葬和祭祀。受这一观念的影响，古代中国留下了许多著名的陵墓建筑，尤其是帝王陵墓，因其规模宏大、随葬品丰富，而成为我国古建筑的重要组成部分，也成为我国旅游资源的重要组成部分。

一、陵墓封土的沿革

古代中国曾出现过墓葬、火葬、水葬、悬棺葬等多种丧葬形式，其中，墓葬是我国最主要的丧葬形式，且受生产力发展水平和人们观念的影响，墓葬的方式也多有不同。我国最早的墓葬是没有坟头的，大约从周代起，开始出现有封土的坟头，且按官吏等级来定坟头封土的大小。春秋战国以后，坟头越做越大，最大的显然是帝王的陵墓。帝王陵墓的封土主要有三种形式：

（一）"方上"

"方上"，即在陵墓的地宫之上用黄土层层夯筑，使之成为一个上小下大的截顶方锥体。因其上部是方形平顶，好像被截去顶部，故名"方上"。秦汉时期的帝王陵墓多采用这一封土形式，规模宏大，像垒起一座小山，如秦始皇陵。宋代帝王陵采用的也是"方上"形式，但规模较小。

（二）"依山为陵"

"依山为陵"，即利用山的丘峰作为陵墓的坟头，山腰凿石洞为玄宫。这种封土形式主要流行于唐代，如唐太宗的昭陵、唐高宗李治和武则天的乾陵等。"依山为陵"可节省人力，还可利用山岳的原有气势，体现帝王陵墓的宏大。

（三）"宝城宝顶"

明清时期改变了"方上"形式，采用"宝城宝顶"形式。其方法是在地宫之上砌筑高大的圆形砖城，并在砖城内填土，使之高出城墙成为一个圆顶，这个圆顶即为宝顶。城墙上设垛口和女儿墙，宛如一座小城，即宝城。在宝城的前面，还有一个突出的方形城台，上建明楼，称为"方城明楼"；楼内设石碑，刻有皇帝的庙号和谥号。"宝城宝顶"在封土形式上显得更为复杂，增强了建筑的艺术性。

二、陵墓的地面建筑和地下建筑

（一）地面建筑

帝王陵墓的范围很大，除了封土之外，还有很多地面建筑。它们主要由三部分构成：

1.祭祀建筑

它是陵墓建筑的重要组成部分。其主体是祭殿，早期称为"享殿""献殿""寝殿""陵殿"等，明代称为"祾恩殿"，清代改称"隆恩殿"。其周围还有配殿、廊庑、祭坛、朝房、值房等。

2.神道

它是通向祭殿和宝城的导引大道，又称"御路""甬路"等。神道在每一个陵前都有，但一个陵区内只有一条主神道，一般以埋葬的第一个皇帝的陵墓神道为主神道。神道起初并不长，建筑也简单。唐代，神道石刻得到很大发展，大型的石刻仪仗队"石像生"已经形成。明清时期，神道发展达到高峰，如清东陵的神道长达5 000米，有石像生18对，还有龙凤门、七孔桥、碑亭等。

3.护陵监

它是保护和管理陵墓的机构。监的外面有城墙围绕，里面有衙署、市街、住宅等建筑。秦始皇陵已有了庞大的护陵机构；西汉则采取把文武大臣、豪绅富户迁居陵区的办法，建立护陵县城。

（二）地下建筑

陵墓的地下建筑部分（墓穴）经历了一个由简单到复杂的过程，即由起初的简单土墓穴发展为类似于地下宫殿的地宫（也称玄宫、幽宫等），其发展大体经历了以下三个阶段：

1.土穴木板墓

原始社会早期的墓葬形式很简单，只在地下挖一个土坑，仅能容纳尸体，既无棺椁（椁是盛放棺木的"宫室"，即棺外套棺），也无墓室。到父系氏族公社后期，有的墓葬已开始用木板围成椁室，有的还在木椁底部涂有红漆。

2.木椁及"黄肠题凑"

进入奴隶社会后，尤其是春秋战国至西汉时期，出现了大型木椁墓室。它的特点是：将大木枋子或厚板组成大套箱，上有大盖，下有底盘。在套箱内分成数格，正中放棺材，两旁和上下的方格安放随葬品。

"黄肠题凑"是帝王陵墓建筑的重大发展。它的方法是将剥去树皮的柏木心（因颜色淡黄，故称"黄肠"）层层平铺、叠垒，并使之与同侧椁室壁板呈垂直方向（因从内侧看四壁都只见枋木的端头，故称"题凑"）。"黄肠题凑"形成了一个木构地宫，其中再设内椁和棺。这种葬制在西汉时更加完善。

3.砖石墓

可能是因为木椁墓易盗易焚，也可能是因为砖石技术的发展，东汉以后，砖石砌筑的地宫逐渐取代了木椁玄宫，这是中国古代墓室制度的一次划时代变化。西汉后期已出现砖石结构的墓室，其后各朝代砖石砌筑的墓一直在不断发展。明清时期，帝陵的地宫规模更加宏大，犹如人间宫殿。

三、古代帝王陵墓反映的思想内涵

（一）灵魂观

古人认为，人死后灵魂还是存在的，对待死者应该"事死如事生"，因此陵墓的地上、地下建筑和随葬生活用品均应仿照世间。为了使自己在阴间的生活与原来一样，生前所用的一切东西、所从事的一切活动以及所经历的一切场景或对自然界的认识，都要带到坟墓里去或描绘在棺椁和墓穴的四壁上。陵墓主人生前的地位越高，生前的生活内容越充实，陵墓的构成内容就越丰富。因此，陵墓内容所反映的历史原貌往往是最充实、最全面的，是后人了解、认识逝去的人的有力依据。

（二）风水观

古人崇拜自然，崇拜龙，崇拜灵魂，认为山脉、河流、地质对人的生死有至关重要的作用，于是有了风水观念。陵寝的选址和规划设计充分运用了中国传统的风水理论，着力体现了"天人合一"的宇宙观，将人的精神融于大自然中，造成一种崇高、伟大、永恒不朽的意象。古人认为，帝王陵墓的风水会影响一个国家的命运，因此必须选择一个"南面而立，北向为朝""进可攻，退可守"的地势，以期待皇权永固。从秦始皇陵、汉武帝的茂陵，到唐太宗的昭陵以及明十三陵和清东陵、清西陵等，这些陵墓都是风水观的产物。

（三）礼制观

陵墓是古代礼制思想的集中体现。礼制的核心是严格的等级。在陵墓中，等级的最重要体现就是坟堆的大小。古人从自然界的崇山大河、高树巨石中体验到超人的体量所蕴含的崇高，于是把这些体验移植到建筑中，所以君王的坟堆特别高大，称为"陵"或"陵墓"，其他人的坟堆则较小。从秦汉直到明清，帝王陵墓的规划和都城一样，力求做到恢宏、壮观、精美，以体现皇权至上的思想，陵区的疏密有间、层层递进则给人以封建礼制的秩序感。

四、陵墓建筑景观导游要领

陵墓是将建筑、雕刻、绘画与自然环境融为一体的综合性艺术。导游在讲解陵墓景观前，应对我国古代陵墓的历史演变、建筑特征、艺术表现形式等有所了解，并掌握必要的讲解方法。在进行陵墓景观讲解时，导游应重点讲解以下几个方面的内容：

（一）陵墓的背景知识

陵墓的背景知识包括陵墓地上封土形式的演变历程，地上建筑和地下建筑的演变历程，与陵墓主人相关的历史知识、传说故事等。

模拟训练13-2

训练要求：收集秦始皇陵的相关资料，介绍该陵的背景知识。

训练提示：秦始皇陵位于陕西临潼，南依骊山，北临渭水之滨，是我国也是世界上最大的一座帝王陵墓。秦始皇即位不久就开始下令为自己修陵墓，动用民工70余万人。直到秦始皇死的时候，陵墓还未完全修完。地上建筑部分是仿照咸阳宫修造的，由内城和外城构成，呈南北狭长的回字形。现地面建筑部分已经不存在了，仅存陵冢封土，呈四方锥形，远看就像一座山。封土下的地宫布局独特，结构复杂。据《史记·秦始皇本纪》记载，秦始皇陵的地宫"以水银为百川江河大海，机相灌输，上具天文，下具地理"，且里面藏满"奇器珍怪"。

秦始皇陵的地宫尚未发掘，但地宫周边发现的兵马俑坑却震惊了世界。1974年，当地农民在秦始皇陵东侧打井时发现了兵马俑坑。这些陶俑、陶马和战车按当时的军阵编组，分在三个坑内，为研究秦代的军事编制、作战方式、骑步卒装备等提供了形象的实物资料。而且，这些兵马俑具有很高的艺术性，在中国雕塑史上占有重要地位。兵马俑被称为"世界第八大奇迹"。兵马俑的发现被誉为"20世纪考古史上的伟大发现之一"。由于所有的陶俑都栩栩如生，因此兵马俑被评价为"不死的陶俑，永恒的生命"。有关秦始皇陵还有一项重要考古发现，那就是陵西墓道中出土的两乘彩绘铜车马。

秦始皇陵及兵马俑坑于1987年入选世界文化遗产。

（二）陵墓外观的介绍

我国大部分帝王陵墓并没有进行有组织的发掘。也就是说，陵墓的地下建筑部分，游客在多数情况下实际上是看不到的，但很多陵墓，如秦始皇陵、汉武帝陵等，其地表部分的宏伟、壮观已足以让游客震撼。因此，对陵墓外观的介绍是导游讲解的重要内容。

课堂互动13-7

问题：明清陵墓建筑外观有哪些特点？

（三）陵区内特色景观的介绍

帝王陵墓规模宏大，地上建筑众多。导游应善于抓住陵区中有特色的景观，为游客进行重点介绍，突出该陵区独有的艺术特征。例如，介绍汉武帝的茂陵时，导游应突出介绍茂陵周围的20多个陪葬墓，尤其是著名的卫青墓、霍去病墓等。其中，霍去病墓前散置的石雕，毫无疑问应重点介绍。

课堂互动13-8

问题：导游在介绍唐高宗李治与中国历史上唯一的女皇武则天的合葬墓——乾陵时，应重点介绍陵区内的什么特色景观？

（四）陵墓随葬品的介绍

古人追求厚葬，所以把大量财富也埋进坟墓之中。除了金银财宝之外，还有大量的日用器具、工艺品、文房四宝、图书、绘画及生产工具、兵器、科技成果等。这些埋藏物品能准确反映当时的生产能力、生活习俗、艺术风格和科技水平，

课堂互动13-7

答案提示

课堂互动13-8

答案提示

赏美景13-4

乾陵无字碑

是一笔宝贵的历史文化财富，对于研究、了解古代历史具有重要作用。由于这些随葬品长期埋于地下，与外界空气、阳光隔绝，因此虽经数百年乃至数千年，仍能保持原貌，很多游客都想一睹为快。导游应对陵墓的随葬品进行必要的介绍，引导游客观赏。

模拟训练13-3

训练要求：收集陵墓随葬品发展历程的资料，并进行简要介绍。

训练提示：在原始社会早期，随葬品主要是死者生前喜欢和使用过的物品，每个人的随葬品差别不大。进入阶级社会以后，贫富分化加剧，随葬品的差异日益增大。王和贵族的随葬品极其丰富，有青铜器、玉石器、骨角器等，甚至还流行"人殉"，即用活人为死去的氏族首领、家长、奴隶主或封建主殉葬。从战国开始，用木俑和陶俑随葬的风俗日盛，这可看成人殉的替代品，但直到秦代仍有人殉。《史记》中记载，秦始皇死后，秦二世认为"先帝后宫非有子者，出焉不宜"，于是"皆令从死"，又怕工匠泄密，于是将修陵工匠一起活埋。从汉代开始，人殉基本被废止，但明太祖朱元璋又恢复了人殉。他死时，46名妃嫔、宫女殉葬。明英宗朱祁镇死前，最终废止了宫妃殉葬制度。西汉中期以后，随葬品中增添了各种专为随葬而做的陶器，陶器有各种实用品的模型，如仓、灶、磨等。隋唐五代时期，随葬品以大量的陶俑为主。宋至明代，随葬品以实用物品和珍宝为主，包括陶瓷器、金银器和玉器等。

任务四　宗教建筑景观导游

千百年来，许多宗教建筑被完整地保存下来。这些建筑既是反映宗教信仰和文化的有力表现形式，也构成了人文旅游资源的一部分。

一、佛教建筑景观导游

佛教诞生于公元前565年，约公元1世纪传入中国。佛教传入中国后，对中国的政治、思想、文化都产生了广泛、深远的影响，表现在建筑艺术方面，则是在各地兴起了建塔造寺的热潮，出现了很多佛教建筑。一些佛教建筑保留至今，成为当地有影响的旅游资源。对佛教建筑的讲解，是导游的一项重要工作，而要做好这项工作，导游必须具备佛教建筑的基本常识。

（一）佛教建筑的基本常识

佛教建筑主要表现为寺院、石窟和佛塔，三者合称为"佛教三大建筑"。

1.寺院

寺是佛教徒进行宗教活动的主要场所，通称为"寺院"。

导游小常识13-7　　　　　　　"寺"的含义

"寺"的最初含义并不是指"寺院"，而是中国古代的官署名。东汉已设立"鸿胪寺"，主掌朝会仪节等。公元67年，东汉明帝派出的出访西域的使者与两位印度高僧回到洛阳，并用白马驮回大量佛经和佛像，鸿胪寺自然就成了接待印度僧人之所。后来，汉明帝又敕令修建了僧人专用的馆舍，取名"白马寺"。此后，"寺"便成了中国寺院的一种泛称。

佛教寺院的布局仍然遵循我国传统的营造法则，主要建筑都位于南北中轴线上，次要或附属的建筑则分列在中轴线两侧。具体来说，中轴线上由南往北，主要建筑依次是三门殿、天王殿、大雄宝殿（大殿）、法堂、藏经楼。寺院的东、西两侧是僧人的生活区和接待区。

佛教寺院的基本建筑有：

（1）三门殿：佛教寺院的大门，一般都是三门并立，中间一大门，两旁各一小门，所以称为三门殿。三门也象征着"三解脱门"，即空门（中）、无相门（东）、无作门（西）。通常，空门两侧立有哼哈二将。

（2）钟楼：位于天王殿左（东）前侧，悬有洪钟，供奉地藏菩萨和左胁侍道明、右胁侍闵公。

（3）鼓楼：位于天王殿右（西）前侧，置有大鼓，与钟楼相对，形成"晨钟暮鼓"，供奉伽蓝神关羽和左胁侍关平、右胁侍周仓。

（4）天王殿：正中供奉大肚弥勒或天冠弥勒，两侧为四大天王，背后为护法天神韦驮。

（5）大雄宝殿：寺庙正殿，"大雄"是对佛祖释迦牟尼的尊称。大雄宝殿有供奉一佛、三佛、五佛、七佛者，以供奉三佛者居多，其背面常为海岛观音壁塑，大殿两侧常供奉十六罗汉或十八罗汉。

（6）东西配殿：位于大雄宝殿两侧，根据教派设供奉，如"三圣殿"（供西方三圣，净土宗）或"祖师殿"（禅宗）等。

（7）法堂：一般位于大殿之后，是佛寺中仅次于大殿的主要建筑，是讲经论法的场所。

（8）罗汉堂：供奉五百罗汉。五百罗汉依次沿壁环绕，千姿百态，绝无雷同。

（9）方丈室：寺庙住持（方丈）居住、说法、待客之处。净土宗称华林丈室，禅宗称般若丈室。一丈见方，但容量无限，故名。

（10）藏经楼：藏置佛教经典之处。

2.石窟

石窟源于古印度，原来是佛祖释迦牟尼及其弟子坐禅苦修的石室，在印度称为"僧伽蓝"，后来发展成为供佛、礼拜的地方，故又称"石窟寺"。中国佛教石窟寺始凿于大约公元3世纪，公元5世纪到公元8世纪达到鼎盛，宋以后开始衰退。中国是世界上佛教石窟艺术最发达的国家，石窟的分布广、数量多、规模大。代表石窟有被称为"中国四大石窟"的甘肃敦煌莫高窟、山西大同云冈石窟、河南洛阳龙门石窟和甘肃天水麦积山石窟。

石窟的建筑技术和艺术有一个逐渐提高的过程。在建造之初，石窟的建筑技术与艺术都比较粗糙。石窟看起来简陋、狭小。随着凿窟之风日盛，各地都开始了大规模的开凿工程，凿窟的技术和艺术也相应有了很大的提高和进步。中国古代建筑中"尚大"的观念在石窟的建造中再一次得到了印证，如四川乐山大佛的高度达到了71米，花了约90年才完成。

欣赏石窟或者鉴别石窟的凿刻朝代，一般可从两个方面进行：一是佛像；二是壁画。不同时期石窟中的佛像在造型上有很大区别，如北魏时期的佛像看起来比较清瘦、飘逸，而唐代石窟中的佛像则比较丰腴、高大。这大概和不同时期审美观的不同有一定的关系。

导游小常识13-8　　　　　　　　　　石窟壁画

　　石窟内壁画的内容有着不同的主题，非常丰富，这和每个时代的社会背景及人们的心态有一定的关系。例如，南北朝时期战争不断，百姓流离失所、苦不堪言，他们希望今世修行功德，死后能够进入天国，于是壁画上的主题大多是表现一种自我牺牲的精神。到了太平盛世，国泰民安，人们的所思所想自然与战争年代不同，人们更想看一看佛经中宣扬的西方极乐世界的模样，这时壁画的主题大多是表现这方面的内容。在这样的壁画中我们可以看到，四周亭台楼阁，佛正在为弟子们说法，歌舞优美，飞天散花，充满了欢乐的气氛。其中，飞天的优美形象最引人注目。飞天在佛教艺术中称为"香音之神"，据说能奏乐、善歌舞。唐代的飞天总是配合佛的说法而存在，她既不像汉画中的羽人，也不像古希腊插翅的天使及古印度腾云驾雾的天女，唐代的艺术家只用简单的线条就能勾勒出女神优美的舞姿。

　　资料来源　庄志民．旅游美学［M］．上海：上海三联书店，1999.

3.佛塔

　　佛塔起源于印度，公元1世纪前后随佛教传入中国。进入中国后，佛塔的结构和形式逐渐融合了中国传统建筑的元素，成为具有中国特色的塔。

　　我国的佛塔在类型上大致可分为大乘佛教的楼阁式塔、密檐式塔、覆钵式塔、金刚宝座塔以及小乘佛教的佛塔等；按建筑材料的不同可分为木塔、砖石塔、金属塔、琉璃塔等。两汉至南北朝时以木塔为主，唐宋时砖石塔得到了发展。塔一般由地宫、基座、塔身、塔刹组成。塔的层数一般为单数。"救人一命，胜造七级浮屠"中的"七级浮屠"指的就是七层塔。

　　我国佛塔数量众多，分布广泛，形式多样。比较著名的佛塔有山西应县木塔（我国现存最古老、最高的一座木构大塔）、陕西西安的大雁塔和小雁塔、河南开封佑国寺塔、河南登封嵩岳寺塔、云南大理千寻塔、北京真觉寺金刚宝座塔、北京妙应寺白塔、云南勐龙曼飞龙白塔、河南登封少林寺塔林等。

导游小常识13-9　　　　　　　　　　开封铁塔

　　开封佑国寺塔即俗称的开封铁塔，始建于北宋仁宗皇祐元年（1049年），原名"开宝寺塔"。塔高55.88米，八角十三层，实为琉璃砖塔，其色似铁，故民间称其为"铁塔"。开封铁塔是我国现存最高大、历史最悠久、保存最完整的一座琉璃砖塔，有"天下第一塔"之称。该塔坚固异常，千百年来，历经多次水患、地震、暴风雨、炮击等破坏，仍巍然屹立。

赏美景13-5
开封铁塔

（二）寺院建筑景观导游

　　导游在进行寺院建筑景观讲解时，应从以下几个方面入手：

1.讲清寺院的基本格局

　　寺院是佛教徒最基本、最主要的宗教活动场所，导游应讲清寺院的基本格局，使游客对佛教寺院有一个初步了解。

由于佛教建筑在许多地方有相同之处，在对不同的寺院进行讲解时容易导致内容重复，因此导游在带领旅游团游览第一座寺院时就应讲清寺院的基本格局，使游客对佛教建筑有一个基本的了解，以后游览其他寺院碰到类似的情况时，就可以不再介绍了，只讲那些有特色的内容即可。这样做既避免了讲解内容重复，又突出了讲解特点，使游客能够始终保持浓厚的游览兴趣。

2.讲清寺院建筑的艺术特征

佛教自传入中国以来，在自身的发展过程中不断吸收儒学、道教及中国传统文化的内容，形成了独特的中国佛教文化，表现在建筑中，必然体现出中国传统文化和佛教文化的双重特征。以木结构为主要形式的寺院建筑，在满足宗教活动的同时，在艺术的表现上更有独到之处。因此，导游在讲解寺院建筑景观时，应突出其艺术特征和独特之处。具体来说，导游主要应注意以下几点：

第一，建筑本身的艺术性。寺院建筑有的造型别致，有的材料特殊，有的环境奇特，有的规模宏大，都具有非常强的艺术性。

第二，塑像的艺术性。导游在讲解时，应该既能把握塑像的宗教内涵，又能发现其艺术因素。导游对塑像的艺术性的讲解，应主要从材料、造型、神态、色彩等方面入手。

第三，其他艺术形式的表现力。石雕、砖雕、木雕的装饰，建筑中彩绘的运用等，既增强了寺院建筑的艺术效果，又提供了丰富的审美内容。

3.讲清寺院建筑的思想内涵

寺院建筑是僧人与信众举行法事活动的场所，因此其必然带有浓重的宗教色彩。导游在讲解寺院建筑景观时，应突出寺院建筑的思想内涵，使游客通过游览对寺院有一个基本的了解。

第一，宗教效果。寺院建筑具有特定的宗教效果，游客进入殿堂之后，会自然产生一种敬畏之情。

第二，纪念意义。寺院建筑中的许多建筑及建筑附件都有较强的纪念意义。例如，祖师殿、祖师塔是为了纪念前辈、发扬光大其精神而建的；还有的建筑是为了纪念佛祖或佛教大事而建的；有的寺院正脊中间为法轮，两边各卧一只小鹿，以纪念释迦牟尼佛在鹿野苑初转法轮。

第三，体现仪轨。佛教有着严格的仪轨制度，大雄宝殿用于举行重大的法事活动，念佛堂用于诵经念佛，消灾延寿法会一般在药师殿进行，敲钟、击鼓、打板、敲梆都有特定的含义。

（三）石窟建筑景观导游

石窟建筑的导游讲解对导游的要求很高，导游除了要具备一定的历史知识外，还应有一定的艺术修养，更要掌握石窟建筑景观讲解的一些要领，这主要包括以下三个方面的内容：

1.石窟的开凿过程

在游览石窟时，游客看到精美的石窟艺术和浩大的工程后，都会向导游发问，这是怎么开凿的呢？这是一个导游无法回避的问题。因此，导游应事先了解石窟的开凿过程，并适时地予以介绍。

模拟训练13-4

训练要求： 收集相关资料，介绍石窟的开凿过程。

训练提示： 各位游客，刚才在游览石窟的过程中，有几位朋友问，这么大的工程是怎么建造出来的呢？下面，我就把石窟的开凿过程给各位简单做个介绍。

第一步是选址。石窟的开凿不像木结构建筑有那么大的随意性，在开凿石窟前，人们必须考虑石窟的使用功能和恒久性保存问题，所以在什么地方开凿石窟是很讲究的。选址一般从三个方面考虑：一是要离水源近，既便于生活又占有景色。所以，我们可以看到，石窟都是依山傍水的，如莫高窟有泉、云冈石窟有武州川、龙门石窟有伊河、乐山大佛有青衣江；太原天龙山石窟附近泉水潺潺，松柏成荫；炳灵寺石窟面临黄河，峭壁千丈，河水奔涌，也是一处绝好的景观。二是选择山体石质。石窟要在山体上开凿，就必须选择那些适合开凿的石质。例如，云冈石窟为矿岩，龙门石窟为石灰岩，都是利于开凿、雕琢而又不易碎裂的石质。新疆克孜尔石窟、敦煌莫高窟地处沙漠，石质为砾岩，不易精细地塑造佛像，窟内就以泥塑为主。三是考虑山体的朝向。根据我国的地理气候条件，西向和北向都容易受到风雨的侵袭，不宜使用和保护，所以开凿石窟最好选择南向或东向。例如，云冈石窟坐北朝南，龙门石窟坐西朝东，都满足了这些条件。

选址完成后，第二步就是开凿。为了减少开山的工程量，古人往往选择陡坡和悬崖峭壁。那时候无论是技术还是工具都较为落后，既没有火药也没有机器，只能靠一把锤头、一把铁锹一点一点地凿。可以想象，这么大的工程量，古人要耗费相当多的人力、物力与时间才能完成。例如，云冈石窟耗时60多年才建成。60多年是一个什么概念呢？三代人呀！如果你20岁开凿，待完工后你已经80多岁了，一个人的一生都献给了这浩大的工程。这说明石窟的开凿是极其艰难的。

据建筑学家分析，一般洞窟的开凿程序是自上而下的。就是在计划开凿的窟前堆土垒石，开明窗，从明窗运出上部的废石，凿出顶部及主佛的头顶；然后逐步向下，凿出主佛的身、臂部；接下来开窟门，运出下部废石，凿出主佛的腿部；最后清理并补刻。也就是说，在开凿头部的时候，工匠就要对佛像全身的结构布局了然于胸，这在那个时代是非常不易的。也有的洞窟由于开凿时间过长，因此上部与下部的雕刻手法呈现出了不同的特征。例如，在龙门石窟的古阳洞，现存莲花座以上部分与以下的台座及壁面上的造像的风格就截然不同。

开凿洞窟的最后一步，就是给洞窟加盖木构窟檐，由于洞窟高大，所以有的窟檐被建成楼阁，十分雄伟壮观，如云冈石窟第5窟、第6窟前现存的楼阁就是典型的窟檐建筑。

资料来源 马树生，许萍. 模拟导游［M］. 北京：旅游教育出版社，2004.

2.石窟的艺术特征

石窟的艺术内涵丰富，导游在讲解时很容易出现散、乱、浅的情况。要做到内容集中、层次清晰、条理分明，导游必须把握石窟的特征，层层剥离，从容不迫。具体来讲，就是突出抓住以下几个要点：

第一，表现手法。石窟艺术的表现手法集中体现了创作思想与表现内容的完美结合。导游在讲解时应突出石窟的艺术表现手法，帮助游客认识石窟的美。石窟的内容既有依照佛教经典记载所表现的实在情节，又有按照佛教理想所虚构的象征场面，体现了古人对现实主义与浪漫主义手法的综合运用。例如，表现舍身饲虎、割肉贸鸽的情节，形象、具体；表现华藏世界、佛国乐园的场面，则夸张、自如。敦煌石窟的飞天形象，令人感受到的是奔放的情感；龙门石窟的卢舍那大佛，令人感受到的则是亲切与慈祥；大足宝顶山的牧牛图的象征意义更为深刻。

第二，雕刻技法。石窟造像属于雕刻作品，不同的形象采用不同的雕刻技法，从而使石窟的艺术表现力更为丰富。从石窟造像中可以看到，高浮雕、浅浮雕、圆雕、透雕、线刻等各种技法应有尽有。这些技法的巧妙配合使得人物形象更为丰富，花鸟树木、楼阁宝塔更为逼真。例如，云冈石窟第6窟的飞天形象，头脚相接，连成一串，拱卫着主佛，正是因为工匠们巧妙地采用了镂空雕的技法，才使得这生硬的石头显得轻柔起来，如同一条任人摆弄的轻软的链条连在一起，给人以极大的审美享受。又如，大足宝顶山圆觉洞中的几尊圆觉菩萨雕像，头上的五福冠采用了镂空雕的技法，雕刻得精美绝伦。

第三，结构布局。石窟建筑是一种独特的以天然山体为洞室的空间建筑，既要雕刻佛像，又要考虑坚固，这决定了石窟在结构布局上必须有独到之处。有的洞窟结构严谨、构思奇特，在结构布局方面显示出了古人非凡的智慧。有的洞窟对塔位加以巧妙利用，既使洞窟顶部得以加固，又扩大了雕刻内容的表现空间，这也是石窟建筑结构布局的一大特色。

导游小常识13-10　　　　　云冈石窟

云冈石窟第19窟内的主佛像高16.8米，凝重端庄。雕刻者在这里表现的是三世佛，可明明窟中只有一尊佛，为何称三世佛呢？其余两尊呢？如果在有限的空间内，一定要三尊并立，势必会导致三尊佛像一起按比例缩小，这样就难以达到突出主佛的目的。怎么解决呢？游客从洞窟门口后撤，就会发现主洞的两边各开设了一个耳洞，分别雕刻着另外两尊佛像。构思之巧妙，令人叹为观止。

赏美景13-6

云冈石窟

第四，重点内容。我国的石窟无论是洞窟的数量还是表现内容都十分丰富，导游在讲解时，应突出重点内容，即突出最能反映石窟艺术特色的洞窟和内容来讲解，不能主次颠倒，只热衷于讲解有关传说故事，而忽略了对石窟艺术特色的介绍。例如，游览龙门石窟时，奉先寺无疑是讲解重点。特别是卢舍那大佛，慈祥而平静、稳健而端庄，右手掌心向前举在胸前，五指自然微屈，体现了内心的宁静与坚定，向前凝视的目光仿佛俯视着人类的命运与归宿。卢舍那大佛形象的塑造表现了唐代艺术家展望未来社会景象时的开阔胸怀，艺术家在对佛这一至高无上的形象进行解释的同时还贯注了那个伟大时代的气度与情感。无论从形式上还是内容上看，卢舍那大佛都是中国雕塑艺术史上的伟大创作之一。

3.石窟的时代特征

石窟和所有古建筑一样，都表现出了明显的时代特征，但是由于石窟艺术的承载量远远高出一般建筑，因此石窟所体现的社会内容的时代性更为丰富。导游在对石窟艺术、开凿背景、表现内容等方面进行讲解时，应有意识地突出石窟的时代特征。从某种角度来看，石窟艺术就是开凿的那个时代的一部历史教科书，它包含了历史、民俗、建筑、文学、艺术、宗教等各方面的内容，对人们了解历史、考察社会、增加知识具有不可替代的作用。例如，重庆大足石刻造像典雅、精致，穿着较厚重的汉化服装，这为人们研究那个时代的民俗风情提供了可靠的依据。

二、道教建筑景观导游

道教是中国土生土长的宗教，在中国四大宗教中最具有本土文化特色，体现在建筑上，道教建筑也必然具有显著的中国建筑文化特点。道教建筑是随着道教的形成而出现，并随着道教仪轨的制度化和规范化而逐步发展起来的。概括地说，我国道教建筑起源于远古，成形于汉代，完善于唐代，发展于宋代和元代。

道教建筑统称"宫观"，包括道宫、道观、道院及庵、庙、寺等。时至今日，我国仍然保存着历代许多的道教建筑，这些道教建筑是我国重要的旅游资源，吸引着众多的国内外游客。导游要做好对道教建筑景观的讲解工作，首先应了解道教建筑方面的相关知识。

（一）道教建筑的类型和构成

道教的宫观建筑是从古代中国传统的宫殿、神庙、祭坛建筑发展而来的，是道教徒祭神礼拜的场所，也是他们隐居、修炼的处所。全真道兴起后，宫观又成了全真道士出家后集体诵经修养之地。这些宫观虽然规模不等、形制各异，但总体上不外乎三类：宫殿式的庙宇、一般的祠庙、朴素的茅庐或洞穴。

传统的道教大型宫观一般由神殿、膳堂、宿舍和园林四部分组成，沿南北中轴线坐落着主要建筑：前建影壁，然后是山门殿（供奉道教青龙神和白虎神）、幡杆、钟鼓楼、灵宫殿（内设道教护法神将王灵官）、玉皇殿、四御殿、三清殿，还有各自的祖师殿等。两侧有配殿、执事房、客堂、斋堂和道士住房等。帝王敕封的大宫观前建棂星门、华表、石狮等。

我国的道教宫观遍布各地。北京白云观、山西芮城永乐宫、陕西户县重阳宫被称为"全真道三大祖庭"，其中，北京白云观是全真道第一祖庭。

（二）道教建筑的特点

道教建筑虽然同我国的传统建筑有许多共同之处，但作为一种宗教建筑，其观址的选择、殿堂的结构，以及室内的布局、室外的装饰等，无不体现着道教的思想内涵。因此，道教建筑具有自己的鲜明特点。

（1）从选址上看，道教建筑体现了道教崇尚自然、隐居修炼的思想。道教崇拜神仙，他们认为，那些山清水秀、风景优美的地方就是神仙居处，所以把天下名山都看作神仙的乐园。他们把天下名山分为十大洞天、三十六小洞天、七十二福地，并把道观修建在这些名山之上、山林之中。即使是城市中的道观，也要广植花草，理水筑山。

（2）从布局上看，道教建筑体现了道教顺应自然、返璞归真的思想。道教建筑大都巧妙地利用山形地势，顺势布局，高低错落，和周围环境融为一体。修在山顶的道观，孤高挺拔；修建在山坳里的道观，掩映真容。有的据洞筑室，有的依壁筑殿，都显得自然、和谐，体现了道教建筑灵活多变的风格。

（3）从功能上看，道教建筑体现了道教的宗教哲学思想。道教建筑注意把中国传统的建筑模式与道教思想紧密结合。道教建筑也和传统建筑一样，坐北朝南，左右对称，依中轴线排列，但是其已经融入了宗教哲学思想。道教讲究阴阳五行、八卦方位，所以道教建筑中都暗含了道教的五行八卦学说。

（4）从规模上看，道教建筑体现了道教严格的等级观念。道教把神分为七级，地位不同，供奉殿堂的面积、规模也就不同。一般来说，三清尊神是道教的最高神，供奉三清尊神的殿堂无论是材料还是规模，都是其他神的殿堂无法比拟的，这也可能是受我国传统封建等级思想影响的结果。

（三）道教建筑景观导游要领

道教建筑景观的讲解方式与其他类型古建筑景观的讲解方式没有太大区别，因为道教建筑毕竟是与中国传统建筑一脉相承的，有许多共性的内容。但是，道教建筑又蕴含着十分深厚的道教思想，因此导游在讲解中应予以重点把握。具体来说，导游应重点把握的内容有以下三点：

1.道教的哲学思想

道教的哲学思想是中国传统文化的重要组成部分，尤其是其辩证思想，至今仍然有着非常积极的意义。虽然这种思想被包裹上了一层宗教的外衣，但是其精神实质仍然是导游应该重点把握的。例如，道家气功是通过对人体内精、气、神的凝聚和调整，达到强身健体的目的，导游若能给予科学的解释，则会提高游客的满足感。

2.道教建筑的艺术特色

道教建筑的艺术特色体现在各个方面，主要有殿堂等主体建筑的奇妙构思、精美的艺术装饰、形态各异的神像雕塑，以及表现宗教内容的各种壁画，琳琅满目、美不胜收。导游应善于发现道教建筑的美学价值，并把这些内容生动传神地介绍给游客。例如，泰安岱庙的天贶殿，因为它是历代帝王祭祀泰山神的地方，所以建筑规格极高。屋顶是只有皇宫才可使用的重檐庑殿顶，面阔与宫殿的九间等齐。大殿内三面墙绘满了彩色壁画，其中，《泰山神启跸回銮图》借描写泰山神出巡巧妙地再现了历代帝王到泰山举行封禅大典的盛况，构图精巧，人物众多，技法精湛，是我国古代绘画中的精品。又如，山西芮城永乐宫三清殿的壁画《朝元图》，画面上有人物290个左右，以8个高3米的主像为中心，其余人物按对称仪仗形式排列，形象鲜明，气势恢宏，它与敦煌壁画并称为我国壁画中的"道、佛双绝"。

道教建筑中的雕塑艺术是中华文化的瑰宝，留存下来的各类神像雕塑精品既有宋代、元代的作品，也有明代和清代的作品，既有木雕、石雕，也有泥雕和铸铜雕塑，从而极大地丰富了中国雕塑艺术的内容。例如，山西晋城玉皇庙中的二十八星宿塑像、北京东岳庙中的七十二司神像、成都青羊宫中的十二生肖石刻像以及河北安国药王庙中的中国历代名医塑像，都是引人注目的珍品。

3.道教建筑的历史价值

我国有些道教建筑在历史上曾有着显赫的地位和重要的影响，有的还与统治者结下了不解之缘。例如，泰安岱庙是历代帝王举行封禅大典和祭拜泰山神的地方，地位极高；北京白云观自元代以来，深受历代皇帝的青睐。此外，陕西的楼观台、四川青城山的天狮洞、江西龙虎山的上清宫、广东罗浮山的冲虚古观、湖北武当山的紫霄宫等，都具有很高的历史价值，对道教的发展具有举足轻重的作用。导游在讲解过程中，应突出道观的历史价值，帮助游客全面了解道教历史、道教文化。

三、伊斯兰教建筑导游

（一）伊斯兰教传入中国

伊斯兰教创建于公元7世纪的阿拉伯半岛。"伊斯兰"为阿拉伯语的音译，本义为"顺从"，即顺从唯一的安拉。教徒称"穆斯林"，本义为"顺从真主者"。伊斯兰教与佛教、基督教并称为"世界三大宗教"。

从公元7世纪开始，伊斯兰教就随着阿拉伯人的贸易和旅行传播到中国，但具体的年代众说不一。现在人们普遍认为，唐高宗永徽二年（651年）是伊斯兰教最早传入中国的时间。这一年，阿拉伯国王遣使朝见唐高宗，谈及了阿拉伯国家的宗教信仰问题。

伊斯兰教传入中国的路线有两条：一条是陆路，即从大食（今阿拉伯），经波斯（今伊朗），过天山南北，穿过河西走廊进入中原；另一条是海路，即从大食（今阿拉伯），经印度洋，到天竺（今印度），经马六甲海峡，到我国东南沿海的广州和泉州等地。

我国在不同的时期对伊斯兰教的称呼不同：唐朝称"大食教"，明朝称"天方教""回回教"，明末清初称"清真教"，中华人民共和国成立后统一称"伊斯兰教"。

（二）清真寺建筑的特点

清真寺是穆斯林进行宗教活动的场所。唐代称"礼堂"；宋代称"礼拜堂"；元代以后，清真寺成为伊斯兰教寺院的通称。

中国清真寺建筑有中国传统式建筑和阿拉伯风格建筑两种。中国传统式建筑的清真寺为几进四合院，有明显的中轴线，主要建筑有大殿（礼拜正殿）、经堂、浴堂（做大净和小净用）等，少数大型清真寺有望月楼和宣礼楼。阿拉伯风格建筑的清真寺没有明显的中轴线，布局灵活，大多有圆形拱顶的正殿和尖塔式的宣礼楼，另有望月楼、经堂、浴堂等建筑。宣礼楼又称"邦克楼"。"邦克"是波斯语的音译，意思是"召唤"。穆斯林每日举行五次礼拜，通常由阿訇在楼上高声诵唱经文，召唤穆斯林前来礼拜。

中国清真寺建筑的布局比较灵活，但必须遵循如下原则：

（1）无论寺址位于什么方向，其礼拜大殿一律坐西朝东，圣龛均背向西面。这是因为穆斯林礼拜时都必须面向伊斯兰教圣城麦加，而中国在其东方。

（2）大殿内不供奉任何雕像。

（3）室内外装饰常用植物纹、几何纹和阿拉伯文字，一般不用动物纹。

西安化觉寺是我国现存规模最大、保存最完整的清真寺建筑，泉州清净寺是我国现存最古老、最典型的清真寺建筑。

（三）伊斯兰教建筑景观导游要领

导游在讲解伊斯兰教建筑景观时，应将建筑的艺术特色与伊斯兰教文化紧密联系在一起，使游客全面了解伊斯兰教的文化特征。

1.从建筑的艺术角度进行讲解

中国的伊斯兰教建筑无论是具有中国传统特色的殿堂式建筑，还是具有阿拉伯风格的穹隆式建筑，都具有较强的观赏性。因此，导游首先应从建筑的艺术性角度进行讲解，突出其与众不同的建筑特色，从而满足游客求新、求奇的心理需求。例如，甘肃临夏前河沿清真寺的四座宣礼楼，两高两低分立于大殿四角，在四个宣礼楼的中央有一个穹隆顶，顶部设计成一本打开的《古兰经》，表示《古兰经》至高无上，整体建筑雄伟壮观、设计奇妙，是中国西部较有影响力的清真寺之一。

2.从建筑的功能角度进行讲解

清真寺内的每个建筑物都有其特定的实用功能，而每种功能都与伊斯兰教的仪轨、信仰具有密不可分的关联。因此，导游在对清真寺进行讲解时，应有意识地将清真寺建筑与伊斯兰教的文化结合起来，这样才是区别于一般建筑类别的，有针对性、目的性的讲解方式。例如，礼拜大殿为什么要坐西朝东、大殿内为什么不供偶像等宗教常识，都是游客较感兴趣的内容，导游应该客观、准确地予以介绍。

四、基督教建筑景观导游

基督教建筑是基督教信徒举行宗教活动的场所，其主要建筑是教堂。基督教教堂具有典型的西方建筑艺术风格，如11世纪的罗马式艺术风格、12世纪的哥特式艺术风格、15世纪的文艺复兴式艺术风格以及现代的建筑艺术风格。

（一）基督教建筑的特点

基督教传入中国后，其教堂建筑的风格和特色也随之传入。随着基督教逐渐本土化，在吸纳西方建筑艺术风格的同时，中国的基督教建筑从最初的全面移植、混合介入、部分借鉴，逐步发展为中西合璧的建筑形式，形成了中西方文化相互渗透的独特的中国基督教建筑风格。中国基督教建筑主要有以下几个特点：

1.造型风格独特

中国基督教建筑具有明显的西方建筑风格，很容易使看惯了中国传统建筑的国内旅游者产生别具一格、耳目一新的感觉，从而产生浓厚的游览兴趣。

（1）罗马式教堂。因其模仿古罗马凯旋门、城墙、古堡等建筑形式，采用古罗马式的拱券等而得名。它的主要特征为教堂建筑空间宏大，在建筑结构上运用厚实的石墙、狭小的窗户、半圆形拱门、低矮的圆屋顶、逐层挑出的门框，上部饰以圆弧形拱环、交叉的拱顶以及层叠相重的连拱柱廊等。因为大量使用立柱和各种拱券，所以形成了敦实厚重、均衡安稳、力度饱满、结构完整的美学效果。例如，北京王府井天主堂就是一座罗马建筑风格的教堂，也是中西建筑风格共融的典范。

（2）哥特式教堂。哥特式教堂是对罗马式教堂的一种发展，是12世纪由法国开始兴起的教堂建筑形式。在建筑时，为了追求教堂的神秘氛围而突出表现光（增大窗户，扩大采光面），高（建筑向高处延伸），数（为达到前两项要求，要改变各种比例），以墩柱、薄围护墙和尖形肋骨交叉拱顶、飞扶壁、彩色镶嵌玻璃和高耸的尖塔为主要特征。上海徐家汇天主堂以及北京西什库教堂就是典型的哥特式教堂建筑。

（3）拜占庭式教堂。拜占庭式教堂因东罗马帝国的首都拜占庭而得名，其主要特征是采用"集中式"和"希腊十字形平面式"布局，屋顶为穹隆形，由独立的支柱加帆拱构成。哈尔滨圣·索菲亚教堂就是一座典型的拜占庭式东正教教堂，中央一座主体建筑有个标准的大穹隆，红碑结构，巍峨宽敞。

此外，还有体现中国传统建筑风格的宫殿式教堂。这种教堂采用了中国传统的宫殿式建筑形制风格，具有中国特色。

2.装饰艺术精湛

基督教教堂的装饰也同样沿袭了西方建筑的装饰风格，表现出了与中国传统建筑装饰风格迥异的特点。这主要表现在以下几个方面：

第一，对墙柱、门窗的装饰。由于西方建筑以砖石结构为主，因此在装饰方面，中国基督教建筑也充分利用了这一特点，在雕刻、造型上竭尽表现材料的粗犷和质感，如柱式的排列、柱头的卷花、门窗的拱券等。

第二，对教堂内部的装饰。有的注重穹顶的美化，有的注重墙壁的布置；有的注重光线的利用，有的注重氛围的营造。例如，以彩色玻璃增强装饰效果，用以宗教故事为题材的绘画美化环境，形成特有的装饰风格。

第三，塔楼的变化。塔楼高高耸立，给人以雄伟、神圣之感。塔楼或通过造型体现变化，四方形、六角形、八角形的锥体直刺青天；或以装饰突出美感，开拱设窗，各有韵味。尤其是塔楼上的大钟，更是中国传统建筑中所未见的。

（二）基督教建筑景观导游要领

导游在进行基督教建筑景观的讲解时，应具备有关基督教方面的知识，了解建筑艺术与宗教之间的内在联系，突出游客感兴趣的内容。

1.突出建筑艺术特点

导游在讲解时，应突出基督教建筑的艺术特点。例如，讲解哥特式建筑时，导游应将哥特式建筑的由来、特点及在西方建筑中的作用讲出来，这样可使游客对自己所观赏的建筑了解得更清楚。

2.突出宗教文化内涵

教堂是基督教徒从事宗教活动的场所，导游在对教堂进行讲解时，应把教堂和与宗教有关的文化内容联系起来。例如，讲到教堂就可以联系宗教仪式、宗教礼仪，对做礼拜、唱经等活动加以介绍。此外，基督教主要节日（如圣诞节、复活节和感恩节）的来历等，也是导游讲解的内容。

导游小常识13-11　　　　　　　　**哥特式建筑**

　　12世纪，哥特式建筑开始在巴黎北部的圣丹尼修道院兴起。圣丹尼修道院院长在其教堂重建时率先提出：教堂的建筑要表现高、光、数三个理念。建筑师们按这个要求大胆创新，采用塔顶向上伸延、增强窗户透光度和重新安排建筑比例等措施进行重建，从而诞生了哥特式这种新的建筑风格。哥特式教堂具有尖形的拱、菱形的顶、高大的花窗和复杂的装饰，给人以雄伟、明快、修长、奢华和耸入云霄的感觉。

　　哥特式建筑是基督教文化深入发展的产物，它表明当时已确立了神权统治，而且能展示其博大精深的神学体系。人们开始用神圣感代替神秘感，以宗教发展鼎盛的自豪感淡化以往的畏惧感。

　　资料来源　马树生，许萍. 模拟导游［M］. 北京：旅游教育出版社，2004.

　　总之，在进行宗教建筑景观讲解时，导游应注意以下几个要点：

　　（1）了解不同宗教的历史及文化知识。

　　（2）了解不同宗教和同一宗教内部宗派的区别，如基督教中的天主教、新教和东正教，道教中的全真教和正一教等，这对提高导游讲解的准确性、客观性帮助极大。

　　（3）清楚不同宗教的习俗及禁忌，如基督教徒对数字"13"和"星期五"的忌讳、穆斯林对卫生和饮食的注重、佛教五戒、道教五戒等。

　　（4）知道不同宗教的民族性及对社会生活的影响，如佛教已渗透到中国社会的各个领域，日常生活中的许多词语，如"世界""平等""刹那""相对""绝对""清规戒律"等就来源于佛教。

　　（5）灵活运用比较手段进行讲解。

　　（6）了解和掌握我国的宗教信仰自由政策。

导游小常识13-12　　　　　我国的宗教信仰自由政策

　　尊重和保护宗教信仰自由，是我国政府对待宗教问题的一项长期的基本政策。宗教信仰自由作为公民的一项权利，已经写入《中华人民共和国宪法》（以下简称《宪法》）。公民宗教信仰自由政策的内容包括：公民有信仰宗教的自由，也有不信仰宗教的自由；有信仰这种宗教的自由，也有信仰那种宗教的自由；在同一宗教里，有信仰这个教派的自由，也有信仰那个教派的自由；有过去不信教而现在信教的自由，也有过去信教而现在不信教的自由。《宪法》规定，中华人民共和国公民有宗教信仰自由。任何国家机关、社会团体和个人不得强制公民信仰宗教或者不信仰宗教，不得歧视信仰宗教的公民和不信仰宗教的公民。国家保护正常的宗教活动。任何人不得利用宗教进行破坏社会秩序、损害公民身体健康、妨碍国家教育制度的活动。宗教团体和宗教事务不受外国势力的支配。

　　公民在享有宗教信仰自由权利的同时，应当维护人民利益，维护法律尊严，维护民族团结，维护国家统一。国家在保护正常的宗教活动的同时，坚决打击在宗教外衣掩盖下的违法犯罪活动和反革命活动，以及各种不属于宗教范围的危害社会秩序和人民生命财产的迷信活动。

课堂互动13-9

　　导游带领游客在宗教场所游览时应注意哪些问题？

课堂互动13-9

答案提示

任务五　古镇民居建筑景观导游

古镇民居建筑景观包括古镇、古村落、古民居景观。在世界古代建筑史上，住宅形式最多、内容最丰富、最有文化价值的要数中国古代住宅建筑。随着历史的演进、科技的进步，具有古老、独特的建筑外观和丰富文化内涵的古镇民居越来越显出其稀缺性，因而也越来越受到游客的关注和喜爱。

一、古镇民居景观的基本类型

（一）古镇（村落）景观的基本类型

我国有许多保存完好的古镇（村落）。这些古镇（村落）传承历史文化，沿袭民间习俗，蕴藏着深厚悠远的民族文化，是精美绝伦的艺术珍宝。按照文化背景和历史区域，古镇（村落）景观可分为六类：

1. 富贵大气的北方大院建筑群

北方大院建筑群主要分布在山西省。其特色是气势威严、高大华贵，粗犷中不失细腻，是典型的北方院落建筑群体。

山西民居主要分布在祁县、平遥县、太谷县、襄汾县丁村等地。山西民居的主要特点如下：

（1）外墙很高，巷子两旁不开窗的砖墙有时可达四五层楼高，防御性强。

（2）房屋多采取一面坡顶，雨水可直接流向院里，这叫"肥水不外流"。

（3）天井是东西窄、南北长，便于防风沙和日晒。

（4）大宅院常有看家楼，用以瞭望和观景。

乔家大院是山西民居的突出代表，位于山西省祁县城东北12千米处的乔家堡村，始建于清乾隆年间，后又多次增修，分为6个大院，内套20个小院，313间房屋。整个建筑呈双"喜"字形布局，如同城堡。四周是高达10余米的全封闭青砖墙，有一条平直的甬道将6幢大院分隔两旁，院与院相衔，屋与屋相接。院内的门窗、阶石、栏杆等造型精巧。

2. 朴实无华的西北古村落群

西北古村落群主要位于陕西省。院落的封闭性很强，屋身低矮，屋顶坡度低缓，大多数建筑使用平顶，很少使用砖瓦，多采用土坯或夯土墙，装修很简单。一些地区还有窑洞建筑。

3. 大家风范的徽派古村落群

徽派古村落群主要分布在安徽、江西两省。其建筑依地势而建，自然大方，与大自然保持和谐，不矫揉造作，十分典雅。其中，以西递、宏村为代表的皖南古村落已被列为世界文化遗产。宏村有明清古民居140多幢，鳞次栉比的层楼建筑与秀丽的湖光山色交相辉映，动静相宜，其水系、街道、建筑以及室内布置都保留了自然状态，与田园风光融为一体，被人们称为"中国画里的乡村"。

导游小常识13-13   **宏村**

宏村位于安徽黟县县城东北约10 000米处，始建于南宋，距今已有800多年的历史。宏村山川秀丽，气候宜人。因地势较高，常常云蒸霞蔚，与村里的建筑

赏美景13-7

宏村

融为一体，时如泼墨重彩，时如淡抹写意。宏村最引人注目的是其"山为牛头，树为角，屋为牛身，桥为脚"的牛形村落布局和缜密的牛形水系。从高处俯瞰，整个村落就像一头悠闲斜卧在山前溪边的牛。

4.小巧精致的江南水乡古镇

江南水乡古镇主要分布在浙江省、江苏省和上海市。这些地方有利的地质和气候条件提供了众多可供选择的建筑材质，木、石等都被广泛使用。建筑风格典雅灵秀、朴素恬淡，崇尚借景为虚、造景为实的建筑风格，强调空间的开敞明亮，文化氛围浓厚，在布局装饰上极为讲究，道路、书院、牌坊、祠堂、楼阁等规模不大但布局得当。江苏的同里、周庄和浙江的乌镇，已成为古镇中的典范。

5.个性鲜明的岭南古村落群

岭南古村落群主要分布在福建省、广东省。这里住着热情好客的客家人，他们独特的文化氛围使得其居住的村落、民居也独树一帜，尤其是福建的土楼群，堪称"建筑艺术的瑰宝"。

导游小常识13-14　　　　　　福建土楼

福建土楼是客家人创建的一种具有独特风格的建筑类型，是世界上独一无二的集居住和防御功能于一体的山区大型夯土民居建筑。它吸收了中国传统建筑规划的"风水"理念，巧妙利用了当地的生土、木材、鹅卵石等建筑材料，体现了"聚族而居"这一根深蒂固的中原儒家传统观念，具有节约、坚固、防御性强等特点。福建土楼产生于宋元时期，经过明代早、中期的发展，于明末、清代、民国时期达到成熟，并一直延续至今，广泛分布于福建西部和南部崇山峻岭之中，形状有圆形、方形、椭圆形、弧形等。

关于福建土楼有一个流传很广的说法：20世纪70年代，美国卫星发现中国福建西部的崇山峻岭间，有多处大小不一、或圆或方的不明建筑体，疑为核反应堆或导弹发射基地，遂派遣特工人员以游客的身份前来探个究竟，却发现竟是一座座神奇的古老山地民居建筑。无论这一传闻是否属实，土楼由此名扬海内外，并日益受到关注。2000年4月，福建省把永定、南靖、华安三地土楼联合起来，以"福建土楼"的名义联合申报世界遗产。2008年7月6日，在加拿大魁北克城举行的第32届世界遗产大会上，联合国教科文组织世界遗产委员会正式批准福建土楼入选世界文化遗产。

此次成为世界文化遗产的福建土楼，由福建省永定、南靖、华安三地的"六群四楼"共46座土楼组成，包括南靖县田螺坑、河坑土楼群及和贵楼、怀远楼，华安县大地土楼群，永定区初溪、洪坑、高北土楼群及衍香楼、振福楼，它们代表了福建土楼最主要的特色。

永定承启楼是福建土楼的突出代表。全楼为三环一中心，层高由外环向中间逐渐降低，以保证内部的采光通风。外环4层，高16.4米，一、二层均不开窗、不住人，有门供出入，三、四层住人、开窗；第二环两层，每层设40个房间；第三环为单层，设32个房间；中心为祖堂，有通道与大门及侧门相通，可供族

赏美景13-8

福建土楼

人议事、婚丧礼仪及其他公共活动之用。

6.浪漫、轻巧的西南及少数民族古村落群

西南及少数民族古村落群主要位于重庆市和四川、云南两省。巴蜀地区的古集镇多因地制宜，或沿丘陵、山地而建，或沿曲折河流而建，各具特色。依山傍水的建筑与当地的少数民族风俗紧密联系，显露出了浪漫、轻巧的特色。云南地区少数民族众多，傣族的干栏式建筑群、苗族的吊脚楼群等在建筑风格与装饰上与中原地区有着很大的区别。

导游小常识13-15　　　　　　　　干栏式住宅

干栏式住宅是最早的住宅形式之一。用支柱将居住层架离地面是这一住宅形式的主要特征。这种形式有利于防水、防潮、防蚊虫，曾广泛分布于长江以南地区。现在西南少数民族地区还保留有这种住宅样式。

比较典型的如西双版纳的干栏式住宅，一般分为上下两层：下层喂养牲畜、堆放农具；上层住人。登上楼梯，即可到达前廊。这里是白天家务劳动、休息及喜庆时聚集宾客的地方。由前廊经门可进入室内，室内分为内、外两室。内室为卧室，外客不可进入。

（二）古民居景观的基本类型

前面古镇（村落）景观的分类基本上也反映了古民居景观的分类情况，这里我们从另外一个角度——古民居的结构布局对古民居景观进行分类。

1.相对规整的院落式的民居景观

这类民居包括北京的四合院、东北大院、江南的天井院、皖南民居等，大多建在平原地带，结构规整，布局方正。其中，最典型的要数北京的三进四合院。四合院若呈"口"字形，称为一进院落；若呈"日"字形，称为二进院落；若呈"目"字形，称为三进院落。四合院有一条严整的南北中轴线，门内有一个砖雕的影壁，进入宅内便是小院子，旁边有一排供仆人居住的"倒座房"（亦称"倒坐房"）。经过正中的垂花门，便是大院，一般是一个绿化良好的深深庭院。处于正中的是坐北朝南的正房（位于中轴线上），是长辈所住之处，两侧有晚辈住的厢房等，从外到内都体现了以中轴线对称布局的特色，显得整齐、大气。这种分进式布局的民居正是中国传统民居的主旋律，体现了封建礼制中正、稳重的特色，是一种成熟型的民居，表明了人们已能主动地掌握建筑形态文化，它与宫殿的建筑形制是一脉相承的。

2.相对不规整的自然型民居景观

这类民居主要是指建在丘陵、山地或高原上的民居，包括黄河的窑洞民居、四川民居、云南傣族干栏式民居、苗族的吊脚楼民居等。这些民居大多呈现一种原始的自然状态，随着地理位置的高低来变化屋身、屋顶的高度，结构大多不规整，较为简约，显得更为灵巧、错落。例如，由于巴蜀之地高低起伏，因此四川民居也随地势而高低错落，民居有"台""挑""拖""坡""梭""吊"等造法。再如，由于经常下

雨，气候炎热而潮湿，因此傣族人在造住宅时都把屋顶做得尖尖的，把房子架高成楼，楼上用竹子建外廊或平台，其他装饰很简单，形成干栏式民居，体现了顺应自然、崇尚实用的特色。

导游小常识13-16　　　　　　　　　窑洞

　　在我国华北、西北的很多地区，黄土覆盖广泛。这些黄土适宜挖掘，加上这里气候干燥少雨，于是长期以来，人们就在土层中挖穴为居室，这就是我们常说的窑洞。挖窑洞是这里的百姓取得住房最方便、最经济的一种手段。

　　窑洞主要有两种形式：

　　①靠崖窑。靠着山或山崖横向挖洞。洞宽约3～4米，深约10米，洞上为圆拱形，拱顶至地面约3米，洞口装上门窗。有时，人们还在洞前用土墙围一个院子。

　　②地坑窑。先在平地上挖一个长方形或正方形的大深坑，然后把窑洞凿在四面的坑壁上。这种窑洞适用于地下水位较深的地区。

　　3.其他独特的民居景观

　　其他独特的民居包括蒙古族的蒙古包、福建的土楼等。由于蒙古族是游牧民族，因此便形成了拆装方便的圆形毡包式民居，福建则由于其特殊的风俗习惯而形成了独特的土楼式民居。

二、古镇民居景观的特点

　　（一）注重地理位置，重视生活环境，追求与自然的和谐

　　无论是古代的半穴居住宅，还是明清的成熟四合院，它们在选址、布局和构成等方面都很注意地理位置、生态环境，如"背山面水""坐北朝南"等。例如，古代的人们喜欢把茅屋竹篱建造在林木之中、小河旁边，就像是自然山水的一部分。又如，湖北、四川地区的吊脚楼以吊脚之高低适应地势变化，以最大限度地减少土方挖掘，在不破坏地貌的同时隔绝潮湿、保持通风。在市镇的形成中，河流、井泉起到了很大的作用，如江南古镇同里、周庄、乌镇、西塘等，都具有小桥流水、水渠绕户、广栽树木、环境幽静等特点。

　　形成这些特点的原因首先在于，古代的人们在科学不发达的情况下只能被动地顺应自然，为了在少耗费物资、人力的前提下能有更好的采光、通风条件，人们就根据地形、气候等来建造屋舍，如寻找温润的地方依山沿河建屋等。又如，农耕社会需要水、土、树、光等自然条件，"背山面水"就可以充分利用这些自然资源。其次就是随着科学技术的发展和文化的日益丰富，人们已形成了一些风水理论。这一理论基本上包括三方面内容：一是对基址的选择，追求一种能在生理和心理上都得到满足的地形条件；二是对房屋布局形态的处理，包括对自然环境的利用与改造，如房屋的朝向、大小、出入口、供排水等；三是在上述基础上添加一定的符号，以满足人们求吉祥的心理。

　　（二）越来越呈现群体性，并富于变化，更注重布局装饰

　　与西方单体高大的建筑不同，中国古代建筑单体不大，但群体性很强，民居古镇的建筑物大都以典雅、和谐的群体美、整合美取胜。例如，古代传统民居以院落式为

主，除门、堂外，还有厢房、附属建筑等；发展到明清时期，四合院大多不止一进，甚至还有数条中轴线并列成多进，俨然是宫殿建筑的缩影。又如，在江南古镇，临河两边的民居白墙青瓦、错落整齐，店铺鳞次栉比，小巷穿梭其中，石桥贯穿河上，又点缀有牌坊、阁楼、戏台等建筑物，构成了鲜明、和谐、古朴的水乡古镇，为世人所瞩目、所留恋。

古镇民居在布局装饰方面非常讲究。例如，浙江东阳明清住宅的装饰中有木雕、石雕、砖雕、泥雕和壁画等，其中木雕全国闻名、材料丰富、技巧多变，显示了高超的建筑装饰水平。另外，古镇民居还通过斗拱、藻井等部件以及饰物，使空间更富层次性和情趣。

导游小常识13-17　　　　　　　古代民居的装饰

古代民居的装饰必须遵循严格的等级制度，不得随心所欲，如明初禁止官民房屋雕刻古帝圣贤人物、日月龙凤麒麟之形，也不许做成歇山转角重檐重拱、绘藻井等，规定"一品、二品，厅堂五间，九架，屋脊用瓦兽，梁、栋、斗拱、檐桷青碧绘饰。门三间，五架，绿油，兽面锡环"等（《明史》）。虽然如此，聪明而富有灵感的中国人还是创造出了丰富的民居装饰，如浙江东阳的民居装饰。洪铁城在《论东阳明清住宅的存在特征》一文中写道："东阳明清住宅的装饰，就种类之分，有木雕、石雕、砖雕、壁画、泥塑等。就部位而言，木雕施于构架、门窗、顶棚等部位；石雕施于墙垛、门洞、门框、匾额、阶沿、明沟、柱础等部位；砖雕施于主入口门罩等部位；泥塑施于院墙檐口等部位；壁画施于院墙马头墙垛等部位。"其中，特别受游客青睐的是木雕。东阳的木雕全国闻名，独具特色，若不油漆、不上色，暴露着木材的质感和自然感，暴露着真实的刀法技巧，亲切平易，质朴随和，非常耐看。另外，木雕装饰题材丰富、技巧多变，并且寓教于乐，对空间环境气氛的渲染、烘托、陪衬以及对空间环境素质的提高等，都有积极的意义。同时，部位不同，技法和题材也不同，如梁架上多用线雕，以图案为主；马腿上用圆雕，题材多变，强调形象美；门窗由于视距较近，因此多用浮浅雕，形态精细，多刻戏剧故事。

有些地方的民居装饰较为简约，如西南少数民族地区等，但基本上也有木雕、石雕、砖雕、壁画等类型，并且都很富有民族特色。此外，古镇其他建筑物如牌坊、塔、石桥等也有相应的木雕、石雕等装饰，大多栩栩如生，堪称"中华民间艺术的瑰宝"。

资料来源　刘森林. 中华装饰：传统民居装饰意匠［M］. 上海：上海大学出版社，2004.

（三）类型丰富多样，富有民族文化特色

我国地域广大，民族众多，文化丰富，民居建筑考究且种类多样，从北京的四合院到江南水乡民居，从福建土楼到黄河流域的窑洞，再到各少数民族的民居，举不胜举。由于地理位置、气候状况以及文化习惯的不同，民居和以民居为主要组成部分的古镇的形式也不尽相同，如四合院主要呈方形、土楼呈环形、蒙古包呈圆形等。同时，不同的古镇民居又具有不同的民族文化特色。例如，北京作为都城，文化积累深厚，故民居华贵庄重、气势威严；巴蜀文化博大精深又具有豪迈奔放的气息，故民居建筑显露出浪漫而轻巧的特色；云南一些少数民族民风淳朴，民居建筑显得自由、小巧。所以，当我们漫步在明清时留下来的古代集镇，欣赏着各具特色的民居、牌坊、石桥时，更多的是对深厚、灿烂的民族文化的感慨。

模拟训练13-5

　　训练要求：试分析古镇的旅游价值。

　　训练提示：古镇的旅游价值主要体现在以下四个方面：

　　（1）极具观赏性的外观。古镇建筑保存较好，且特色鲜明。古建筑最直观的价值在于它的可观赏性，包括建筑外形、建筑技术和装饰艺术以及较为协调一致的总体建筑风格等。各地的古镇建筑中，古老的民居建筑（如古街道、古院落）和公共建筑（如宗祠、牌坊、桥梁、戏台等）相连成片，从它们的建筑外形来看，迥异于现代民居建筑，给人以强烈的视觉冲击，是形成古镇旅游吸引力的重要景观资源之一。不少古建筑的建筑技术精妙，以传统的抬梁式、穿斗式木结构为主，吸引着众多建筑专家及爱好者为之驻足。在艺术装饰上，古镇建筑常采用木雕、砖雕、石雕、彩绘等艺术手法。这些精美的雕刻和绘画内容丰富，表达的寓意多样，有喜庆、吉祥、富丽之意，也有褒扬节孝、劝世正俗之意，地方风格明显，民俗情趣盎然，还有浓厚的传统文化色彩，极具观赏和审美价值。

　　（2）古朴的整体环境。小镇依山傍水而建，古桥、古牌坊、古寺庙、古民居等建筑与山光水色结合在一起，构成一派"小桥、流水、人家"的田园情调。总体来说，古镇的魅力在很大程度上取决于它的总体建筑风格，以及与自然环境相结合而形成的古朴的整体环境。

　　（3）大量的历史文化遗迹和深厚的人文内涵。古镇大多具有悠久的历史沉淀，是多种文化相互交融的成果。历经千年人文濡染，许多古镇保存有大量的历史文化遗迹，且人文荟萃，从而留下了神奇的传说和文化古风。众多文物遗存也为古镇增添了厚重的历史文化价值。

　　（4）与古镇相适应的闲适恬淡的生活状态、民俗民风。古镇的旅游价值还包括世代生活在这些老房子里的古镇人传统的生活状态，即他们传统的生活方式和生产方式。古镇最具特色与生命力的特征正是人与古镇的相生兼容，这是古镇固有风貌和生活结构不可缺少的一个组成部分。由于远离繁华都市，古镇淳朴的民风，闲适的生活节奏，简单的日常饮食起居，富有乡土气息的生活用具、生产工具及手工艺品，热闹的节庆庙会等得以相对完整的保留。置身古镇，人们可以感受到古镇闲适恬淡的生活氛围、简单淳朴的生活状态，这对于追求返璞归真的现代都市人来说，的确是放松身心、休闲度假的理想场所。

三、古镇民居景观导游要领

　　古镇民居景观讲解应注意把握以下几点：

　　（一）从整体着眼，注意与周围环境的和谐性

　　古人对村落、家园、民居的选址极其注重符合"枕山、环水、面屏"的风水理论，体现了一种以山为本或以水为本的山水田园特色，因此导游在讲解时，一定要强

调景观与周围环境的和谐统一。可以想象，对于江南古镇，如果游客只游览其中一间民居，则很难体会到一种意境美；只有当一排民居沿河而立，并和石桥、古街道、古井等组合在一起时，才能成为一道妙不可言的风景线。

另外，中国古建筑与西方古建筑相比，单体不大，唯其整体才能体现出一种恢宏的气势。例如，北京的三进四合院，单体房屋的高度不大，空间也不大，但当门、堂、厢房、雕砖、楼阁组成深深庭院时，便会给人以富贵、大气、古朴之感。讲解古镇民居景观时，导游必须充分了解并体会古镇民居所在的地理位置和周围环境，这样才能使游客获得美的享受。

模拟训练13-6

训练要求： 向游客介绍浙江乌镇，要求能从整体景观着眼。

训练提示： 俯瞰乌镇，东、西、南、北4条老街呈"十"字交叉，形成了"水陆并行、河街相邻"的双棋盘式格局，众多小街、小河、小桥一并展现，虽然占地面积不大，却十分壮观，给人一种幽深、曲折之感。桥也很多，单论茅盾故居前的三里塘河上就有7座桥，纵横交错，各具形态，每隔60米有一座，宛如"桥博物馆"，最有名的是单孔石拱桥——应家桥。所以，古民居、古石桥、小河流、小巷弄共同形成了乌镇的江南古镇风韵。

街与河之间大多为店铺；每隔一段路，就有一个码头连通河道；进入小弄，则是深深的民居院落，民居的梁、柱、门、窗上的石雕、木雕精美绝伦。江南百床馆、江南民俗馆、宏源泰染坊、锦兴斋、茅盾故居、立志书院、林家铺子、竹刻工艺馆、余榴梁钱币馆等50余家著名的馆、坊以及民居，让人深切体会到了乌镇的沧桑变化和淳朴浓厚的民俗文化。建筑中比较有特色的是依河道而建的廊棚，极富水乡风韵。廊棚其实就是带屋顶的街，全部为木结构的柱子，一色的鱼鳞黑瓦盖顶，下面是一条青石板道，绵延不断，形成了独特的地方性景观。廊棚有的临河，有的居中，有的在沿河一侧还设有靠背长凳，供人歇息。廊棚的顶有"一落水"、"二落水"、街楼式等形式，极富变化；廊棚里则是商店和民宅，行人来往无雨淋日晒之苦，形成了"雨天走街不湿鞋"的独特趣味。

资料来源 根据相关资料整理.

（二）注重景观的文化内涵

导游在讲解古镇民居景观时，应注意结合民族文化，小中见大，平淡中见神奇，引导游客去体会文化的内涵。

很多古镇民居的一砖一瓦、一桥一阁，包括许多装饰物，虽然随着岁月的流逝和环境的变化渐渐变得很不起眼，但其中蕴藏着丰富的历史内涵和深厚的民族文化。只有当游客了解了相关的历史文化和人文背景之后，在游览时才会感到很值得回味。古镇民居是古代人们栖息、活动的场所，是表现其社会意识形态、民族精神的最直接、最集中的载体之一，所以哪怕是一座不大的牌坊、一种简单的图案都包含着说不尽、道不完的内涵。导游必须小中见大，平淡中见神奇，引导游客体会其中的意蕴。

例如，如果游客已经读过鲁迅描绘乌篷船的文章，了解了绍兴人纯朴、敦厚的性格和头脑聪明、讲究实用的特点，再来看头戴毡帽的船老大呷着浓香的黄酒、摇着乌篷船缓缓驶过河面，就会得到一种对绍兴历史文化的深层次体会，就会在看似平淡的景观中发现许多值得回味的东西。再如，北京四合院的入口大多在东南角上，有些游客觉得这很普通或者根本不会去注意，但其实这里面体现了深厚的文化内涵，因为东南边采光条件好，符合"天人合一"的思想，同时寓意"紫气东来""寿比南山"。

（三）挑选最佳游览时间，以期达到最佳审美效果

游客现在能够看到的、历史文化价值较高的古镇民居大多建于100多年前，随着时光的流逝，很多古镇民居已陈旧破落，修缮它们时又必须保持原味原貌，所以展现在游客面前的是一种古老质朴的淡色调的美，白色或灰色的墙、青色或黑色的瓦、苍劲的石桥、素雅的雕刻等，都是与富丽堂皇的宫殿建筑有着不同风格和味道的景观。因此，导游在带领游客游览时，应选择最能体现古镇民居景观韵味的雨季、黄昏这样的时间。

例如，福建土楼高低错落于崇山峻岭之上，每到黄昏时分，犹如庄严宏大的城堡，在袅袅的炊烟中显得极其壮观神奇。正如《中国古镇游：福建》一书中所说："生土夯筑的墙壁被彩霞染成了金黄色，极富于质感；黑瓦盖成的土楼顶上，条条瓦棱被光线勾勒出层次感特强的光影线条，煞是好看。"

再如，欣赏江南的古镇，雨天是绝佳的时间。此时，走在古镇的青石板路上，游客会油然生出一种戴望舒在《雨巷》中所描写的优美意境。

■ 项目小结

古建筑是人类文明的结晶。我国拥有众多独具特色的古建筑，这些古建筑已成为吸引游客观赏驻足的重要旅游资源。本章介绍了我国古建筑景观的基本常识，包括我国古建筑的发展演变过程、特点、基本构件、类型等，还介绍了古建筑景观导游的基本要领和宫殿建筑景观导游、陵墓建筑景观导游、宗教建筑景观导游、古镇民居建筑景观导游的方法和技巧。

■ 主要概念

台基　间　开间　进深　斗拱　宫　殿　堂（厅）　室　房　楼　阁　台　园苑　榭　轩　亭　舫　陵　坟　墓　丘　林　庙　华表　方上　依山为陵　宝城宝顶　石窟

■ 基础训练

□ 选择题

1.我国古建筑的基本特点是（　　）。

A.以木材为主要建筑材料　　　　　　　B.采用框架式结构

C.布局不规则　　　　　　　　　　　　D.装饰丰富多彩

2.对我国古建筑的导游，应突出（　　）。

A.建筑的功能性　　　　　　　　　　　B.建筑的风格

C.建筑的特色　　　　　　　　　　　　D.建筑的结构特征

□ 判断题

1.道教是中国土生土长的宗教，在中国四大宗教中最具有本土文化特色。体现在

随堂测验13-1

选择题

随堂测验13-2

判断题

建筑上，道教建筑也必然具有显著的中国建筑文化特点。   （   ）

2.古镇民居景观的导游讲解应善于从整体着眼，注意与周围环境的和谐性。

（   ）

☐ 简答题

1.中国宫殿建筑有哪些特点？

2.陵墓建筑反映了古人的哪些思想观念？

3.讲解寺院时应注意哪些问题？

4.我国古镇民居建筑有哪些特点？

☐ 讨论题

讨论我国宫殿建筑和民居建筑所反映的思想有何异同。

■ 案例应用

导游在讲解古建筑时，应层层递进，犹如剥笋，由台基进入木架结构，由木架结构引出大屋顶、翘角飞檐，重点是要把榫卯结构和斗拱这类中国古建筑的独特创造讲深、讲透、讲明白，只有这样，才能够使讲解脉络清楚，有重点、有起伏、有知识、有趣味，才会给游客留下深刻的印象，才不会使游客只留下几张照片，其他一无所知。

导游不要人云亦云、亦步亦趋，要经过自己头脑的思考，应当向游客讲明的，要实事求是地加以说明。例如，参观北京故宫时，经常能听到有的导游这样讲解："北京故宫共有九千九百九十九间半房子。假如一个刚出生的婴儿住进故宫，让他每天住1间房子，当他把宫中所有的房子都住完一遍时，他已成为一个27岁的成年人了……"当游客们听完这样的介绍，又看到这些宏伟的建筑群时，往往会发出感叹甚至惊叹之声。然而，导游的这种介绍是不准确的。北京故宫的确是世界上现存规模最大、保存最完整的木质结构古建筑之一，但游客理解的"间"是由四面墙围着的空间，而中国古建筑中讲的"间"是指四根柱子组成的空间。这样，太和殿则有55个"间"。导游能向游客介绍，中国皇帝在55间房子里会见群臣、处理大事吗？再说，据1973年专家现场测量，故宫现存房屋8 707间，而不是上面导游所说的"九千九百九十九间半"。顺便说一下，中国古建筑的基本单元是"间"，但就一座建筑（如一座宫殿、一座寺院、一座住宅等）来说，它的基本单元则是"院"，即由四面墙壁围绕而成的空间。这样，古建筑群差不多都是由大小不一的"院"串联或并联而成的。只要导游稍加启发，游客就能增加一些如何欣赏古建筑的知识。当然，这需要导游本身要懂，要明白。

这段文字提到导游在讲解中应注意哪些问题？

■ 技能实训

依据各类古建筑景观讲解的一般要求，自拟一篇古建筑景观导游词。

项目十四

博物馆模拟导游

■ 学习目标

  熟悉博物馆导游的基本内容；

  掌握博物馆的讲解要领、基本方法；

  培养学生热爱祖国、技能宝贵的职业精神。

  博物馆能够记录人类的记忆，抵御岁月的侵蚀，见证时代的变迁。我国历史悠久，中华民族在漫长的历史进程中创造了光辉灿烂的文化，保存下来的地上、地下的历史文化遗产极为丰富，它们记载着中华民族数千年来的发展轨迹和发明创造。随着人们文化素质和欣赏水平的提高，博物馆已经成为旅游参观的热点，尤其是欧美国家的旅游团，每到中国的一个城市旅游，几乎都会把当地的博物馆作为重要的参观游览对象。可以说，博物馆是一种高品位的文化旅游资源。

任务一　博物馆简介

  博物馆是收集、保管、研究、陈列、展览有关历史、文化、艺术、自然科学、技术等方面的文物或标本的机构。博物馆具有收藏文物、科学研究和社会教育三大基本功能，在传播文明、传播知识方面具有直观、形象、具体、系统的特点。博物馆因其所特有的文化性、教育性、学术性而被人们称为"立体的百科全书"、"实物的图书馆"和"民族记忆的殿堂"。人们外出旅游的动机之一是增加见闻、增长知识，博物馆以丰富的馆藏文物、系统科学的陈列方式，满足了人们解除疑惑、获取知识的要求。

  目前，我国各类博物馆发展迅速，为我国旅游业提供了丰富的旅游资源。从类型上看，我国的博物馆也是类别众多，能满足各类游客的需求。我国的博物馆根据展示内容的不同，可以分为以下几类：

  （一）社会历史类博物馆

  社会历史类博物馆是以研究和分析社会历史（包括古代史、近代史、革命史、民族史、通史、专史和地方史等）的发展过程、发展规律以及历史上的重要事件和重要人物为主要内容的博物馆。根据所反映内容的不同，社会历史类博物馆又可分为历史类博物馆、革命史类博物馆、民族类博物馆、民俗类博物馆、以历史人物和历史事件为专题的纪念馆，以及属于社会科学范畴的文化艺术博物馆等。

（二）自然科学类博物馆

自然科学类博物馆是以认识自然界和人类、保护和改造自然界为内容的博物馆。自然科学类博物馆又可分为自然性质博物馆和科学技术性质博物馆两大类。自然性质博物馆可以分为一般性的博物馆、专门性的博物馆和园囿性的博物馆三种。科学技术性质博物馆可以分为科学技术博物馆和科学技术史博物馆两种。

（三）综合性博物馆

综合性博物馆是包括社会历史和自然科学两大类博物馆的内容，兼具社会科学和自然科学双重性质的博物馆。各省、自治区、直辖市的地志博物馆就是综合性的，主要包括自然部分、历史部分等内容，少数民族地区还包含民族部分的内容。

导游小常识14-1　　　　　　博物馆

"博物馆"一词源自希腊语的"缪斯"，原指供奉9位缪斯女神（掌管艺术、科学）的神庙。缪斯神庙也是一个专门的研究机构，收集有天文、医学和文化艺术等方面的藏品，因此缪斯神庙也被认为是人类最早的博物馆。1753年建成的大英博物馆，是世界上第一个对公众开放的大型博物馆。

1905年1月，清末民初实业家张謇创建了南通博物苑，这也是中国第一个公共博物馆。1949年，中华人民共和国刚成立时，全国只有24家博物馆。截止到2019年1月，全国博物馆总数达到5 136家，其中免费开放的超过4 000家。目前中国最有名的博物馆，毫无疑问是北京故宫博物院，它是中国最大的古代文化艺术博物馆。此外，中国国家博物馆总建筑面积近20万平方米，是世界上单体建筑面积最大的博物馆。

任务二　博物馆导游

博物馆与其他旅游景观相比具有明显的不同，因此导游对博物馆进行讲解时应注意以下几点：

（一）做好知识准备

博物馆内容丰富，要求导游具有广博的知识；馆藏内容文化内涵的综合性、连贯性，要求导游具有系统的知识，既要了解"点"，又要知道"线"，既要掌握审美知识，又要了解科学原理；馆藏内容的专业性，要求导游具有某些方面的专门知识，不但要知其然，而且要知其所以然。因此，导游应做好知识准备，不能只是简单地说"这是什么"或"那是什么"，这样讲是难以满足游客要求的。导游应当去学习、研究这方面的知识，但这种学习、研究并不是学术研究或科学考证，导游应善于利用别人的研究成果，将其转化为导游内容并讲给游客听，做到"外行看我们很内行，内行看我们不外行"。

（二）熟悉陈列内容

博物馆的藏品十分丰富，有的多达数万件，但并不是所有藏品都能成为陈列品，只有经过挑选的、能反映陈列主题思想的藏品，才能成为陈列品。一般而言，进入陈列室的陈列品都是本馆藏品中最有价值的。陈列品的陈列顺序、陈列类别揭示着陈列品的内在本质、价值和馆藏者所要表达的主题思想。这就需要导游对博物馆的展品陈列有一个基本的了解，熟悉陈列品的种类、所在位置、陈列顺序以及陈列品反映的主题思想。导游只有熟悉了这些内容，在讲解时才能做到心中有数，才能够根据游客的特点有选择性地引导参观。

导游小常识14-2　　　　　博物馆内可以拍照吗？

出于保护知识产权和文物安全的需要，很多博物馆不允许观众拍照。但是近年来，越来越多的博物馆解除了对拍照的限制。通常来说，除馆方特别声明外，观众可以在参观时拍照，但禁止使用三脚架与闪光灯，并且不得以收集资料为目的对文物进行系统拍摄。因此，博物馆内是否可以拍照，要看博物馆是否有"禁止拍照"的提示。

（三）客观讲解，借题发挥

博物馆的展品是具体的实物和生动的艺术品，是对历史、科学、文化等方面成就的最有力的证明，具有较强的客观性。导游应根据展品有针对性地进行讲解，切忌偏离具体的客观对象去讲其他不着边际的内容。例如，面对青铜的大鼎时，可能会由此引出"一言九鼎"，但不应该抛离观赏物，大讲特讲传说故事。任何发挥都应以客观对象为基础，做到"借题发挥"，放得开，收得住。例如，在参观青铜器时，如果涉及嵌错工艺，导游可从最早的纹饰讲起，再讲嵌错、镏金等装饰工艺的发展，以及装饰图案的美学价值等，这样的"借题发挥"可以使游客由点及面地了解有关知识，从而取得较好的讲解效果。

（四）深入浅出，通俗易懂

博物馆的许多展品，都具有较高的学术价值，蕴含着深奥的科学道理，也正是这个特点，才使博物馆具有非同一般的教育功能。导游的讲解不是做科学报告，而是要把那些本来深奥的内容，用浅显的语言讲出来，这是导游在博物馆讲解中应特别注意的问题。深入浅出、通俗易懂的讲解方法，是导游准确传达审美信息的最有效的方法。

模拟训练14-1

训练要求： 试介绍博物馆中的古钱币，注意采用深入浅出、通俗易懂的语言。

训练提示： 大家看到的这枚钱币，我们称为"样钱"。何谓"样钱"？就是在铸造钱币之前，先由匠人做出一枚钱币的样品，用于送审。待样钱送审得到批准后，就用样钱制模，模分上下两片；模制好后，再用模来制范，范在最后浇铸钱币时使用。我们现在说"模范"，是"榜样"的意思，而最早的"模"和"范"只是有关铸造的名词。模可以制作一个，但范可以制作很多个，因为铸造过后，范就毁掉了，范只能使用一次。古代的钱范，大部分都是用泥和陶制作的。钱币铸好之后，还只是毛坯，上面还有许多不平的毛刺，因此下一步就是打磨。这么多的钱币，一枚一枚地打磨，需要多长时间呀！古人自有办法，他们把钱串起来，一次可以打磨若干枚。为了防止打磨时钱币滑动，所以中间的孔铸成方形，再用方形铁条串起。因为钱的孔是方形的，所以后人也把钱含蓄地称为"孔方兄"。

资料来源　马树生，许萍. 模拟导游［M］. 北京：旅游教育出版社，2004.

（五）知识性、趣味性并重

博物馆展品蕴含的学问有时是令人无法想象的，如自然界中一块普通的石头，被存放到了地质博物馆里，也许它就是某一地区地质文明的最典型的代表；一块动物化石里面所包含的，也许是某个物种的生命演变历史。这些都是导游要向游客介绍的知识点。但是导游对这些知识的讲解不能是单纯的、枯燥的，否则就有可能陷入授课式或报告式的讲解误区中。因此，导游应将趣味性融入讲解过程中，用形象生动、幽默风趣的语言把枯燥平淡的知识"包装"在里面，让游客感到参观博物馆既增长了知识，也充满了乐趣。

模拟训练14-2

训练要求：介绍景德镇陶瓷历史博物馆中展出的"四大名瓷"。

训练提示：景德镇的瓷器生产历史悠久，技艺精湛，享誉世界。景德镇瓷器有四大特点：白如玉，明如镜，薄如纸，声如磬。青花瓷、青花玲珑瓷、颜色釉瓷、粉彩瓷是景德镇的"四大名瓷"。

（青花瓷）这里展出的就是闻名遐迩的青花瓷。青花瓷成熟于元代，是景德镇极负盛誉的产品。青花瓷是用氧化钴作为着色剂的白地蓝花或蓝地白花高温釉下彩绘瓷器。数百年来，青花瓷盛烧不衰，主要有手绘青花瓷、贴花青花瓷、印花青花瓷三大类，装饰形式又分为青花、青花釉里红、青花斗彩三种。青花瓷虽着色单一，但幽雅淡朴、细腻润泽，具有典型的东方美。由于彩在釉下，无铅毒，色泽经久不衰，不易磨损，因此其应用范围最广，被称为"瓷国明珠""世界瓷坛珍品"，居"四大名瓷"之首。人民大会堂和全国许多高级宾馆，多选用青花瓷餐具和茶具。

（青花玲珑瓷）现在大家看到的是青花玲珑瓷，是不是觉得与青花瓷有相似之处？青花玲珑瓷是青花和玲珑两种工艺的结晶：先在坯胎上雕出米粒状的通洞——玲珑眼（也称"米通"），再以玲珑釉填充玲珑眼，配上青花图案，上釉后入窑一次烧成。青花玲珑瓷在明代永乐年间制作成功，一出现就震惊了世界：碧绿透明的玲珑和青翠素雅的青花互为衬托、相映生辉，既精巧细致，又清新明朗，给人以美的享受，西方人称之为"嵌玻璃的瓷器"。在1986年莱比锡春季国际博览会上，青花玲珑瓷获得金奖。

青花玲珑瓷产生的前提是玲珑瓷的研制成功，据说这颇具偶然性。景德镇早就在生产一种叫香熏炉的瓷器，其炉盖采用镂空装饰，由一系列小洞眼组成图案，制作这些小洞眼一是为了美观，二是为了方便炉内烟香溢出。但在一次烧制过程中出现了意外，小洞眼被釉填平了。原来是釉在烧制过程中产生了流动，恰好堵住了小眼。但细心的瓷工发现这些被堵的透明的小眼其实更有一种美感，受此启发，瓷工们开始反复试验，终于发明了一种新的瓷器——玲珑瓷。

（颜色釉瓷）现在大家看到的这些五光十色的瓷器就是颜色釉瓷。颜色釉瓷是在白釉中加入不同的金属氧化物作为着色剂，在一定的烧成温度中烧制而成的具有特定颜色的瓷器。颜色釉瓷是一个庞大的家族，只要自然界中有的颜色，瓷工就能想办法烧制出来。其中，通体一色的称为单色釉，多色相间的称为花釉；烧成温度在1 200℃以上的称为高温颜色釉，烧成温度在1 000℃以下的称为低温颜色釉。

景德镇的颜色釉瓷品种繁多，五光十色，光红釉就有钧红、祭红、美人醉、郎窑红、桃红、粉红等，青釉有玉青、鸭蛋青、海青、竹叶青、茶青等，绿釉有豆绿、翠绿、灰绿等，此外还有三阳开泰、钛花釉、虎斑釉等。但有许多颜色釉是很难烧制的，如著名的祭红，它烧成于明代永乐宣德年间，色如初凝鸡血，均匀、莹润，因皇帝将这种瓷用于祭祀，故称"祭红"，又因其红如雨后初霁，也称"霁红"。祭红被称为"人造宝石"，对烧成条件极其敏感，烧制的成品率很低，有"千窑一宝"之说。烧成于清朝乾隆年间的"三阳开泰"更是一种异常难得的颜色釉瓷，人称"可遇而不可求"，被赞为"瓷坛的稀世珍品"。

不少颜色釉瓷之所以名贵，主要是因为它烧制的偶然性很大，常常是"有心栽花花不开，无心插柳柳成荫"。这是因为影响颜色釉的烧成因素很多，完全把握每一种颜色釉瓷的烧成条件是很困难的，有的条件根本难以复制。据说过去在景德镇的官窑中，瓷工偶尔烧制成一种特别精美的颜色釉瓷，往往不是惊喜，而是惶恐不安，甚至不得不把精美的瓷器砸碎、销毁，因为他们怕官府或皇宫知道后让他们重制，而这是很难重制的，有时根本办不到。

（粉彩瓷）粉彩瓷也叫软彩瓷，是瓷器与中国绘画艺术的完美结合。粉彩瓷始创于清朝康熙年间。先在瓷器釉面上描绘线条，勾勒物体轮廓；在填色时，先将花朵、人物衣着等要凸起的部分涂上一层"玻璃白"，然后在白粉上填各种彩料；最后进行彩烧，可形成很强的立体感。粉彩瓷有我国水粉画的效果，色彩柔和、细腻、雅致，画面浓淡相间，形象生动，极富诗情画意，被外国人称为"玫瑰瓷器""东方艺术的明珠"。

课堂互动14-1

问题：游客在游览博物馆时，导游应该讲清楚哪些问题？博物馆讲解对导游提出了哪些要求？

课堂互动14-1

答案提示

■ 项目小结

我国历史悠久、文物繁多，博物馆正是保存这些珍贵文物和资料的场所。本章主要介绍了博物馆的类别、特点，以及导游讲解时应注意的一些问题。导游应熟悉博物馆讲解的具体要求，并在实际工作中灵活运用。

■ 主要概念

博物馆　社会历史类博物馆　自然科学类博物馆　综合性博物馆

■ 基础训练

□ 选择题

1.博物馆具有（　　）三大基本功能。

A.收藏文物　　　　B.科学研究　　　　C.展现历史　　　　D.社会教育

2.我国的博物馆根据展示内容的不同，可以分为（　　　）。

A.社会历史类博物馆　　　　　　　　B.科学博物馆

随堂测验14-1

选择题

C.自然科学类博物馆　　　　　　　　D.综合性博物馆

□ 判断题

1.导游只有熟悉博物馆的陈列内容，在讲解时才能做到心中有数，才能够根据游客的特点有选择性地引导参观。　　　　　　　　　　　　　　　　（　　　）

2.综合性博物馆是包括社会文化和自然科学两大类博物馆的内容，兼具社会科学和自然科学双重性质的博物馆。　　　　　　　　　　　　　　　　（　　　）

□ 简答题

1.博物馆可以分为几类？

2.博物馆的讲解要领是什么？

□ 讨论题

导游在带领游客游览博物馆时，你认为应以导游讲解为主，还是以游客自由鉴赏为主？

■ 案例应用

大家好，欢迎各位参观泉州海外交通史博物馆。

泉州海外交通史博物馆是中国唯一以海外交通史为专题的博物馆。该博物馆于1959年创建，新馆于1991年建成。泉州海外交通史博物馆设有泉州湾古船陈列馆、泉州港与古代海外交通史陈列馆、泉州宗教石刻陈列馆、中国舟船世界陈列馆、阿拉伯-波斯人在泉州陈列馆、泉州海交民俗文化陈列馆、庄亨岱藏品馆7个分馆。

在泉州港与古代海外交通史陈列馆，我们将从大量的珍贵文物和模型中去了解古代泉州，了解古代刺桐港（即泉州港）的兴衰。泉州作为中世纪海上丝绸之路的起点，曾在东西方文明交流中占有重要的历史地位。

泉州的海上交通，起源于南朝，发展于唐朝。到了宋元时期，刺桐港的海上贸易活动空前繁盛，被马可·波罗誉为"东方第一大港"。当时的泉州已成为一个世界性的经济文化中心。到了明清两代，由于实行闭关锁国的政策，官商渐渐衰弱，私商贸易则迅速崛起。大批移民流向海外，泉州因此成了一个著名的侨乡。

现在大家看到的是古代泉州府的地图。古代泉州府的管辖范围包括德化、永春、安溪、晋江、石狮、惠安、南安以及同安和金门岛。在古代，刺桐港素有"三湾十二港"之称。"三湾"指的是泉州湾、深沪湾、围头湾，每个港湾中各有4个支港，由此组成了这个著名的东海名港。泉州作为国务院首批公布的24个历史文化名城之一，现有国家级重点文物保护单位12处，其中大部分与泉州悠久的海洋文化有着密不可分的关系。

据记载，福建最早的居住者是闽越人，早在春秋战国时期，他们就已"善于造舟"。1920年在福建连江出土的独木舟残件上能够明显地看到火烘烤的痕迹，这说明当时的人们已经能够用火和石斧制造独木舟用于海事活动了。由独木舟发展而来的船，形状像一只栩栩如生的水鸟，它已经具备了福船的一些特征，可以说是福船的前身。此后，福船以它优良的性能、先进的技术成为世界上最先进的船种之一。

资料来源　根据相关资料整理.

该导游词运用了多种讲解手法，你认为有哪些方面值得借鉴？

■技能实训

依据博物馆导游的一般要求，自拟一篇博物馆导游词。

古人类遗址和古工程景观模拟导游

■ **学习目标**

熟悉古人类遗址景观的特点和基本类型；

掌握古人类遗址景观导游讲解的方法；

熟悉古工程景观的特点；

掌握古工程景观导游讲解的方法；

培养学生热爱祖国、技能宝贵的职业精神。

古人类遗址是人类发展到有文字记载以前的古人类历史、文化遗址，包括古人类化石、原始部落遗址、原始人生产和生活器具、原始艺术及劳动产品等。这些遥远时代的遗迹或遗物是人们探索研究人类生命的起源和发展、社会的发展和演变的重要实证，是最古老的人文景观形态，对游客具有一种特殊的吸引力，因而已成为人文旅游景观中重要的一类。我国的古人类遗址景观以其年代久远、种类丰富而享誉世界，见证了与我们血脉相连的祖先的物质与精神生活。

任务一　古人类遗址景观导游

我国古人类遗址遍布全国各地，但以黄河流域最为集中。目前已发现和挖掘的著名古人类遗址有旧石器时代的云南元谋人遗址、陕西蓝田猿人遗址、周口店北京人遗址；新石器时代的河南仰韶文化遗址、山东大汶口遗址、陕西西安半坡遗址、浙江余姚河姆渡遗址等。从栖居形态来看，我国的古人类遗址有岩洞式的周口店龙骨山岩洞、干栏式的浙江余姚河姆渡遗址、穴居式的河南偃师汤泉沟遗址、地面间架式的陕西西安半坡遗址等。周口店北京人遗址是我国境内发现最早、世界古人类遗址中化石材料最全、人类文化层最多的一处古人类文化遗址。古人类遗址展示的是有关人类起源的最古老的景观形态，能够使人产生奇妙、神秘的亲切感，是珍贵的旅游景观。

一、古人类遗址景观的特点

（一）古老神秘性

古人类遗址展示的是有关人类起源和发展的问题，其形成的历史最晚也在距今两三千年以前，可以说古老神秘性是它的最大特点。人究竟从哪里来？最早的人类是怎样生活的？这些都是人类永恒的话题，每当传来某地又发现古人类遗迹、人类历史可以提早多少年之类的考古信息时，人们总是比较好奇。特别是当1929年在中国学者裴文中主持下发掘出第一个完整的北京猿人头盖骨化石时，全世界都为之轰动。这是距今约 70 万至 23 万年前的遗址，而我们每个个体的生命才几十年，至多上百年，所以在浩瀚时空中犹如沧海一粟的人们来到古遗址景观时，面对着哪怕只是一小块石头，也会产生一种古老神秘的感觉。

（二）原始质朴性

古人类遗址景观没有皇宫般的华美装饰，没有园林般的诗情画意，它不高大巍峨，不精雕细琢，有的只是不起眼的一块骨头、一个铁锄等，一只彩绘的陶罐、一件细致的玉器已是很好的景观了，所以这样的景观注定是原始质朴的。拿已列入世界文化遗产的周口店北京人遗址来说，有的游客说到了那里只看见一个山洞，也没什么好看的。当然，这样说的游客可能没有深层次地去鉴赏这个遗址，但这也从一个侧面反映了古遗址景观给人的直观感觉是原始质朴，没有什么吸引人的视觉刺激点，这是古遗址景观与其他景观很不同的地方。

二、古人类遗址景观的基本类型

这里我们按原始人的栖居形态把古人类遗址景观分成以下几类：

（一）岩洞式遗址

古人类的居住方式是由巢居向洞穴式、半穴居式、干栏式、房屋式等慢慢过渡的。旧石器时代的古遗址基本上是岩洞式遗址，如周口店北京人遗址就是一个石灰岩山洞。从堆积层中的骨化石来看，猿人和野兽曾几次轮流地成为这个山洞的主人；洞穴堆积物有 40 米之厚，说明北京猿人居住的时间很长。另外，北京山顶洞人遗址、陕西蓝田猿人遗址、河南安阳小南海遗址、山西襄汾丁村人遗址等都是岩洞式遗址。岩洞式遗址在我国南北方均有发现，分布范围很广。

赏美景 15-1

周口店
北京人遗址

（二）穴居式、半穴居式遗址

在旧石器时代向新石器时代发展的漫长过程中，由于农业的兴起，人们走出山洞，在地上挖一个穴坑，坑上搭以树枝和树叶为棚，后来穴坑慢慢变浅，棚架慢慢变高、变牢固，显出屋顶形，这就形成了穴居式、半穴居式遗址。例如，考古学家在距今 7 000 多年前的河北武安磁山遗址中发现了 100 多个穴坑，形状有长方形、圆形、不规则形等；1959 年在陕西华县柳子镇发现了 10 多个窖穴；1962 年在河南偃师汤泉沟发现一个圆形穴坑。这些都是典型的穴居式、半穴居式遗址。此外，在陕西西安半坡遗址挖掘出来的也是半穴居式房屋，有圆形和方形两种，坑不深，约 0.5～1 米，坑壁作为墙壁，栽几根木柱支撑屋顶，屋顶呈伞架式，朝南开的门口还有一条斜坡式的门道。

（三）干栏式遗址

干栏式遗址以浙江余姚河姆渡遗址为代表。20 世纪 70 年代以后，河姆渡遗址共出土了 1 000 多件榫卯木结构建筑构件，经鉴定，它们是至今发现的最早的干栏式建筑，其中最大的一幢建筑长约 23 米，深约 7 米。这些建筑以成排的木桩为基础，在木桩间架设纵横交错的地梁，地梁上铺设地板，地板距地面 0.8～1.0 米，地板上用榫卯构成半楼式木屋，这可以证明当时长江流域的原始人类已经学会了用梁、枋、柱、檩等木构件来盖房子了。这种底层高于地面、既能防潮又能防止野兽侵袭的干栏式建筑是我国南方传统木构建筑的祖源，至今在华南部分地区仍然存在。其中，两构件垂直相交的节点采用榫卯技术，把我国应用榫卯技术的历史向前推进了 3 000 多年。

三、古人类遗址景观导游讲解方法

（一）结合出土文物和考古材料等深入了解古人类遗址景观

古人类遗址景观由于历史太悠久，因此游客能看到的一般只是一些可观性不强的东西，如碎骨、石器、人骨化石、头盖骨、骨针、穿孔贝壳等。有一些遗址如浙江余姚河姆渡遗址出土的雕刻、陶塑、绘画等已经是很有艺术性的装饰品了，但大多残破不全，显得较为原始，与明清时期留传下来的装饰品在形象方面相差很远。然而，正是这些看似不起眼的文物奠定了古遗址景观极高的地位。因此，导游只有掌握一定的文物鉴赏知识，了解关于此景观的考古材料，才能在讲解中帮助游客体会到此景观作为中华民族摇篮和灿烂文明发祥地的特殊价值。例如，在江西万年仙人洞遗址中发现的一些人工栽培水稻的遗物，可以证明我国早在10 000年前就已经开始了人工栽培水稻了。在欣赏古遗址景观时，游客经常可以看到诸如此类的闪光点。

（二）引导游客展开对当时的人类历史生活的丰富想象，深层次体验古遗址景观的艺术

在欣赏古遗址景观时，导游可以借助历史知识、文物鉴赏知识等帮助游客想象古人的生产、生活场景，可以把一些出土的陶器或青铜器等当作某个传奇故事的道具，使游客从中感受它们的图案、花纹和色彩等蕴含的原始宗教意味、文化意味等。例如，陕西西安半坡遗址出土的一些彩陶画中有不少人面鱼纹，线条明快，人头像的头顶有三角形的发髻，两嘴角各衔一条小鱼，生动地反映了半坡人丰富的艺术想象力，也反映了半坡人与鱼之间的密切关系和特殊感情，游客从中可以看到古人对人与自然和谐统一的追求。

（三）体现原始粗朴的艺术魅力

人类最初的审美意识首先是在对生产工具的创造和使用中产生的。人们在生产劳动中打制石器工具，制作石刀、石斧时，为了使用方便，而把工具打磨得光滑、均匀、规整，这种对于工具符合规律性的形体感受，已经孕育着人类审美意识的最初萌芽。挖掘旧石器时代的古遗址，除了可以发现古人类使用过的工具和吃过的动物残骸等外，还可以发现许多精心制作的装饰品，如用白石灰石磨制而成、钻有小孔的小石珠，从河滩上拣来钻有粗孔的卵形矿石，钻孔的鱼骨、兽牙等。虽然现在看来是如此简单笨拙，却体现了原始人深深的爱美之心。在新石器时期，人类已经制造了陶器，那一件件橘红的、黝黑的陶罐、陶瓶、陶盆虽然陈旧残破，却是绝妙的工艺品。例如，半坡人在陶器上精心施以彩绘，有人面鱼纹，还有生动的蛙、羊、鹿图案，至于变形的或抽象的图案更是丰富多彩。再如，浙江余姚河姆渡遗址出土的陶埙和骨哨是迄今发现最早的吹奏乐器。一些新石器晚期遗址也出土过一些陶埙，除了吹孔外，大多还有一个音孔，虽然绝对音高各不相同，但都能构成一个小三度音程。人类的音乐、绘画等艺术就是由此孕育而来的。

（四）展现图腾崇拜与原始宗教意识

原始人对大自然的客观物质世界及人类本身缺乏科学的认识，相信万物有灵，出于依赖和畏惧心理，崇拜多位神灵，由此产生了原始自发的宗教信仰。据专家考证，原始宗教意识在中国的出现最早表现在图腾崇拜中，当时人们认为每个氏族均起源于某种动植物，正如《诗经》中所说的"天命玄鸟，降而生商"（玄鸟是商族的图腾）。

仰韶文化的陶器中经常出现人面鱼纹，鱼可能就是仰韶人的图腾崇拜物。又如，河姆渡遗址出土的象牙雕刻中常常发现有鸟形图腾，这也可视为一种宗教崇拜。再如，安徽省蒙城县尉迟寺遗址中挖掘出了一只深埋在土层中的5 000多年前的陶制鸟形神器，这只神器是我国迄今为止发现的最完整的图腾标志，在考古界称得上是"惊天的发现"，对史学界研究早期宗教、图腾等方面的内容具有突破性的意义。

（五）使用通俗易懂的语言，使讲解更为生动

导游对古人类遗址景观的介绍应尽量生动，尽量使用通俗易懂的语言，引导游客对古人类遗址景观进行游览，激发游客的兴趣。例如，在讲解某一古人类遗址中已发现陶器时，导游可以这样向游客介绍陶器对古人的意义以及陶器的发明经过：

我们的生活中有各种材质的大大小小的容器。大家可以设想一下，如果生活中没有容器，生活会怎么样？简直难以想象。的确，容器是我们的生活必需品，而陶器是古人最早发明的容器，可见其对古人的重要意义了。没有陶器，古人就无法储存、搬运水和食物，甚至没有办法将辛苦种植出的稻谷煮熟。陶器的发明是人类最早通过化学变化将一种物质变成另一种物质的创造性活动，在人类社会发展史上具有重要意义。因此，人类从野蛮低级阶段向文明阶段的发展，是从学会制陶术开始的。

传说炎帝发明了陶器，但根据考古发掘，我们的先民早在10 000多年前就在制造陶器，比传说中的炎帝要早得多。陶器的出现很可能是这样的：人们在实践中知道了黏土掺水后具有可塑性，从而开始用黏土塑造一定形状的器物。也许是一次偶然的机会，这一器物遇到了火从而变成了硬的容器。也可能是人们发现黏土经火烧后会变硬，于是有意将具有一定形状的黏土放在火里烧，从而形成了陶器。有了陶器，原始人可以生活在离水源和动物出没的森林远一点的地方，可以方便地烧煮食物。可以说，有了陶器，原始人的生活开始日新月异了。

导游如果能做这样的讲解，自然就把生硬的内容讲得趣味盎然，不仅提高了游客的观赏兴趣，还增长了游客的知识。又如，在讲解某一古人类遗址已有人工用火的痕迹时，导游可这样介绍火对古人的意义：

动物都怕火，早期的人类肯定也是怕火的。火的炙热、耀眼和飘忽不定让古人心生恐惧。他们不仅生吃采集到的植物和果实，对猎取的动物也生吞活剥。人们把这种生活方式称为"茹毛饮血"。人类究竟是怎样从怕火到主动接近火、使用火的，还是一个谜。大多数观点认为人类是这样开始使用火的：在某个偶然的机会，人们经过被火烧过的树林时发现了被火烧死的野兽，也许是饿了，也许是受熟肉特有香味的吸引，人们尝试着吃了这些肉，发现比生肉更好吃，于是人们逐渐形成了吃熟食的习惯，由此摆脱了茹毛饮血的蒙昧。

模拟训练15-1

训练要求：在江西省万年县，有一个被称为"万年仙人洞与吊桶环遗址"的地方，这里不仅发现了最早的陶片，还发现了最早的栽培稻遗迹，请对这一古人类遗址进行介绍。

训练提示：游客朋友们，中国是水稻的故乡，长期以来，大米都是中国人的主食之一。但很少有人知道，我们的先人是什么时候开始种水稻的。今天，我就带大家参观万年仙人洞与吊桶环遗址，为大家揭开这一谜底。

万年仙人洞与吊桶环遗址位于江西省万年县东部，距县城12千米。万年仙人洞遗址是一个古老的石灰岩溶洞，洞口呈弧形，洞内面积近千平方米。吊桶环遗址是一个海拔高约90米的溶蚀性通透式岩棚，与仙人洞遗址相距800米，被认为是仙人洞居民狩猎时的临时性营地和屠宰场。

早在20世纪50年代末，仙人洞就被人们发现，但并未引起人们的注意。江西省一位下乡干部的到来改变了这个山洞的命运。他在洞口发现了不少石器和动物骨骼，意识到这不是一处简单的洞穴，于是立即向省里汇报。20世纪60年代，考古人员对仙人洞遗址进行过两次科学发掘，出土了大量的石器、骨器、蚌器、陶片和人骨标本。有的骨器或骨管上刻有道道划痕，这是我国目前所见较早的记事或表数的刻划痕。

如果事情到此为止，万年仙人洞遗址也就不会这么出名了。

大家都知道，一个基本上被公认的事实是：中国是世界上水稻种植最早、面积最广的国家，稻谷是中国人最主要的食物品种。那么，这些水稻是怎么来的呢？传说农业是神农氏发明的：有一次，一只漂亮的鸟从神农氏的头顶飞过，鸟口中衔着的谷子掉落在神农氏的身边。神农氏认为是上天的恩赐，舍不得吃，就将其埋在土里。过了半年，谷子竟然长成了茂盛的一大片。神农氏摘下一粒谷子尝了尝，味道不错，于是教大家把谷子摘下又种进土里，我们的先人从此有了农业。但这仅仅是传说，更有说服力的当然是考古发掘。

1991年秋，美国考古学家马尼士博士来江西参加"首届农业考古国际学术讨论会"，他听说过万年仙人洞，而且坚持认为：水稻起源应该在中国，并且是中国的长江以南；人类最早都是住在洞穴里的，所以最早的稻作物应在山洞里找。他提出应对万年仙人洞重新进行考古发掘，并不断向中国国家文物局申请，要求与中国联合考古。1993年8月，中国国家文物局批准了马尼士的申请，指定北京大学、江西省文物考古研究所与马尼士所代表的考古基金会一起发掘。沉寂的仙人洞再次热闹起来，吸引了全球的目光。

1995年，中美考古学家在万年仙人洞遗址距今12 000年至7 000年之间的地层中发现了栽培稻植硅石标本，经测定，年代应在10 000年以前。这一发现使该地区成为目前已知的世界最早的栽培稻起源地，有力地证明了赣鄱地区是中国乃至世界稻作物起源的中心区。

此外，科学家们曾在同一遗址更早的地层中发现过野生稻的残迹，这说明，10 000年前可能正是人们将野生稻培育成栽培稻的过渡时期。这更使人相信，栽培稻就起源于10 000年左右的时期，而第一个从事水稻栽培的人，很可能就是江西人的祖先。

万年仙人洞与吊桶环遗址是"1995年全国十大考古新发现"之一和"中国20世纪100项考古大发现"之一，并于2001年被国务院公布为全国重点文物保护单位。

现在就让我们一起进入洞内去探个究竟吧。

> **课堂互动15-1**
>
> 问题：一般游客不知道如何欣赏古人类遗址景观，导游应该如何引导游客欣赏？

任务二　古工程景观导游

我国的古工程有古代军事防御工程（如长城）、交通道路工程（如赵州桥）和古堰河工程（如都江堰）等。在中华民族丰富多彩的古建筑中，古工程景观以其雄伟、壮观、坚固、实用等特点而成为古建筑景观中一道绚丽的风景，展示了中国古代劳动人民的聪明才智和非凡创造力。许多著名的古工程景观，如象征民族精神的长城、造福千秋万代的都江堰以及具有独特创新性的赵州桥等，都是我国人文旅游资源的重要组成部分。

一、古工程景观的特点

（一）坚固性

纵观中国的古建筑史，我们会发现宋元以前的宫廷建筑和民居建筑几乎都没有留下什么实物，究其原因，主要是这些建筑使用的是木料，木料容易受到侵蚀、毁坏。中国古工程却有所不同，它们一般都历经了几百年甚至上千年，并且留存至今。原因主要有两点：一是主要使用石料；二是建筑技巧高超。例如，战国时期建造的都江堰水利工程是全世界年代最久、唯一留存至今的宏大水利工程，目前仍然在使用，仍然发挥着巨大的作用。再如，建于隋朝的赵州桥至今已有1 400多年的历史了，比欧洲兴建同类的桥早了700多年，千百年来虽饱经风霜，但至今仍十分坚固，比较完整地保持着原来的结构，正如古人所说的"代久堤维固，年深砌不隳"。又如，八达岭长城的城墙铺砌了三四层砖，最上一层铺以方砖，下层铺条砖，砖块巨大，砖与砖用纯净的白石灰砌缝，工艺可谓精湛，一般能达到不渗水、不长草的程度。

导游小常识15-1　　　世界上最古老的石拱桥——赵州桥

赵州桥又名安济桥，位于河北省赵县南部的洨河之上，建于隋朝，由著名工匠李春主持建造，是世界上现存年代最久远、跨度最大、保存最完整的单孔坦弧敞肩石拱桥，在世界桥梁史上占有重要的地位。桥长64.4米，净跨度为37.02米，两肩各有两个石拱券。这样既减轻了桥身重量，又提高了泄洪能力，可谓巧夺天工。赵州桥的石构件加工得非常精细，桥身上的雕饰也非常精美，是古代石刻之精品。1 400多年来，赵州桥顽强地经受住了人马车舆的往来和洪水、地震的冲击，现在仍然坚固稳定，充分体现了古代高超的造桥技术。

赏美景15-3

赵州桥

（二）实用性

当然，古工程的坚固性是为其实用性服务的。古长城是军事活动的产物，直接起到了巩固边防、抵御外敌的作用；古桥梁是为了解决古代的交通运输问题而修建的；古水利工程的实用性就更不用说了。水是人类生存和社会发展的必需品，古人很早就开始了开发水利、防止水患的努力。我国历史上第一个大型水利工程是期思陂（期思位于今河南淮滨东南；陂，本义为斜坡，引申为堤坝和水库），是楚庄王时楚相孙叔敖主持兴建的。此外，四川的都江堰、关中的郑国渠、引漳十二渠、沟通江淮和黄河的邗沟和鸿沟运河，以及赵、魏、齐等国修建的黄河堤防工程等都是春秋战国时期的重要水利工程。秦朝时期，秦始皇命史禄修建了灵渠，灵渠沟通了湘漓二水，使长江与珠江两大水系相通。广泛分布于新疆的坎儿井在汉朝时期就已开始修建了。隋朝修建了沟通长江和黄河流域的大运河，唐代修建了关中的三白渠、浙江的它（tuō）山堰等较大的工程，宋朝在滨海地区修建了海堤、海塘和御咸蓄淡引水灌溉枢纽工程。这些工程不仅发挥着实际的功效，还体现了古人的智慧。

导游小常识15-2　　　　世界建筑史上的奇迹——长城

长城是中国古代的军事防御工程，也是世界建筑史上的奇迹。

现存的长城是多个朝代共同留下的遗产。战国时期，秦、赵、燕三国为防御匈奴骚扰，在其北部修长城。秦灭六国后，将北部各国长城连为一体，形成了长达万里的长城。西汉除了修葺秦长城外，又加建东、西两段长城。此后，又有多个朝代修过长城。现在我们看到的长城多数是明代修建的，其中从山海关到嘉峪关的万里长城至今仍保存比较完整。

长城随着不同的地形、山势和地貌而筑，大多建在山岭的最高处，往往利用陡坡构成城墙的一部分。长城的防御体系严密，明代长城的防御体系由城堡、城墙、城台、烟墩（烽火台）四部分构成。烽火台每隔数千米即设一个，遇敌情，夜间燃柴，叫"烽"；白天燃烟，叫"燧"。因此，汉代称烽火台为"烽燧"。据说狼粪作燧可直上云天，视程远，所以烽火台又被称为"狼烟台"。

长城的主要景点有八达岭长城、居庸关、山海关、嘉峪关和金山岭长城等。其中，八达岭长城蜿蜒起伏、雄伟壮观，是我国明长城中保存最完整、最具代表性的段落之一；金山岭长城是万里长城中构筑最复杂、楼台最密集的一段；山海关被称为"万里长城第一关"。

（三）力量与技术的完美结合

我们说建筑是"凝固的音乐"。如果拿中国古代经典音乐来比喻古建筑景观，那么宫殿建筑景观就是一首高贵优雅的《高山流水》，古镇民居景观是一首富有诗情画意的《渔舟唱晚》，古工程景观则是一首雄浑磅礴的《十面埋伏》。王国维曾把美分为优美与壮美，游览古工程景观就有一种力量与技术完美结合的壮美的感受。每个人看到长城，都会惊诧于那么大的石块在机械水平原始而低下的状况下是如何被抬到险峻的山上并被整整齐齐地堆砌好的。这实在是一个奇迹。

（四）民族精神的典型体现

古代工程建筑规模宏大、技术高超，体现了劳动人民的勤劳和智慧。每个游客登上长城抚摸着古老的城墙时，都会惊叹古人是以怎样的毅力和艰辛，并发挥了怎样的智慧才将它完成的。每一个浩大的工程都需要无数人的艰苦劳动，都凝聚了无数人的血和汗，都是中华民族坚韧、勇敢和智慧的象征。

🚩**素养提升15-1**　　　　　　　　古工程景观中的奉献精神

在我们伟大的民族精神中，以国家之急为先的奉献精神是最耀眼的一部分，而我们在欣赏古工程景观时会对此有更深的体会。例如，造福无数老百姓的伟大水利工程——都江堰，就留下了许多可歌可泣的故事。

首先是李冰父子。李冰在任蜀郡太守时，大力推行"治水以安民"的政策，主持了很多项水利工程，后因积劳成疾卒于任所。他的儿子又继承父业。当地老百姓称他们有"泽及万民，功垂百世"之勋。

其次是历代重视这项工程的人。例如，据《水经注》记载："诸葛亮北征，以此堰（都江堰）农本，国之所资，以征丁千二百人主护之，有堰官。"意思是：诸葛亮北征时，将都江堰视为农业的命脉，国家赖以给养，他还征召了一千二百名兵丁负责护堰，并设堰官。再如，安史之乱时，大诗人杜甫看到都江堰工程受到毁坏，扼腕感慨，写下了"安得壮士提天纲，再平水土犀奔茫"的诗句，表达了他的痛惜之情。

针对上述内容，举一些具有奉献精神的例子。

二、古工程景观导游讲解方法

（一）运用与世界上同类工程相比较的方法

只有与世界上同类工程相比较，我们才会发现我国古工程景观的世界地位实在太高了。例如，我国的长城曾是世界上最长、最壮观的军事防御工程，虽然现在其军事防御功能已退出历史舞台，但其仍被视为世界建筑奇迹，于1987年入选世界文化遗产；都江堰是世界上现存历史最久的无坝引水工程，于2000年入选世界文化遗产；京杭大运河是世界上里程最长、工程最大的古代运河，其庞大的运河系统是世界水利工程史上空前伟大的工程。运用比较的方法，游客可以更加深刻地理解中国古工程景观的特点。

导游小常识15-3　　　　　　　　京杭大运河

京杭大运河是我国的南北交通大动脉，它北起北京，经河北、天津、山东、江苏直至浙江杭州，全长1 700多千米。早在春秋时期，吴王夫差就命人开凿了连接江淮的运河——邗沟。战国时期，大沟和鸿沟先后开通。605—610年，隋炀帝开通了永济渠、通济渠，改造邗沟和江南运河。一条贯通南北的大运河终于形成。元代，京杭大运河实现全线通航。明、清两代，京杭大运河成为南北水运干线。

在古代，运河上"运漕商旅，往来不绝"，对沟通南北交通起了巨大的作用。即使在今天，京杭大运河也是一条重要的南北运输通道。

赏美景15-4

京杭大运河

（二）俯视全景，领略其壮观之美

对于雄伟壮观、气势磅礴的古工程景观来说，选择一个较高的位置进行俯视是一个极好的方法。原因主要是古代工程景观的跨度和范围很大，如果立足一个不高的地方，就看不到全景，也无法领略其壮阔的气势。例如，欣赏都江堰，岷江东岸玉垒山上的秦堰楼是最佳观景点。它背山面江，视野极好，可远观起伏的群山，近看岷江江水如从银瓶倾泻而出，至鱼嘴分水堤被卷起千道波光、万层飞浪，极为壮观。又如，游览长城，最理想的地方是北京郊区的八达岭长城。八达岭海拔1 000多米，眺望远方，蜿蜒起伏的长城横亘于崇山峻岭之上，其壮观之美一览无余。

（三）体现庞大的外形与科学的设计相结合的巧妙

外形庞大是古工程景观的最大特点之一。秦代的长城即使是残存的部分也有5～6米的高度，明代的长城就更不用说了。据报道，1990年，一个徒步走完长城的中国人的计步器显示其全长是6 700千米。

古工程景观在具有庞大外形的同时，还有着科学的设计。例如，长城的城墙为了防滑，路面多用3～4层方砖铺砌而成，有些甚至是最上面一层铺以方砖，下层铺条砖；铺砖方法采用十字缝的形式，用石灰勾缝砌筑，嵌缝平整，这样做还可以防止野草丛生，破坏地面。再如，都江堰中飞沙堰的设计很好地运用了回旋流的理论，有效起到了进一步分洪和减灾的作用。这样的例子不胜枚举，充分展现了中国古代人民的聪明才智。

模拟训练15-2

训练要求：准备一段山西代县雁门关的解说词。

训练提示：各位游客，想必大家都知道杨家将的故事，但杨六郎把守的三关是哪三关呢？在什么地方呢？这个答案今天就可以为大家揭晓。我们现在游览的就是三关之一的雁门关。

雁门关坐落在山西代县的雁门山上，与偏头关、宁武关合称"三关"。这个地方自古以来就是我国中原地区与少数民族地区战争冲突的最前沿。从秦、汉之际与匈奴的冲突开始，历经唐代的突厥、宋代的契丹、女真，明代的蒙古，战乱频繁，战争不断，而三关就是扼守中原地区的北大门。雁门山，也称勾注山，东与恒山、燕山山脉相连，西至天险黄河，是一道重要的天然屏障。因山体高耸，即使大雁也要从关内飞过，故称"雁门关"。雁门关的军事战略地位非常重要，自古有"三边冲要无双地，九塞尊崇第一关"之誉，附近峰峦叠嶂，峭壁阴森，中间一路，"之"字盘旋，只能穿城而过，真可谓"雄关如铁"。现在我们已经来到雁门关，大家所经过的地方就是雁门关城门。

现在我们看到的雁门关城门是明代洪武七年修建的，城门上还建有城楼。关城两边崇山峻岭，地势险要。

大家看这里有一对石狮、两根石旗杆、一块儿明镌李牧碑石，建筑坍塌，只见基座，房屋早已不见踪影，一幅荒凉、破败的景象。所以我们说，与其说来雁门关游览，不如说来凭吊更为恰当。大家站在这里，会感觉似乎耳边还是金戈铁马，两军混战，一片厮杀声。只有身临其境，才会有这种感受，正是这种苍凉感、悲怆感，才使我们的心灵更接近历史。

李牧是战国时期赵国的一员大将，一生戎马，守卫疆域，在这里留下了许多动人的故事。为了纪念这位英雄，人们就在关城内修建了这座靖边寺。

资料来源　马树生，许萍. 模拟导游［M］. 北京：旅游教育出版社，2004.

（四）挖掘与古工程景观有关的经典故事

古代工程在建设过程中留下了许多故事，导游应善于发掘这些故事，并把这些故事介绍给游客，这样不仅能够加深游客对古工程景观的了解，还能提高游客的兴致。

模拟训练15-3

训练要求： 郑国渠是我国古代的一项伟大工程，建于战国后期，是最早在关中建设的大型水利工程。郑国渠工程浩大、设计合理、实效显著，是我国古代水利史上最重要的工程之一。请收集关于这一工程的经典故事并向游客讲述。

训练提示： 郑国渠并不在郑国而在秦国，它的设计者也不是秦国人，而是一个叫郑国的韩国人。这是怎么回事呢？说来颇有戏剧性。

战国后期，秦国逐渐强大起来，与秦国相邻的韩国感到了自身的危险。有人给韩国的桓惠王出了一个"疲秦之计"：水利工程要消耗大量人力、物力，韩国可建议秦王修大型水渠，借以拖垮秦国。韩王对这个别出心裁的计策颇感兴趣，于是让水工郑国去实施。郑国到了秦国，极力劝说秦王开渠引泾水、洛水灌溉关中平原北部的农田，秦王觉得郑国说得有理，于是委托郑国负责修这条水渠。后来，郑国的"间谍"身份暴露，但秦国觉得修水渠毕竟是一件好事，郑国也干得不错，还是让郑国继续修渠。郑国也根本不像"间谍"，他兢兢业业，把水渠建得完美无缺。

水渠历经10多年才完工，正是这条长达300余里的水渠，使原来贫瘠的渭北平原变成了一片沃野，造福了当地百姓，秦国也因此变得更加强大。本想"疲秦"，结果却成了"强秦"，这一结果是当时的韩国始料未及的。

水工郑国可能是史上第一位"间谍工程师"，但后人之所以铭记郑国，不是因为他的"间谍"身份，而是因为他的这个造福万代的伟大工程。

项目小结

本章主要介绍了古人类遗址和古工程景观的类型、特点，介绍了对此类景观讲解时应把握的技巧、方法。导游应熟悉讲解古人类遗址和古工程景观的具体要求，并在实际工作中灵活运用。

主要概念

古人类遗址　古工程

基础训练

□ **选择题**

1.我们按原始人的栖居形态把古遗址景观分成（　　　）。

A.干栏式遗址　　　　　　　　　　B.穴居式遗址

C.岩洞式遗址　　　　　　　　　　D.半穴居式遗址

2.古工程景观的特点主要有（　　　）。

A.体现民族精神　　B.坚固性　　　　C.实用性　　　　　D.美观

□ **判断题**

1.古遗址景观没有皇宫般的华美装饰，没有园林般的诗情画意，它不高大巍峨，不精雕细琢，有的只是不起眼的一块骨头、一个铁锄等，一只彩绘的陶罐、一件细致

随堂测验15-1

选择题

随堂测验15-2

判断题

的玉器已是很好的景观了。这体现了古人类遗址具有古老神秘性。　　　　（　　）

2.外形庞大是古工程景观最大的特点之一。　　　　　　　　　　　　（　　）

□ 简答题

1.古人类遗址景观有哪些特点？

2.讲解古人类遗址景观时应注意什么？

3.讲解古工程景观时应注意什么？

□ 讨论题

如何理解古工程景观的坚固性、实用性、力量与技术的完美结合、民族精神的典型体现等特点？

案例应用

鱼嘴、飞沙堰、宝瓶口是都江堰的三大主体工程：鱼嘴用于分水，让灌溉的水进内江，多余的水走外江；飞沙堰用于泄洪排沙；宝瓶口用于引流入渠。正是这三部分工程的巧妙配合，奠定了都江堰千古长存的"不坏金身"。今天我们看这些工程是那样简单，甚至觉得平凡，这其实正印证了"伟大出于平凡"的格言。都江堰渠首工程蕴含着极大的科学性，其设计和建造所体现的认识自然和利用自然的水平即使在今天也称得上是最高水平。

（鱼嘴）

大家已经知道，鱼嘴是都江堰水利工程的主体部分。站在鱼嘴的坝口，看岷江迎面而来，经鱼嘴一隔分为两股，即外江和内江。鱼嘴就是分水堤的头，为什么要修在这里呢？它能起多大作用呢？这就要用二王庙石崖上刻的"分四六，平潦旱"来解释了。

鱼嘴主要起分水作用。由于这段河道的河床外高内低，再加上正面有一个弯道，因此鱼嘴分水后，在春耕季节江水流量较小时，主流就有约六成的水进入内江，首先保证了成都平原的农业灌溉用水。在洪水季节，流量急增，水位大幅度提高，水势受河床弯道的制约明显减少，又由于外江一侧江面较宽，内江一侧江面较窄，内江的流量会自动低于外江，进水约四成，这样又在很大程度上解决了成都平原的防洪难题。

鱼嘴还具有一定的排沙排石功能。岷江是长江最大的支流之一，它发源于四川省松潘县境内，全长700多千米，源头至此约340千米，基本上算中上游。每年大量的沙石顺流而下，根据弯道环流原理，江水在弯道产生的环流会将下层的沙石卷到水流上层，大部分沙石便自动被带入外江一边而不进入内江。鱼嘴正处于"正面取水""侧面排沙"的理想位置。80%的沙石从这里排走，大大减少了内江淤塞之害。

现在的鱼嘴已是钢筋混凝土建筑，在从前它可是土石做基、卵石竹笼护堤，就是用川西盛产的竹子编成长长的竹笼横置坝边，竹笼里塞满河边冲积的卵石，一笼接一笼，一层接一层，形成了坚固耐冲又不积水的堤坝。就地取材，方法简易但效果极好。

紧接鱼嘴的这道长堤叫"金刚堤"，每年从内江挖出来的泥沙用来堆积加固堤坝，既保证了内江护岸，又解决了泥沙的出路问题。

（飞沙堰）

金刚堤尽头处有一个斜坡，然后是一道矮坝，这就是飞沙堰了。

飞沙堰是都江堰水利工程的第二个主体工程，这是一道低坝，堰顶距河床仅2.15米，它的主要功能是为内江泄洪排沙。从鱼嘴分进的内江水，被离堆一顶，自然旋流起来，每当夏秋之季水流量大于宝瓶口的可流量时，宝瓶口不能通过的水主要从飞沙堰泄出，而且旋流泛起的泥沙也会从飞沙堰一齐流出去。"飞沙"二字的意思就在于不仅泄洪还能排沙。

测量资料表明，内江流量越大，飞沙堰的泄洪能力越强。出现特大洪水时，从鱼嘴分进内江总干渠的流量可达宝瓶口流量的4倍，75%的内江水可从这里泄出。当遇到枯水季节，水位低于飞沙堰时，它便成了一道天然节制闸，自动失去了泄洪功能，保证了成都平原的灌溉。资料还表明，在飞沙堰，第二次利用弯道环流原理，排走江水含沙量的15%，此前鱼嘴已排沙80%，这样流向成都平原的水流含沙量就只剩5%左右了。

（宝瓶口）

宝瓶口是都江堰水利工程的关键环节，是内江水进入成都平原的咽喉，犹如瓶口一样，严格控制着江水进入成都平原的流量。当宝瓶口的进水量饱和后，无论岷江发生多大的洪水，宝瓶口都拒之"口"外，概不容纳。这种稳定的进水量，对成都平原的农业灌溉、防洪、运输等都产生了重要作用。宝瓶口旁的这座小山就是离堆。

选择在宝瓶口位置开凿离堆是极其科学的。它使内江水经过一段流程后，水势便于控制，水质进一步澄清，然后被迎面独立的离堆顶托江水，从而创造了飞沙堰泄洪排沙的功能和宝瓶口的瓶颈作用，保证了成都平原的防洪和灌溉。所以说，在宝瓶口位置开凿离堆，决定了整个渠首工程的布局。2 000多年前的李冰能利用岷江和玉垒山的山形水势设计出这样绝妙的水利枢纽工程，是何等了不起！都江堰所展示的我国古代水利科学水平，难道不值得我们为之感到自豪、感到振奋吗？

资料来源　佚名. 四川都江堰导游词［EB/OL］.［2019-09-20］. http://www.517djy.com/showd-aoyou_2399.html.

如果你是游客，听了这样的讲解会有哪些感受？

■ **技能实训**

制作一个多媒体课件，根据导游讲解的一般要求，向同学们讲解一个古工程景观。

主要参考文献

[1] 国家旅游局. 走遍中国：中国优秀导游词精选（文物古迹篇）[M]. 北京：中国旅游出版社，1998.

[2] 乔修业. 旅游美学 [M]. 天津：南开大学出版社，2000.

[3] 国家旅游局. 走遍中国：中国优秀导游词精选（民俗风情篇）[M]. 北京：中国旅游出版社，2000.

[4] 毛福禄. 模拟导游 [M]. 大连：东北财经大学出版社，2002.

[5] 唐由庆. 导游业务 [M]. 北京：高等教育出版社，2002.

[6] 王连义. 导游技巧与艺术 [M]. 北京：旅游教育出版社，2002.

[7] 韩荔华. 实用导游语言技巧 [M]. 北京：旅游教育出版社，2002.

[8] 范运铭. 综合实习 [M]. 大连：东北财经大学出版社，2002.

[9] 张力仁. 导游业务 [M]. 北京：高等教育出版社，2003.

[10] 吴正平，阎纲. 旅游心理学 [M]. 北京：旅游教育出版社，2003.

[11] 陈刚平，周晓梅. 旅游社交礼仪 [M]. 北京：旅游教育出版社，2003.

[12] 国家旅游局. 走遍中国：中国优秀导游词精选（综合篇）[M]. 北京：中国旅游出版社，2003.

[13] 任冠文. 中国历史文化 [M]. 大连：东北财经大学出版社，2003.

[14] 陈蔚德. 导游讲解实务 [M]. 北京：旅游教育出版社，2004.

[15] 蒋炳辉. 导游员带团200个怎么办 [M]. 北京：中国旅游出版社，2004.

[16] 吕莉. 模拟导游 [M]. 北京：高等教育出版社，2004.

[17] 应舍法. 中国公民出境旅游热线指南 [M]. 杭州：浙江人民出版社，2004.

[18] 王昆欣. 旅游景观鉴赏 [M]. 北京：旅游教育出版社，2004.

[19] 马树生，许萍. 模拟导游 [M]. 北京：旅游教育出版社，2004.

[20]《导游服务技能》编写组. 导游服务技能 [M]. 北京：中国旅游出版社，2004.

[21] 陈兴中，方海川，汪明林. 旅游资源开发与规划 [M]. 北京：科学出版社，2005.

[22] 孙乐中. 导游实用礼仪 [M]. 北京：中国旅游出版社，2005.

[23] 黄明亮. 带团要领：现代导游实务 [M]. 南昌：江西人民出版社，2005.

[24] 高胜祥，邸晓平. 旅游应用文 [M]. 北京：旅游教育出版社，2005.

［25］ 王连义. 怎样做好导游工作［M］. 北京：中国旅游出版社，2005.

［26］ 问建军. 导游业务［M］. 北京：科学出版社，2005.

［27］ 蒋炳辉. 导游带团艺术新篇［M］. 北京：中国旅游出版社，2005.

［28］ 黎泉. 导游趣味讲解资料库［M］. 北京：中国旅游出版社，2005.

［29］ 杜红，赵志磊. 旅游文学［M］. 北京：北京工业大学出版社，2005.

［30］ 毛福禄，樊志勇. 导游概论［M］. 天津：南开大学出版社，2005.

［31］ 张建融. 导游服务实务［M］. 杭州：浙江大学出版社，2005.

［32］ 吴国清. 旅游线路设计［M］. 北京：旅游教育出版社，2006.

［33］ 骆高远. 旅游资源学［M］. 杭州：浙江大学出版社，2006.

［34］ 李嘉珊，刘俊伟. 旅游接待礼仪［M］. 北京：中国人民大学出版社，2006.

［35］ 赵捷，谭风. 导游宝典：溯源集［M］. 北京：中国旅游出版社，2006.

［36］ 郭赤婴. 新导游带团案例［M］. 北京：中国旅游出版社，2006.

［37］ 彭淑清. 景点导游［M］. 北京：旅游教育出版社，2006.

［38］ 黄震宇，唐鸣镝. 古建园林赏析［M］. 北京：旅游教育出版社，2006.

［39］ 吴国清. 中国旅游地理［M］. 上海：上海人民出版社，2006.

［40］ 窦志萍. 导游技巧与模拟导游［M］. 北京：清华大学出版社，2006.

［41］ 蒋炳辉. 景点导游教程［M］. 北京：中国旅游出版社，2006.

［42］ 梁杰. 导游服务成功秘诀［M］. 北京：中国旅游出版社，2006.

［43］ 黄明亮，刘德兵，黄刚，等. 出境旅游小百科［M］. 南昌：江西科学技术出版社，2006.

［44］ 黄明亮，赵利民. 旅行社经营管理［M］. 北京：中国人民大学出版社，2006.

［45］ 樊丽丽. 导游业务训练课程［M］. 北京：中国经济出版社，2007.

［46］ 蔡少恒. 导游高手10日通［M］. 北京：中国经济出版社，2007.

［47］ 黄明亮，赵利民，万剑敏. 导游旅途才艺宝典［M］. 北京：旅游教育出版社，2007.

［48］ 周晓梅. 计调部操作实务［M］. 北京：旅游教育出版社，2008.

［49］ 徐云松，左红丽. 门市操作实务［M］. 北京：旅游教育出版社，2008.

［50］ 喻峰. 实用旅游语文［M］. 北京：机械工业出版社，2009.

［51］ 周晓梅. 导游入职一本通［M］. 北京：旅游教育出版社，2009.

［52］ 郭赤婴. 新导游必备手册［M］. 北京：中国旅游出版社，2009.

［53］ 陈天啸. 导游管理理论与实践创新［M］. 长沙：湖南人民出版社，2009.

［54］ 赵利民. 导游文化知识一本通［M］. 北京：旅游教育出版社，2010.

［55］ 黄细嘉. 导游业务通论［M］. 北京：高等教育出版社，2010.

［56］ 杨连学. 导游服务实训教程［M］. 北京：旅游教育出版社，2010.

［57］ 傅远柏，章平. 模拟导游［M］. 北京：清华大学出版社，2010.

［58］ 楼庆西. 中国园林［M］. 2版. 北京：五洲传播出版社，2010.

［59］ 程裕祯. 中国文化要略［M］. 3版. 北京：外语教学与研究出版社，2011.

［60］丁援．一本书读懂中国建筑［M］．北京：中华书局，2012.

［61］窦志萍．模拟导游［M］．3版．北京：高等教育出版社，2014.

［62］陈捷，张昕．中外建筑简史［M］．北京：中国青年出版社，2014.

［63］居阅时．中国建筑与园林文化［M］．上海：上海人民出版社，2014.

［64］潘谷西．中国建筑史［M］．北京：中国建筑工业出版社，2015.

［65］周彩屏．导游技能训练［M］．2版．北京：高等教育出版社，2015.

［66］冯静．模拟导游［M］．长春：吉林大学出版社，2017.

［67］李金早．当代旅游学［M］．北京：中国旅游出版社，2018.

［68］沈福煦．中国建筑史［M］．上海：上海人民美术出版社，2018.

［69］车秀英．导游服务实务［M］．3版．大连：东北财经大学出版社，2019.